Über dieses Buch

Die Deutschen waren ein Volk von Aktienmuffeln – bis Manfred Krug 1998 für die Telekom-Aktie warb. Seitdem stieg die Zahl der Aktienbesitzer rasant an. Heute hat bereits jeder achte Deutsche sein Geld auch in Aktien angelegt. Doch im internationalen Vergleich läuft Deutschland damit immer noch hinterher: In den Vereinigten Staaten sind 25,4 Prozent der Bevölkerung direkte Aktienbesitzer, in Großbritannien 23 Prozent und in Schweden sogar 35 Prozent.

Das Börsengeschehen ist komplex. Und die Produkte, die dort gehandelt werden, sind es auch. Doch nur wer weiß, wie die Börse funktioniert, kann auch die richtigen Anlage-Entscheidungen treffen. Dieses Kursbuch bietet einen umfassenden und aktuellen Überblick über alles Wissenswerte rund um die Börse für Einsteiger und Neugierige.

Die Themen im Überblick:
- New York, London, Frankfurt: Was ist die Börse?
- DAX, Dow Jones und Nikkei: Indices – die Barometer der Börsen
- Aktien, Wertpapiere, Derivate: Was an der Börse gehandelt wird
- Hausse, Baisse und Crash: So funktioniert die Börse
- Daytrading, Internet und neue Märkte: die aktuellen Trends der Börse
- Kursmakler, Aktienanalytiker und Börsenhändler: Wer an der Börse arbeitet

Unsere Adresse im Internet: www.fischer-tb.de

Die Autorin
Sabine Theadora Ruh ist Finanz- und Wirtschaftsjournalistin und lebt in Frankfurt am Main. Sie hat mehrere Bücher zu Allfinanzthemen veröffentlicht.

Ihre Adresse im Internet: www.struh.de

Fischer Wirtschaft

Herausgegeben von
Prof. Dr. Dr. h.c. Bert Rürup

Sabine Theadora Ruh
Kursbuch Börse

Fischer
Taschenbuch
Verlag

Lektorat: Martin Rethmeier
Redaktion: Monika Schuch

Originalausgabe
Veröffentlicht im Fischer Taschenbuch Verlag GmbH,
Frankfurt am Main, Oktober 2000

© 2000 Fischer Taschenbuch Verlag GmbH, Frankfurt am Main
Satz: Fotosatz Otto Gutfreund GmbH, Darmstadt
Druck und Bindung: Clausen & Bosse, Leck
Printed in Germany
ISBN 3-596-14189-7

Inhalt

Vorwort 11

1 Börsenhaus – von Plätzen, Segmenten und Plattformen 15
Was ist die Börse? 15
Börsenplätze: Global Player und Spezialisten 17
Allmählicher Abschied vom Parkett:
Computerhandel mit Xetra 38
Vorbild Amerika: Nyse und Nasdaq 42
Börsen: Blick in die Zukunft 45

2 Indizes – die Barometer der Börsen 51
Indizes als Spiegel des Markts 51
Deutsche Indizes – von DAX®, FAZ bis REX® 53
Europäische Indizes – Länderindizes und Stoxx 65
Amerikanische Indizes – Dow Jones und S&P 500 68
Internationale Indizes – Nikkei und Co. 71

3 Börsenprodukte – das wird an der Börse gehandelt . 73
Aktien – große Chancen und Risiken 73
Festverzinsliche Wertpapiere – etwas für jeden Geschmack 85
Derivate – von Futures, Optionen und Optionsscheinen . . 107
Investmentfonds – die günstige Alternative 114
Gold – matter Glanz 128
Empfehlenswert: Pfandbriefe 132
Index- und Discountzertifikate: die attraktiven Alternativen 133

4 So funktioniert die Börse 140
Kauf und Verkauf von Börsenprodukten und die Kosten . . 140
Aktienkurse – ein ständiges Auf und Ab 147
Hausse und Baisse oder Boom und Crash: Geschichte(n) . . 155
Aktienanalysen und Kurstheorien: mit Zahlen und Charts . 158
Die Börse – am Beispiel ausgewählter Aktiengesellschaften 173

5 Börse und Euro 185
Die neue Währung an der Börse 185
Der Euro als Zahlungsmittel 187

6 Aktuelle Trends rund um die Börse 192
Aktie der Zukunft: die Namensaktie 192
Aktienrückkauf eröffnet Möglichkeiten 196
Run auf Neuemissionen 199
Wertpapier-Brokerage über das Internet 206
Daytrading – das schnelle gefährliche Geschäft 209
Börsenfavoriten: TMT – only the sky is the limit? 212
Missbrauch der Ad-hoc-Meldungen 221
Begriffspaar: Investor Relations und Shareholder Value . . 224

7 Berufe rund um die Börse 227
Kursmakler 227
Aktienanalyst 229
Fondsmanager 231
Börsenhändler 233
Börsenguru 234

8 Börse und Fiskus 237
Kontrolle über die Börse 237
Steuern auf Börsenprodukte 239

9 Börseninformationen: Spreu vom Weizen trennen . 244

Abbildungsverzeichnis

Abb. 1: Chronik der Frankfurter Wertpapierbörse
Abb. 2: Eigentümer der Deutschen Börse AG
Abb. 3: Ausschnitt aus der Kurstabelle des Neuen Markts
Abb. 4: Neuemissionsflut am Neuen Markt
Abb. 5: Die Werte des Deutschen Aktienindex und ihre Anteile am DAX® – Stand 18. Juni 1999
Abb. 6: Branchen im DAX®
Abb. 7: Marktkapitalisierung
Abb. 8: Ausschnitt aus einer Börsenseite der FAZ
Abb. 9: REX®-Indexstand und -Rendite
Abb. 10: Gewicht deutscher Aktien im Dow Jones Euro Stoxx 50
Abb. 11: Die wichtigsten amerikanischen Aktienindizes
Abb. 12: Aktionäre in Deutschland – Entwicklung von 1988 bis 1999
Abb. 13: Renditewahrscheinlichkeit von Aktien und Renten
Abb. 14: DAX® – Gewinner und Verlierer 1999
Abb. 15: Die Ratingnoten von Moody's und Standard & Poor's
Abb. 16: Neue Unternehmensanleihen
Abb. 17: Bundespapiere – die Übersicht
Abb. 18: Rendite in Stufen – Bundesschatzbriefe Typ A und Typ B
Abb. 19: Wann lohnt sich die Ausübung eines Call?
Abb. 20: Höhe der Ausgabeaufschläge bei Fonds
Abb. 21: Durchschnittliche Wertsteigerung durch Fondssparen
Abb. 22: Beispiel – Fondssparplan Investa (Investmentgesellschaft: DWS)
Abb. 23: Goldpreise
Abb. 24: Wertpapier-Kennnnummern

Abb. 25: Beispiel für die Kursfestsetzung
Abb. 26: Was die Kürzel auf dem Kurszettel bedeuten
Abb. 27: Die wichtigsten Begriffe der Börsensprache
Abb. 28: Die Renditekennzahlen der Aktienanalyse auf einen Blick
Abb. 29: Der Beta-Faktor
Abb. 30: So arbeitet die technische Analyse
Abb. 31: Formationen zur Interpretation von Chartbildern
Abb. 32: Das Elliot-Idealmodell
Abb. 33: Struktur der Gold-Zack-Gruppe
Abb. 34: Die Entwicklung der Daimler-Aktie (seit 26. Oktober 1998 DaimlerChrysler-Aktie) 1998 und 1999
Abb. 35: Kursverlauf der Telekom-Aktie 1998 bis 2000
Abb. 36: Aktienanalyse Mobilcom – WKN 662 240
Abb. 37: Die Euro-Umstellungskurse
Abb. 38: Keine höhere Mathematik – Euro/Mark-Umrechnungen
Abb. 39: Boom bei Neuemissionen
Abb. 40: Emissionsvolumina stark gestiegen
Abb. 41: Die zehn größten Neuemissionen in 1999
Abb. 42: Internet-Aktienhandel
Abb. 43: Die Schwergewichte am deutschen Neuen Markt
Abb. 44: Historie – Ad-hoc-Maßnahmen

Vorwort

»Ich hätte Goethe für das Unermeßliche, das er dem Volk geschenkt hat, von Herzen mehr praktischen Spekulationsgeist gewünscht... Was für ein Riesenvermögen er bei seinem Weitblick als Spekulant gesammelt hätte – nota bene, wenn die Dichterei beiseite geblieben wäre.« »Man kann Ihrer Auffassung von Goethe die Orginalität nicht absprechen – Goethe als Spekulant ist ein absonderliches Bild.« – Der alte Herr lächelte. »Liegt es nicht daran Durchlaucht, daß in unserem Vaterland eben noch absonderliche Vorstellungen vom geldmachenden Spekulanten herrschen?« fragte Anders. »Ist, wenn wir es unbefangen prüfen, nicht jeder Beruf mehr oder weniger spekulativ? Der Referendar will Minister, der Leutnant General werden, der Landwirt spekuliert auf gute Ernten – jeder will Vorteile aus den Umständen auf Kosten des anderen und zu seinem Nutzen ziehen. Gehen wir einen Schritt weiter, so sind wir beim Spekulanten, der keinen Idealismus auf seine Fahne geschrieben hat, sondern für seine Tasche arbeitet. Er schädigt selten jemand. Aber dadurch, daß er wie Prometheus Vorausdenker ist, erschließt er die Schätze der Erde, schafft er Bequemlichkeiten, Behagen, Daseinsgenuß, hält das Rad der Entwicklung in steter Bewegung – ohne den Spekulanten, ohne sein Geld und seinen Wagemut, seine Tatkraft und seinen Witz ist die glänzendste Idee nichts, eine Seifenblase.«

Franz Hermann Meißner in: Moderne Menschen.
Ein Berliner Roman, 1909

Die Börse ist heute in. Der Stand des DAX®, spektakuläre Neuemissionen, der Fall des Euro sind mittlerweile schon Partygespräch und beschäftigen Familientreffen. Das Volk der Aktienmuffel hat sich gewandelt: Es erwacht. Immer mehr Bundesbürger werden zu engagierten Aktionären. 1999 stieg die Zahl der Aktienbesitzer in

Deutschland auf 5,3 Millionen. Berücksichtigt man außerdem die Besitzer von Aktienfonds, dann verfügen nach Informationen des Deutschen Aktieninstituts in Frankfurt am Main sogar 8,2 Millionen Anleger in Deutschland direkt oder indirekt über Aktien. Das sind 12,9 Prozent der Bevölkerung. Doch im internationalen Vergleich wird die Proportion zurechtgerückt: In den Vereinigten Staaten sind 25,4 Prozent der Bevölkerung direkte Aktienbesitzer, in Großbritannien 23 Prozent und in Schweden sogar 35 Prozent.

Die Trendumkehr hin zur Aktie kam im Herbst 1996: Der Schauspieler Manfred Krug interessierte die Deutschen für die T-Aktie, die Aktie der Telekom, mittlerweile zur Volksaktie aufgestiegen. Dadurch wurden wir nicht zu Spekulanten. Doch langsam wurde vielen bewusst, dass auch die Gelder der Lebensversicherungen oder der Betriebspensionsfonds an den Börsen investiert werden.

Und die Börse versüßte den Anlegern das Leben: Immer neue Rekordhochs der Indizes, immer noch relativ niedrige Zinsen für Renten- und Sparanlagen, hohe Liquidität, steigende Unternehmensgewinne – kurz: Traumrenditen Jahr für Jahr. Die langjährige Hausse mit den Boomjahren seit 1996 lässt die Anzahl der Aktionäre in Deutschland steigen.

Dabei bleiben die Rahmendaten für Börsianer günstig. Die Konjunktur in Deutschland gewinnt an Fahrt. In Europa verlieren Ländergrenzen ihre Bedeutung. Der gemeinsame Aktienmarkt wächst zusammen. Und die zunehmende Bedeutung der privaten Altersvorsorge angesichts wackliger staatlicher Rentensysteme schlägt sich im Kauf von Aktien und in einer stürmischen Nachfrage nach Aktienfonds nieder.

Weltweit zieht der Lauf der Börsen einen positiven Wohlstandseffekt nach: Durch die Kursgewinne, so informiert der World Wealth Index der Investmentbank Credit Suisse First Boston, ist das Globalvermögen allein 1999 um rund 23 Prozent gestiegen. Doch die Hausse wird nicht endlos währen, auch wenn die Goldgräberstimmung an den Börsen viele mitreißt. Die Börse ist mehr als nur ein Ort für schnelle Zeichnungsgewinne und verlangt von den Anlegern mehr als oberflächliches Wissen. Dieser Anforderung widmet sich dieses Buch. Und: der Faszination Börse.

Bedanken möchte ich mich schließlich bei Herrn Koch von Peter Koch Wertpapierdienstleistung + Kursmaklergesellschaft, bei Frau Orgel und Frau Weisenhorn von DWS, Frau Roth und Herrn Giese von Hauck & Aufhäuser, bei Frau Strothmann und Herrn Büchter von der Morgan Stanley Bank, schließlich bei Herrn Thieme für ihre Zusammenarbeit im Kapitel »Berufe rund um die Börse«.

Frankfurt/Main *Sabine T. Ruh*
im Mai 2000

1 Börsenhaus – von Plätzen, Segmenten und Plattformen

Was ist die Börse?

> »Die Börse ist heute der Markt aller Märkte, der Mittelpunkt allen großen geschäftlichen Lebens. Die Börsenmeinung ist die Destillation der Geschäftskenntnisse aller leitenden Persönlichkeiten... Sie ist gewissermaßen das Gehirn der Volkswirtschaft.«
> *Gustav von Schmoller in: Grundriß der Allgemeinen Volkswirtschaftslehre, 1923*

»Van den Beurse« – so soll der Name der Brügger Kaufmannsfamilie lauten, auf den der Begriff Börse zurückgeht. Vor ihrem Patrizierhaus – dessen Hausfassade mit einem Wappen mit drei Geldbeuteln geschmückt gewesen sein soll – trafen sich im 14. Jahrhundert Kaufleute zu einem Markt.

Der 68-bändige Zedler, genannt nach dem Verleger Johann Heinrich Zedler, war die größte Enzyklopädie des 18. Jahrhunderts in deutscher Sprache. Im vierten Band, erschienen zwischen 1731 und 1754, wurde die Börse beschrieben: »Boerse, Neurse, Curia mercatoria, Basilica, Bourse, Bursa. Ist in großen Handels-Städten ein ansehnliches und wohlgelegenes Gebäude oder freyer Platz, woselbst zu Mittag und Abends die Kaufleute zusammen kommen und von ihren Handels-Angelegenheiten sich mit einander besprechen, auch allerlei Verkehrung mit Wechsel, Geld, Waaren u.d.g. anstellen.«

Auch die heutige Börse ist ein Marktplatz, an dem Wertpapiere wie Renten, Aktien, Genuss- und Optionsscheine gehandelt werden. Zudem sind Börsen wichtige Schaltstellen der Wirtschaft. Hier ist der Umschlagplatz für große Kapitalmengen, an dem ständig Kapitalgesellschaften bewertet werden. Hier treffen sich Angebot und Nachfrage, denn nur beides ermöglicht, den Preis des jeweiligen Finanztitels zu bestimmen.

Aber auch der Lärm und die Geschäftigkeit eines Gemüsemarkts ist kein schlechter Vergleich mit den Börsen in alter und neuer Zeit. Oftmals reagieren Besucher verwundert: Solche nervösen Aufgeregtheiten und der auch vorkommende hohe Lärmpegel wurden nicht erwartet. Doch im Gegensatz zum samstäglichen Wochenmarkt sind Wertpapierbörsen auf wenige Plätze konzentrierte, streng organisierte und kontrollierte Marktveranstaltungen. Abhängig davon, welches Finanzprodukt gehandelt werden soll, sind unterschiedliche Teilmärkte zu nutzen: Aktienmarkt, Renten- oder Anleihemarkt, Devisenbörse und Terminmarkt. Die Börse ist ein Sammelpunkt – die zentrale Stelle, an die Käufer und Verkäufer von Wertpapieren ihren Auftrag leiten. Dadurch kann ein Preis – also der Kurswert – festgelegt und veröffentlicht werden.

Grundlage für den Handel ist das Börsengesetz. Es stammt in Teilen aus dem Juni 1896. Und noch immer gelten die allgemeinen Grundlagen aus dem 19. Jahrhundert. Mit ihren Reformen – die heutige Fassung stammt aus 1975 – gestaltet diese Verordnung den gesetzlichen Rechtsrahmen des Börsenhandels. Hierin sind allgemeine Bestimmungen über den Aufbau einer Börse, den Ablauf des Börsengeschäfts und die Börsenaufsicht festgehalten. Die Vorschriften des Börsengesetzes werden für jede regionale Börse durch eine entsprechende Börsenordnung, die mit einer Hausordnung zu vergleichen ist und sich aus traditionellen Gepflogenheiten entwickelt hat, konkretisiert.

Üblicherweise haben Börsen die Rechtsform einer öffentlich-rechtlichen Körperschaft wie Industrie- und Handelskammern, eines Vereins des bürgerlichen Rechts wie der Börsenverein e.V., oder sie sind eine Körperschaft des privaten Rechts wie die Deutsche Börse Aktiengesellschaft, Frankfurt am Main. Für Verwaltung und Leitung der Börse ist der Börsenvorstand – auch Börsenrat genannt – verantwortlich. Zudem entscheidet die Zulassungsstelle über die Zulassung eines Wertpapiers. Die Maklerkammer überwacht als Standesvertretung die Makler, die mit Marktkenntnis und Erfahrung Preise stellen. Und die Börsenaufsicht wird von der zuständigen obersten Behörde des betreffenden Bundeslandes wahrgenommen. Die für den Börsenhandel üblichen Kontrollen sind verständlich, wenn man bedenkt, welche erheblichen Summen täglich an der Börse umgesetzt werden. So ist es einleuchtend, dass nicht jedermann zum Börsenhandel zugelassen wird. Der Börsenhandel ist nur den Personen gestattet, die gewerbsmäßig Wertpapiergeschäfte betreiben.

Insgesamt betrachtet fällt den Börsen und den dort getätigten Geschäften in unserer Wirtschaft eine ständig bedeutendere Rolle zu. Mit ihrer Transparenz, Teilnehmerbreite, Informations- und Handlungsgeschwindigkeit sowie Preisbildung sind die Abläufe an den Börsen der Welt derart ausgeklügelt entwickelt, dass sie als »Markt der Märkte« bezeichnet werden können.

Börsenplätze: Global Player und Spezialisten

Gemessen an der Zahl der Aktionäre hat Deutschland viele Handelsplätze für Wertpapiere – insgesamt gibt es acht Börsenplätze. Berlin, Bremen, Düsseldorf, Frankfurt, Hamburg, Hannover, München und Stuttgart. Die Frankfurter Wertpapierbörse ist dabei die mit Abstand umsatzstärkste – etwa 85 Prozent –, die anderen deutschen Börsen sind hauptsächlich bedeutend für Regionalwerte oder Handels- und Anlagespezialitäten.

Berlin: Spezialmarkt für ausländische Wertpapiere

Berliner Wertpapierbörse
Fasanenstraße 85
10623 Berlin
Tel.: 0 30/3 11 09 10
Fax: 0 30/31 10 91 78
www.berlinerboerse.de

Führungen finden freitags um 12 Uhr und um 13 Uhr statt. Telef. Anmeldung: 0 30/31 10 91 23

Im Berliner Freiverkehr werden mehr als 7 400 Titel aus 60 Ländern, davon mehr als 5 300 US-Titel und 145 Werte aus Osteuropa (aus Russland 49), gehandelt. Hinzu kommen noch knapp 400 deutsche Titel. Berlin hat sich damit zum Spezialmarkt für ausländische Wertpapiere entwickelt. Schwerpunkt: amerikanische Aktien – alle 5 000 Nasdaq- und 300 Nyse-Titel. Dies ist besonders für private Anleger interessant, da die häufig hohen Minimumgebühren bei Auslandsorders und die Gebühren der meist zwischengeschalteten US-Brokerhäuser entfallen.

Der Anteil des Freiverkehrs an den gesamten Aktienumsätzen liegt bei 80 Prozent. Daneben gibt es einen Amtlichen Handel und einen Geregelten Markt. Mit der Freiverkehrs-IPO ist eine Börsen-Einstiegs-Plattform für junge und mittelständische Unternehmen entstanden, die noch nicht die Börsenreife für den Amtlichen Handel besitzen.

Bremen: Computerhandel pur

Bremer Wertpapierbörse
Kohlhökerstraße 29
28203 Bremen
Tel.: 04 21/27 74 40
Fax: 04 21/2 77 44 90
www.boerse-bremen.de

Im Februar 2000 zog die Bremer Börse um. Damit vollzog sie auch räumlich als erste Börse Deutschlands den Wandel vom Präsenzhin zum Computerhandel. Zum Jahresbeginn hatte Bremen den Aktienhandel auf dem klassischen Parkett eingestellt.

Schon zuvor wandelte sich die »Börse für Privatanleger und Mittelstand« nach eigenen Angaben vom reinen Börsenbetrieb zu einem Finanzdienstleistungsunternehmen. Besonders durch die

Aufnahme des Handels von Werten des Neuen Markts und der wichtigsten 100 Nasdaq-Werte wurde ein völlig neues Ordervolumen generiert. Zudem können in Bremen alle DAX®-, MDAX-, Euro Stoxx- und Nebenwerte im Amtlichen Handel, Geregelten Markt und Freiverkehr gehandelt werden.

Die EDV-betriebene Bremer Börse arbeitet nicht mit Xetra, sieht sich dagegen in Konkurrenz zu diesem Frankfurter Produkt und behauptet, preiswerter für den Anleger zu sein.

Düsseldorf: stark in Optionsscheinen

Rheinisch-Westfälische Börse
zu Düsseldorf
Ernst-Schneider-Platz 1
40212 Düsseldorf
Tel.: 02 11/1 38 90
Fax: 02 11/13 89-2 52
www.rwb.de
Die Besuchergalerie ist täglich von 11.30 bis 13.30 Uhr geöffnet.

Die deutsche Nummer 2 ist der bedeutendste Optionsscheinmarkt in Deutschland. An der Rheinisch-Westfälischen Börse werden über 5 000 von ihnen im Freiverkehr gehandelt.

Eigenen Informationen zufolge kann in Düsseldorf nach nur einem Tag Bearbeitung nach einem Einbeziehungsantrag die Aufnahme des Börsenhandels erfolgen. Die Düsseldorfer Börse schuf dazu ein eigenes Regelwerk und spezielle Standards zu Optionsscheinen, um die Qualität des Handels, seine Überwachung und den reibungslosen Verlauf sicherzustellen.

Hamburg und Hannover: Börsenfusion in Norddeutschland

Hanseatische Wertpapierbörse Hamburg
Schauenburgerstr. 49/III

20095 Hamburg
Tel.: 040/3 61 30 20
www.boersenag.de

Börse Hannover
Rathenaustr. 2
30159 Hannover
Tel.: 05 11/32 76 61
Fax: 05 11/32 49 15
www.boersenag.de

Im Mai 1999 gaben sie ihren Zusammenschluss bekannt: Rückwirkend zum 1. Januar gründeten die Börsen von Hamburg und Hannover die Böag Börsen Aktiengesellschaft. An der Gesellschaft sind die bisherigen Trägervereine der mehr als 400 Jahre alten Hanseatischen Wertpapierbörse Hamburg und der mehr als 200 Jahre alten Niedersächsischen Börse Hannover mit jeweils 50 Prozent beteiligt. Weitere Partner aus dem Banken-, Finanzdienstleistungs- und Emittentenbereich könnten durch eine Kapitalerhöhung gewonnen werden. Und die neue Trägergesellschaft soll auch anderen Börsen offen stehen.

Das traditionelle Geschäft soll weiter gepflegt werden. Zudem will die Börsen AG den Freiverkehr weiter ausbauen, eine Wagnis-Kapitalbörse aufbauen und einen Markt für Fonds-Anteile entwickeln.

Diese Börsenfusion dürfte nur der erste Schritt zu einer Konzentration in der Regionalbörsenlandschaft sein und könnte eine Signalfunktion für eine weitergehende Bereinigung der zersplitterten deutschen Börsenstruktur haben. Die Börsenplätze Hamburg und Hannover verfügten 1998 über einen Marktanteil bei Aktien von zusammen 1,6 Prozent, bei festverzinslichen Wertpapieren von 4,2 Prozent. Beide Börsen sind zudem an der Warenterminbörse Hannover beteiligt.

Warenterminbörsen – Schweinefleisch mit Kartoffeln, bitte!

Bis 1994 waren Warenterminbörsen für viele Agrarprodukte in Deutschland nicht erlaubt. Doch seit April 1998 ist nun auch in Deutschland der Handel mit Futures (festgelegte Übereinkunft – Kauf/Verkauf bestimmter Mengen und auf Termin) auf Schweine, Kartoffeln, Rapsprodukte (Saat, Schrot, Öl) und Weizen – seit 2000 auch auf Heizöl und Altpapier (Weltneuheit!) – möglich. Die Warenterminbörse Hannover (WTB) ist eine vollcomputerisierte Börse, deren Börsenteilnehmer durch ein elektronisches Netzwerk direkt in Sekundenschnelle von ihren Büros im In- und Ausland an die Börse angebunden sind. Die steigenden Preisschwankungen insbesondere für Agrarprodukte in der Europäischen Union haben jedoch einen immer stärkeren Bedarf für Warenterminkontrakte nach sich gezogen. Nun haben Erzeuger, Produzenten oder Verarbeiter ein Instrument an der Hand, sich gegen Preisschwankungen abzusichern. Warentermingeschäfte sind aber auch für Spekulanten interessant, da Rohstoffpreise erfahrungsgemäß erheblich schwanken. Die Terminkontrakte sind dabei ein Spiegelbild des Warenmarkts, denn die Produkte werden in Zusammenarbeit mit den entsprechenden Warenmärkten entwickelt. Wichtigste Börsenplätze für Warentermingeschäfte sind Chicago, New York, London, Kansas City, Minneapolis und Winnipeg. An ihnen wird auf Termin mit Welthandelsgütern wie Öl, Getreide, Baumwolle, Kaffee, Kakao, Zucker oder Metallen gehandelt.

München: mit Prädikat

Bayerische Börse
Lenbachplatz 2a
80333 München
Tel.: 089/5490450
Fax: 089/549045-32
www.bayerischeboerse.de
Anmeldungen für Gruppen: 089/5490450. Einzelpersonen sind jederzeit willkommen.

München hat sich als Hauptmarkt für ausländische Werte aus Emerging Markets etabliert. Eine weitere Neuerung ist seit zwei Jahren der Prädikatsmarkt für Unternehmen, die sich zu besonderer Publizität im Freiverkehr verpflichten. Anfang 2000 befanden sich elf junge und innovative mittelständische Unternehmen auf diesem Prädikatsmarkt. Diese Anzahl soll sich in Kürze verdoppeln. Zudem plant die Bayerische Börse, auch für den Geregelten Markt ein Prädikatssegment zu schaffen.

Stuttgart: Nummer 1 bei Optionsscheinen

Baden-Württembergische
Wertpapierbörse zu Stuttgart
Königstr. 28
70173 Stuttgart
Tel.: 0711/2229850
Fax: 0711/2268119
www.boerse-stuttgart.de

Im Juli 1999 eröffnete die Baden-Württembergische Wertpapierbörse in Stuttgart den Optionsscheinhandel in Euwax (European Warrant Exchange). Bis Ende des Jahres 1999 wurden über 11000 Optionsscheine von 16 Emissionshäusern notiert. Ein weiterer Handelsschwerpunkt ist der Freiverkehr, in dem alle Werte des

Neuen Markts und des Euro Stoxx 50 (vgl. Kapitel 2) geführt werden. Für das erste Halbjahr 2000 war die Umwandlung in eine Aktiengesellschaft geplant. Alleiniger Träger soll zunächst der Börsenverein bleiben, mittelfristig ist aber auch die Abgabe von Anteilen an Broker und Banken denkbar. Für 2001 steht ein Umzug in ein neues Domizil in der Stuttgarter Innenstadt an.

Das Maß aller (deutschen) Wertpapiermärkte: die Frankfurter Börse

Die Tradition der Frankfurter Börse geht auf die Herbstmesse des Jahres 1585 zurück. Und an ihrem Anfang stand der Handel in fremden Währungen. Denn damals war es unter den Besuchern der Frankfurter Frühjahrs- und Herbstmesse üblich, Rechnungen so auszustellen, dass sie zu Beginn der nächsten Messe fällig wurden. Zu Messebeginn trafen sich die Händler und verrechneten gegenseitig ihre Forderungen. Da diese jedoch auf verschiedene Währungen lauteten, gab es immer wieder Streitigkeiten über die Wechselkurse. Zur Herbstmesse 1585 einigten sich die wichtigsten Händler und legten die Kurse von neun verschiedenen Münzsorten vertraglich fest. Der Rat der Stadt Frankfurt übernahm die Durchführung des Vertrags und damit die erste amtliche Kursfeststellung.

Erst gegen Ende des 19. Jahrhunderts begann der regelmäßige Handel mit Anleihen und Schuldscheinen. Und schon zu Beginn des 20. Jahrhunderts errangen die Frankfurter Bankhäuser eine führende Stellung im internationalen Anleihegeschäft: Vor dem Ersten Weltkrieg wurden in Frankfurt mehr als 1 500 Werte amtlich gehandelt.

Deutsche Börse AG
Börsenplatz 7–11
60284 Frankfurt
Tel.: 0 69/21 01-0
Fax: 0 69/21 01-20 05
www.exchange.de

Hier findet sich auch Live-Atmosphäre – durch eine Kamera auf Parkett und Anzeigetafel.

Heute ist die Frankfurter Börse die mit weitem Abstand größte der acht deutschen Wertpapierbörsen und die nach eigenen Angaben drittgrößte der Welt – hinter der New York Stock Exchange, kurz Nyse, und der National Association of Securities Dealers Auto-

Gründung der Frankfurter Börse	1585
Erster amtlicher Kurszettel	1625
Erste Aktie in Frankfurt	1820
Das Börsengesetz wird verabschiedet	1896
Die Börse wird wieder eröffnet	1945
Die Devisenbörse wird eingeführt	1953
Erste ausländische Aktie	1958
Seitdem Geschäftsabwicklung über EDV	1969
Erste Zulassung einer ausländischen Bank	1969
Einführung des Deutschen Aktienindex DAX®	1988
Frankfurter Wertpapierbörse AG wird Trägergesellschaft der Börse	1990
Integriertes Börsenhandels- und Informationssystem IBIS wird eingeführt	1991
Deutscher Rentenindex REX® wird eingeführt	1991
Deutsche Börse AG übernimmt die Börse	1993
Gründung des Bundesaufsichtsamts für den Wertpapierhandel	1995
Midcap-Index MDAX wird eingeführt	1996
Neuer Markt wird eröffnet	1997
Start des elektronischen Handelssystems Xetra	1997
Small-Cap-Index SMAX wird eingeführt	1999
Umbenennung in Euroboard	2000

Quelle: Deutsche Börse AG, eigene Ergänzungen

Abb. 1: Chronik der Frankfurter Wertpapierbörse

mated Quotation, der Nasdaq. Die Deutsche Börse besitzt das größte europäische Netz: 650 Teilnehmer. Damit gilt die Frankfurter Börse, zudem in der Stadt der Banken beheimatet – knapp 400 Kreditinstitute sind hier vertreten –, als deutsche Leitbörse.

Die Frankfurter Wertpapierbörse, kurz FWB, ist eine rechtlich unselbständige Anstalt des öffentlichen Rechts. Damit ist sie nicht rechtsfähig und bedarf eines Trägers, der die Aufgabe hat, den Börsenbetrieb funktionsfähig zu halten und somit den Marktteilnehmern eine Plattform für den Wertpapierhandel zu bieten. Die Umfirmierung der Trägergesellschaft 1990 von der Frankfurter Wertpapierbörse AG in die Deutsche Börse AG spiegelte die Entwicklung von einem reinen Markt für Wertpapiere zu einem Technologieunternehmen und E-Commerce-Business.

Die Deutsche Börse AG ist im Besitz verschiedener Anteilseigner. Knapp 82 Prozent gehören Kreditinstituten, davon 14 Prozent der Deutschen Bank, 7 Prozent der Dresdner Bank und 6 Prozent der Commerzbank. Deswegen ist der Deutsche Bank-Vorstand, Rolf-E. Breuer, zugleich Aufsichtsratsvorsitzender der Deutschen Börse. Daneben halten die Kurs- und Freimakler einen Anteil von 8 Pro-

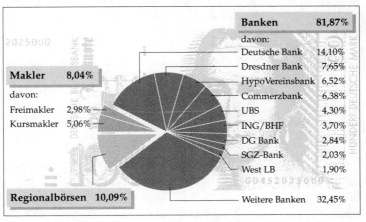

Abb. 2: Eigentümer der Deutschen Börse AG

zent. Die deutschen Regionalbanken sind durch die Deutsche Börsen-Beteiligungsgesellschaft mit 10 Prozent an der Deutschen Börse AG beteiligt. Die Übertragung der Anteile auf Dritte ist ausgeschlossen.

Im Bankenanteil sind nur 5 Prozent in den Händen großer ausländischer Banken, weshalb die Deutsche Börse AG in Finanzkreisen oft als »Clubveranstaltung« bezeichnet wird. Doch die Börse plant für 2000, sich eine neue Aktionärsstruktur (Corporate Governance) zu geben: Zukünftig sollen mehr internationale Marktteilnehmer die Möglichkeit haben, sich am Gesellschaftskapital zu beteiligen. Bis zu 25 europäischen Investmentbanken werden Anteile zur Zeichnung angeboten werden – bis zu einem Drittel des Kapitals. Es ist zu hören, bislang seien mehr als zehn große internationale Institute daran interessiert. Die Altaktionäre müssten dann eventuell Anteile abgeben und dafür einen anteiligen Kaufpreis erhalten. Der Aufsichtsrat hat diesen Schritt befürwortet, jetzt muss noch die Hauptversammlung darüber entscheiden. Bei der Eigentümerreform standen zudem die Privatplatzierung der Anteile, eine Kapitalerhöhung, ein Börsengang oder eine Kombination dieser Maßnahmen zur Diskussion. Im März stimmte der Aufsichtsrat einem Börsengang samt Kapitalerhöhung zu: Ab der zweiten Jahreshälfte 2000 wird sie den Kurszettel des Neuen Markts um einen weiteren Technologiewert bereichern.

Schätzungen zufolge ist die Deutsche Börse AG zwischen 3 und 7 Milliarden Mark wert. Dabei sehen die Investmentbanken die Beteiligung an einer Börse nicht ausschließlich als Investment, sondern vor allem als Instrument der Mitbestimmung zur Schaffung effizienter Handelssysteme. Der erhöhte Wettbewerbsdruck durch nationale und internationale Banken, die sich zunehmend an alternativen Handelssystemen beteiligen, ist auch der Hintergrund der Initiative der Deutschen Börsen AG.

Doch der Vorstandsvorsitzende der Deutschen Börsen AG, Werner G. Seifert, plant noch mehr: die Umbenennung der Deutschen Börse AG in »Euroboard«. Dies soll ein sichtbares Zeichen für die eindeutige Ausrichtung auf Europa sein und für die Internationalisierung des Unternehmens stehen.

1879 zog die Frankfurter Börse in das pompöse Gebäude der Neuen Börse. Damals reichte sie für die 1 250 Agenten, Makler und Bankiers, die hier täglich ihren Geschäften nachgingen. Euroboard dagegen zieht im Sommer 2000 in einen Gebäudekomplex in den Frankfurter Vorort Hausen. Hier arbeiten die elektronischen Systeme, die schon heute das Herz des Börsenhandels ausmachen. Nur solange der Parketthandel noch genügend Liquidität aufbringen kann, wird es diesen aufmerksamkeitsstarken Blick in den großen Händlerraum, das Parkett, der Frankfurter Börse überhaupt noch geben.

Amtlicher Handel: die Oberliga der Aktien

> An den deutschen Präsenzbörsen existieren insgesamt vier Marktsegmente: der Amtliche Handel, der Geregelte Markt, der Freiverkehr und der Neue Markt. Die Unterschiede ergeben sich vor allem aus den Zulassungsvoraussetzungen und weiteren Auflagen, die von den Emittenten – den Aktiengesellschaften also – jeweils zu erfüllen sind.

Die 500 im Amtlichen Handel notierten Aktien stammen großteils von namhaften und alteingesessenen Unternehmen – zumeist Konzernen mit Milliardenumsätzen. Ihre Bonität ist erstklassig und ein Konkurs nahezu ausgeschlossen. Damit bildet der Amtliche Handel das Kernstück des deutschen Aktienhandels und ist der Markt mit den höchsten Umsätzen und den bekanntesten Aktiengesellschaften. Anleger und Marktteilnehmer können davon ausgehen, dass amtlich gehandelte Aktien immer ge- und verkauft werden können, weil die Umsätze an jedem Börsentag ausreichend hoch sind. Amtlicher Markt heißt dieses Segment, weil hier amtlich bestellte Makler die Kursfeststellung besorgen.

Die rechtlichen Grundlagen für die Zulassung von Wertpapieren zum Amtlichen Handel sind im Einzelnen im Börsengesetz und in der Börsenzulassungsverordnung festgelegt. Es gibt wesentliche Zulassungsvoraussetzungen:

Ein Mitantragsteller bei der Einführung muss ein zum Börsenhandel zugelassenes Kreditinstitut sein. Der Mindestkurswert der einzuführenden Aktien bei einer Neueinführung muss bei 2,5 Millionen Mark liegen, bei Renten muss ein Mindestnennwert von 0,5 Millionen Mark erreicht werden. Das emittierende Unternehmen muss mindestens drei Jahre bestehen und für die letzten drei Geschäftsjahre Jahresabschlüsse veröffentlicht haben. Wichtig ist auch die ausreichende Streuung der zuzulassenden Aktien. Mindestens 25 Prozent des Gesamtnennbetrags müssen vom Publikum erworben werden. Dem Zulassungsantrag muss ein Emissionsprospekt beigefügt werden, der alle für die Beurteilung des Wertpapiers notwendigen Angaben (Stückelung, Ausstattung, Rückzahlung, Laufzeit, Zinssatz, Bezugsbedingungen) und relevanten Informationen über die Kapital- und Ertragslage des Unternehmens enthält. Der Prospekt muss nach Billigung durch die Zulassungsstelle in einem Börsenpflichtblatt veröffentlicht werden (Publizitätspflicht). Zusätzlich zum Jahresabschluss muss der Emittent einen Zwischenbericht veröffentlichen.

Geregelter Markt: Segment für junge Unternehmen

Der Geregelte Markt ist der Handelsplatz für Wertpapiere kleinerer und mittlerer Unternehmen. Die hohen Anforderungen der Zulassung zum Amtlichen Handel und die damit verbundenen Kosten (etwa 6 bis 12 Prozent der Emissionssumme) riefen 1987 die Notwendigkeit eines zweiten börsenrechtlich geregelten Markts mit erleichterten Zulassungsbedingungen auf den Plan. Im Gegensatz zum Amtlichen Handel werden die Geschäfte im Geregelten Markt und im Freiverkehr von freien und nicht von amtlichen Maklern abgewickelt. Diese können keine amtlichen Kurse, sondern »nur« Preise für die betreffenden Aktientitel feststellen, beachten dabei jedoch dieselben Vorschriften wie die amtlichen Makler.

Die Zulassungsvoraussetzungen sind deutlich niedriger als im

Amtlichen Handel. So reicht ein Eigenkapital von 500 000 Mark aus, um zum Handel zugelassen zu werden. Dem Zulassungsantrag ist ein Unternehmensbericht beizufügen, der Angaben über den Emittenten und die Wertpapiere enthält, die für die Anlageentscheidung des Publikums von Bedeutung sind. Es gibt aber keine Vorschriften über das Mindestalter des Unternehmens. Ebenso ist die Veröffentlichung von Zwischenberichten nicht zwingend. Der Emittent ist aber verpflichtet, Neuigkeiten, die das Unternehmen betreffen, sowie Jahresabschluss und Lagebericht zu veröffentlichen.

Papiere, die im Geregelten Markt gehandelt werden, sind für die Anleger mit einem höheren Risiko behaftet. Sie sind nicht breit gestreut, meist sind es marktenge Titel, bei denen bereits relativ geringe Ordervolumen erhebliche Kursschwankungen auslösen oder die sich nicht rechtzeitig veräußern lassen, weil Nachfrager fehlen. In Frankfurt führt der Geregelte Markt mit nur 83 Titeln ein Nischendasein.

Freiverkehr: Spiel ohne Grenzen

> Täglich werden in den Börsenpflichtblättern die Kurse der verschiedenen Marktsegmente gelistet. Dabei wird in der Tabelle »Freiverkehr« auf die Wiedergabe von Dividendenzahlungen verzichtet. Der Grund: die große Zahl der ausländischen Aktien und die daraus resultierenden Umrechnungsprobleme der Gewinnausschüttungen.

Der Freiverkehr ist das dritte Marktsegment im Börsenverkehr. Früher als ungeregelter Markt bezeichnet, findet hier der Handel mit den meisten Werten statt: knapp 1 400, von denen rund 1 300 ausländische Papiere sind. Und das ist kein Wunder, stellt der Freiverkehr doch die geringsten Anforderungen an die Teilnehmer. Denn er ist hauptsächlich wegen seiner niedrigen Zugangsschwellen gefragt. Im Unterschied zu den anderen Marktsegmenten gibt es keine Anforderung zum Emissionsvolumen, zur Mindeststreuung, an die Lebensdauer der Unternehmen und auch keine Pflicht zu Zwischenberichten. Damit stellt der Freiverkehr den ordnungsgemäßen Handel mit solchen Werten sicher, die die Anforderungen des Amtlichen Handels und des Geregelten Markts nicht erfüllen. Der Handel geschieht hier ohne amtliche Zulassung und Notierung und entbehrt auch einer börsengesetzlichen Regelung. Zugang erhalten die Interessenten über den Freiverkehrsausschuss durch ein Einbeziehungsverfahren. Vorzulegende Unterlagen sind lediglich Handelsregisterauszug, Satzung und Geschäftsbericht.

Als »Räuberhandel« oder »Zockerebene« verschrien, ist die Anlage im Freiverkehr – besonders bei ausländischen Titeln – tatsächlich oft hyperspekulativ. Die niedrigen Zulassungshürden öffnen auch unsicheren Kantonisten die Börsentüre. Somit liegt das Risiko allein beim Anleger. Die Handelsaufsicht schreitet nur ein, wenn an der Kursfeststellung etwas zu beanstanden ist.

> Börsenwitz: Warum tragen Freiverkehrshändler stets einen Schlips? Antwort: Im Spielkasino herrscht Krawattenzwang.

Neuer Markt: atemberaubende Gewinne und Kurs-Jo-Jo

Im Zenit des Interesses steht seit seiner Gründung am 10. März 1997 der Neue Markt (www.neuer-markt.de). Die Idee war, kleinen und mittleren innovativen Unternehmen die Chance zu geben, durch einen Börsengang das Eigenkapital zu beschaffen, das sie für das Umsetzen ihrer Visionen und Pläne benötigen. Die Unternehmen kommen zumeist aus den Bereichen Multimedia, Telekommunikation, Mikroelektronik, Umwelttechnik oder Gen- und Biotechnologie. Aber auch Unternehmen aus traditionellen Sektoren werden hier gelistet, wenn sie neuartige Produkte oder Dienstleistungen anbieten oder Prozesse innovativ gestalten. Alle versprechen somit ein überdurchschnittliches Wachstumspotential. Für risikobewusste Anleger ist dadurch eine hochrentable Anlagemöglichkeit gegeben.

Eine Wachstumsbörse wie der Neue Markt ist keine deutsche Erfindung. Das Vorbild kommt, wie könnte es anders sein, aus den USA und heißt National Association of Securities Dealers Automated Quotations, kurz: Nasdaq. Allerdings entwickelte sich neben den anderen neuen europäischen Wachstumsmärkten (Paris, Amsterdam, Brüssel, Mailand) der deutsche Neue Markt zum dominierenden Markt für Wachstumsunternehmen in Europa – und das auf allen Ebenen: Bei der Marktkapitalisierung, der Größe der gelisteten Unternehmen, der Zahl der Neuemissionen und dem Emissionsvolumen ist der Neue Markt anderen weit voraus. 219 Unternehmen waren hier im Februar 2000 schon notiert.

Dem Risiko eines Investments in kleine Firmen, deren größte Vermögenswerte häufig nur aus dem Know-how der Mitarbeiter bestehen, versucht die Deutsche Börse AG mit strengen Zulassungsbedingungen entgegenzutreten, wie sie in keinem anderen Segment bestehen. Aus diesem Grund wurde erstmals in Deutschland für dieses Marktsegment eine privatrechtliche Basis gewählt. Damit stellt der Neue Markt weit höhere Anforderungen als die traditionellen öffentlich-rechtlichen Segmente Geregelter Markt und Amtlicher Handel – und entspricht so internationalen Standards. Unternehmen im Neuen Markt müssen detailliert und aktuell informieren und auch die internationale Vergleichbarkeit sicherstellen. Die Bereitschaft zu einer aktiven Investor-Relations-Politik muss vorliegen. Zudem gelten die angelsächsischen Bilanzierungsmethoden vielen als aussagekräftiger und investorenfreundlicher als etwa Handelsgesetzbuch-Abschlüsse.

Die wesentlichen Zugangsvoraussetzungen für einen Börsengang an den Neuen Markt sind ein Emissionswert von mindestens 5 Millionen Euro, ein Streubesitz von mindestens 20 Prozent, besser 25 Prozent, wobei mindestens 20 Prozent des Stammkapitals an der Börse zu platzieren sind. Es dürfen ausschließlich Stammaktien herausgegeben werden. Der Emissionsprospekt ist nach internationalen Standards zu erstellen. Weitere andere Verpflichtungen sind:

Offenlegung des Anteilsbesitzes von Aufsichtsrat und Vorstand, Quartalsberichte, jährliche Analystenveranstaltungen und die Herausgabe eines Unternehmenskalenders mit wichtigen Daten wie denen der Hauptversammlung. Alle Publikationen sind in Deutsch und Englisch zu verfassen. Als Aktionärsschutz ist die Regelung zu verstehen, nach der Altaktionäre erst ein halbes Jahr nach dem Börsengang verkaufen dürfen. So soll vermieden werden, dass die Unternehmer unmittelbar nach dem Börsengang Kasse machen und damit eventuell starken Druck auf den Börsenkurs ausüben.

Eine Spezialität des Neuen Markts ist die überwachte Preisbildung. Die Börsenaufsichtsbehörde und die Handelsüberwachungsstelle kontrollieren das ordnungsgemäße Zustandekommen der Preise im Neuen Markt, so dass die Chancengleichheit der Handelsteilnehmer, die Transparenz der Preisfindung und damit das Vertrauen der Anleger in die Fairness der Preisfeststellung gewährleistet sind. Neu sind auch die zwei Designated Sponsors (Betreuer) in Xetra, die die Liquidität der jeweiligen Werte sichern müssen. Sie stellen auf eigene Initiative oder auf Anfrage verbindliche Geld- und Brief-Limite für die betreuten Werte.

Der Neue Markt startete mit zwei Aktien: der Bertrandt AG und Mobilcom, die raketenhaft in den Börsenhimmel schoss. Danach war der Zulauf nicht zu stoppen. 1998 waren über 60 neue Firmen notiert, 1999 wurden es 200 – eine beachtliche Bilanz. Der Erfolg der ersten Aktien zog immer mehr Neuemissionen nach, die den Markt geradezu überschwemmten. Anleger, Analysten und Finanzjournalisten sind von der Masse der neuen Aktien überfordert, denn jede Emission will durchleuchtet sein, um Spreu vom Weizen zu trennen. Und mittlerweile erreicht das Wachstum eine weitere Dimension: An den Neuen Markt kommen immer mehr ausländische Unternehmen, die teilweise auch schon bei der Nasdaq gelistet sind. Ein Indiz für die Attraktivität des Markts für die Unternehmen.

Und für die Anleger? Am Neuen Markt gibt es alles. Hohe Nachfrage bei Neuemissionen und geringes Emissionsvolumen. Explosion der Erstnotizen. Verdoppelte und verdreifachte Kurse gegenüber den Emissionspreisen sind keine Seltenheit. Hohe

NEUER MARKT DEUTSCHLAND (NEMAX 50)

52.Wochen Hoch	Tief		18.5.2000 Schluss	19.5.2000 Schluss	Veränd. Prozent	Börsenkap. Mio.Euro	Ums.St. 19.5.
935,0	59,0	ADVA	553,00	503,00	-9,04	2515,00	14054
305,0	65,3	Aixtron	265,00	269,00	+1,50	4357,80	49940
154,5	30,0	BB Biotech	102,00	101,00	-0,98	2474,50	33570
96,0	4,3	BroadVision	51,70	48,00	-7,15	14752,48	153715
205,0	31,6	Brokat Infosystems	141,50	133,00	-6,00	3515,03	112186
271,8	59,0	CE Consumer Elec.	191,00	184,00	-3,66	1398,24	19169
163,5	43,1	Consors AG	115,00	107,00	-6,95	4772,33	176940
80,0	33,2	Constantin Film	60,00	60,20	+0,33	761,17	11281
75,0	23,0	CPU Softwarehaus	23,10	21,20	-8,22	164,66	22970
23,6	7,4	Cybernet Intern.	9,50	9,00	-5,26	168,86	95206
61,5	14,1	Direkt Anlage Bank	44,00	41,30	-6,13	2333,45	63101
86,9	25,1	Edel Music	26,00	24,30	-6,53	529,74	36377
119,5	32,2	EM.TV	80,50	77,30	-3,97	10977,93	310475
205,0	25,2	EVOTEC BioSystems	93,50	86,50	-7,48	988,95	68733
68,7	6,2	Fantastic Corp.	20,85	18,80	-9,83	2079,10	437940
24,1	6,8	FortuneCity.com	6,95	6,05	-12,94	176,02	144338
170,0	39,0	GAUSS Interprise	101,00	101,80	+0,79	719,14	4694
215,0	39,6	Heyde	167,00	165,00	-1,19	1183,25	15237
48,1	5,4	Highlight Commun.	36,90	37,00	+0,27	1575,59	77916
28,5	10,5	IDS Scheer	24,55	23,60	-3,86	749,30	41309
52,5	20,1	Infomatec	21,00	20,60	-1,90	484,10	35904
65,0	15,0	Infor Business Sol.	33,50	31,40	-6,26	282,60	45045
695,0	60,6	Intershop	487,00	428,00	-12,11	7198,84	94485
145,0	64,0	Intertainment	105,50	98,50	-6,63	955,10	38485
104,0	18,7	IXOS Software	19,70	19,00	-3,55	391,88	80555
84,0	43,5	Kinowelt Medien	60,50	59,80	-1,15	1707,89	34981
60,5	20,2	LHS	37,00	32,90	-11,08	1639,41	226062
52,2	10,3	MB Software	12,35	12,15	-1,61	130,67	31312
126,0	46,0	Medion	99,00	98,00	-1,01	2352,00	23436
62,0	16,1	Micrologica	17,50	15,20	-13,14	121,30	44730
210,0	41,3	Mobilcom	115,80	114,00	-1,55	5722,80	199194
80,1	48,2	Nemetschek	60,50	58,40	-3,47	562,10	10775
195,0	24,0	Pandatel	154,20	149,50	-3,04	1080,14	6371
48,0	23,5	Pfeiffer Vacuum	46,00	46,00	±0	432,40	27457
193,0	16,3	Pixelpark	100,00	96,50	-3,5	1795,01	15872
99,5	35,5	PrimaCom	66,00	59,00	-10,60	1163,98	33960
230,0	31,1	Qiagen	155,25	152,80	-1,57	5249,79	101955
222,0	19,0	ricardo.de	98,00	88,00	-10,20	689,92	65612
131,0	35,5	SCM Microsystems	94,00	87,90	-6,48	1162,68	68639
175,0	54,2	Senator Film	105,00	103,50	-1,42	496,80	9139
64,1	29,5	SER Systeme	36,30	35,00	-3,58	525,00	79927
137,0	32,6	Singulus△	122,80	115,50	-5,94	2130,98	86235
67,5	7,9	Steag HamaTech	53,00	53,10	+0,18	1593,00	166827
44,5	9,5	TelDaFax	12,50	11,30	-9,6	382,26	267283
168,0	22,5	Telegate	123,00	117,00	-4,87	1489,41	73619
242,0	74,5	Teleplan Int.	194,90	196,00	+0,56	1108,38	13738
76,0	15,6	Teles	17,20	16,75	-2,61	375,93	45943
78,0	5,6	Trintech Group	26,80	26,60	-0,74	1324,41	65256
500,0	72,0	United Internet	228,00	215,50	-5,48	682,70	30626
65,5	24,0	Utimaco Safeware	25,90	25,80	-0,38	144,93	12952

Quelle: FAZ

Abb. 3: Ausschnitt aus der Kurstabelle des Neuen Markts

Abb. 4: Neuemissionsflut am Neuen Markt

Zeichnungsgewinne und dramatische Verluste im Verlauf der Börsennotierung – und umgekehrt. Kursgewinne bewegen sich bei den Spitzenreitern im Bereich dreistelliger Prozentzahlen, während die Kursverluste bei den größten Verlierern zweistellige Prozentsätze aufweisen. Bei Einzelaktien sind selbst Tagesschwankungen von 5 bis 10 Prozent keine Seltenheit. Und die größten Gesellschaften in dem Segment wie EM-TV, Mobilcom oder Consors haben durch ihr rasantes Wachstum mittlerweile schon den Börsenwert der kleinsten Standardwerte im DAX® erreicht. Kein Wunder, dass oft von einer »Goldgräberstimmung« gesprochen wird, aber auch von der »Geldmaschine Neuer Mark«.

Aber es gab und gibt Kritik von vielen Seiten: Besonders die teilweise hohen Kurssprünge einzelner Werte stehen im Kreuzfeuer. Der Begriff des »Zockermarkts« macht immer wieder die Runde. Ein Grund dafür ist die Marktenge wegen der geringen Volumina der im Börsenumlauf befindlichen Stücke, wodurch bereits Kleinorders erhebliche Kursbewegungen auslösen können. Zudem lebt der Neue Markt – extremer als andere Segmente – von Hoffnungen und Fantasien und ist deswegen besonders anfällig für Kursschwankungen. Weitere Schattenseiten der Wachstumsbörse sind untreue Altaktionäre, überoptimistische Analysten, blauäugige Konsortialbanken, glücklose Unternehmensvorstände und lange Börsenschwächen. Der Neue Markt dürfte noch lange nicht aus den Schlagzeilen herauskommen.

Für Anleger sind die vielen Neuemissionen positiv. Sie machen den Markt zwar unübersichtlicher, zwingen aber zur sorgfältigeren Auswahl. Denn bei mehr Quantität ist auf Qualität zu achten. Man sollte sich nur in transparente Unternehmen mit einer aktionärsfreundlichen Informationspolitik einkaufen. Diese sollten eine marktbeherrschende Stellung vorweisen können oder in einer von Konkurrenten schwer einnehmbaren Nische arbeiten. Wichtig ist ebenso, dass die Aktie über einen liquiden Markt verfügt. Der Neue Markt bleibt weiterhin hochspekulativ. Deswegen sollten Anleger nur einen kleinen Teil des Portfolios investieren.

SMAX: neues Segment kleine Aktien

Trotz anspruchsvoller Standards startete am 26. April 1999 der Neue Markt für Mittelständler mit unerwartet vielen Aktiengesellschaften: 91. Bis zum Februar 2000 kamen weitere 27 dazu. Anders als im Neuen Markt sind im SMAX – steht für Small Cap (aus dem Amerikanischen, kleine Werte) Exchange (www.smax.de) – etablierte Unternehmen aus bewährten mittelständischen Branchen versammelt. Zu den Traditionsbranchen zählen u.a. die Textilindustrie, der Maschinenbau, Automobilzulieferer und das Baugewerbe. Gut ein Drittel der SMAX-Firmen sind alteingesessene deutsche Aktiengesellschaften, wiederum ein Drittel gibt es schon länger als fünf Jahre an der deutschen Börse. Die Aktien gibt es oft schon lange im Amtlichen Handel oder im Geregelten Markt. Allerdings ist ihr Bekanntheitsgrad gering. »Friedhofswerte« werden sie im Börsenjargon genannt, weil wegen der geringen Umsätze oftmals kein Geschäft gemacht wird. Ihr Anteil am gesamten Börsenumsatz beträgt nur etwas über 2 Prozent. Von manchen Aktien gehen nicht mehr als ein paar Stück pro Tag an der Börse um – wenn überhaupt.

Die eigentliche Idee des SMAX: Die Aktien erfüllen angelehnt an den Neuen Markt strengere Auflagen als die DAX®-Werte. Es müssen genügend Aktien vorhanden sein. Der Anteil des Streubesitzes muss mindestens 20 Prozent des an der Börse notierten Grundkapitals betragen. Empfohlen sind dagegen 25 Prozent – denn je höher dieser Anteil, desto höher die Liquidität der Aktie. Damit steigt ihre Attraktivität. Auch müssen SMAX-Teilnehmer einmal pro Jahr den Anteilsbesitz von Vorstand und Aufsichtsrat am eigenen Unternehmen offen legen. Zudem ist die Anerkennung des Übernahmekodex obligatorisch für eine Teilnahme am neuen Börsensegment. Diese Regelung soll die Rahmenbedingungen für eine transparente, faire und anlegerfreundliche Abwicklung von Unternehmensübernahmen schaffen. Eines der wichtigsten Aufnahmekriterien ist das eines Betreuers, eines so genannten Designated Sponsors – ein Kreditinstitut oder ein Finanzdienstleister –, der jederzeit einen reibungslosen Handel garantiert, indem er auf Eigeninitiative oder Anfrage verbindliche Kauf- und Verkaufskurse im elektronischen Handelssystem Xetra stellt. Damit sollen Aufträge schnell zu einem marktgerechten Preis ausgeführt werden. Außerdem verpflichten sich die SMAX-Unternehmen zur Quartalsberichterstattung und zum Jahresabschlussbericht – möglichst auch in englischer Sprache – und organisieren mindestens einmal pro Jahr Analystenveranstaltungen. Eine weitere notwendige Voraussetzung ist die Zulassung an der Frankfurter Wertpapierbörse zum Amtlichen Handel oder Geregelten Markt. Der Grund: Diese Marktsegmente sind organisierte Märkte im Sinne der Wertpapierdienstleistungsrichtlinie der EU. Allein durch diese Richtlinie ist für europäische institutionelle Investoren ein Engagement möglich. Der SMAX ist ausschließlich kleinen Firmen vorbehalten, eine gleichzeitige Zugehörigkeit zum MDAX oder zum Neuen Markt ist nicht möglich. Ab 2002 müssen die Unternehmen internationale Bilanzierungsstandards erfüllen.

Für die Deutsche Börse kommt die Teilnahme im »Segment der dritten Reihe« einem Gütesiegel gleich. Der SMAX wird als Qualitätssegment angepriesen, das zur Stärkung des Mittelstands führen soll, indem die Aufmerksamkeit von Groß- und Kleinanlegern erregt wird. Denn immerhin sind die rund 350 Small Caps an der Frankfurter Börse nur mit 10 Prozent des Umsatzes in deutschen Aktien beteiligt. Anleger sollen einen »Wegweiser« im Dschungel der Nebenwerte bekommen.

Das Small-Cap-Segment ist weitaus heterogener als andere Börsenmärkte. Deswegen sollten sich Anleger sehr genau mit den einzelnen Unternehmen beschäftigen, bevor sie in diese investieren.

Terminsache: die deutsch-schweizerische Börse Eurex

Eine weitere Erfolgsstory: Im September 1998 entstand aus der DTB Deutschen Terminbörse in Frankfurt am Main und der SOFFEX (Swiss Options and Financial Futures Exchange) in Zürich die Eurex. Dieser europäische Terminmarkt wurde schon im ersten Jahr seines Bestehens die größte Derivatebörse der Welt. Das zeigen eindrucksvoll die Zahlen der gehandelten Kontrakte: 1999 gab es einen Rekordumsatz von 379 Millionen Kontrakten. Das ist ein Plus von 53 Prozent. Zum Vergleich die Nummer 2: An der CBoT (Chicago Board of Trade) – einer Präsenz-Terminbörse – wurden 255 Millionen Kontrakte abgeschlossen. Eurex arbeitet auf einer elektronischen Handelsplattform, die grenzüberschreitendes Handeln anbietet, mit Zugängen von jedem beliebigen Standort in der Welt. So können die Trader über Bildschirmterminals von ihren Büros in Europa und den USA aus sekundenschnell Geschäfte in Option und Futures abschließen. In die Plattform ist nicht nur ein Handels-, sondern auch ein Abwicklungssystem integriert. Die Zahl der Eurex-Mitglieder wächst ständig: Ende 1999 handelten bereits 416 Mitglieder (davon 54 Prozent nicht aus Deutschland und der Schweiz) an der weltgrößten Terminbörse.

Umsatzstärkstes Produkt ist der Bund-Future (siehe Kapitel 3) – er avancierte zum meistgehandelten Terminkontrakt der Welt und ist ein Grund für den Erfolg der Eurex: Der gesamte Handel mit den Terminkontrakten auf Bundesanleihen wanderte bis Mitte 1998 vom Parketthandel der Londoner Terminbörse Liffe auf das elektronische System der DTB und der späteren Eurex.

Die Eurex gehört zur Gruppe Deutsche Börse, die 80 Prozent des Kapitals der Eurex besitzt, die Swiss Stock Exchange hält 20 Prozent. Dabei ist die deutsch-schweizerische Börse auf dem Weg zum internationalen und zeitzonenübergreifenden Terminmarkt. Anfang Oktober 1999 unterzeichnete die Eurex ein Jointventure mit der amerikanischen CBoT über den Aufbau einer gemeinsamen Handelsplattform. Gemeinsam soll eine Plattform auf Basis des Eurex-Systems in Chicago betrieben werden. Geplanter Start: Mitte 2000. Parallel dazu wird der Parketthandel in Chicago weiter bestehen.

Die Zusammenarbeit mit der Chicagoer Terminbörse dürfte eine Verlängerung der Handelszeiten nach sich ziehen: von 6 Uhr statt wie bisher 7 Uhr bis 21 Uhr statt wie bisher 19 Uhr. Im Laufen sind schon die Kooperation mit der Hex, der finnischen Derivatebörse, und der Terminbörse in Singapur, Simex. Nach eigenen Angaben werden Privatanleger aus rechtlichen Gründen keinen direkten Zugang zur Eurex erhalten, sondern müssen weiterhin über ein Finanzinstitut handeln.

Eurex Zürich
Selnaustraße 30
CH-8021 Zürich

Eurex Frankfurt
Börsenplatz 7–11
60313 Frankfurt
www.eurexchange.com

Allmählicher Abschied vom Parkett: Computerhandel mit Xetra

Eine Szenerie, die zunehmend an Bedeutung verliert: Händler gestikulieren, telefonieren, rufen, rennen auf dem Börsenparkett. Immer noch berichten die Fernsehreporter gern von dieser Bühne. Doch in Wirklichkeit wird das große Börsenbusiness nicht im großen Handelssaal am Börsenplatz 4, sondern in einem leise summenden Computer in einer geheim gehaltenen Hochsicherheitszelle, dem Herzen des elektronischen Handelssystems Xetra, gemacht: Der Trend, Aktien und Anleihen nur noch am Computer zu handeln, lässt sich kaum bremsen. Die Funktion der Börse übernehmen Zentralrechner, wo Kauf- und Verkaufswünsche zusammenlaufen. Damit wird der Börsensaal mit dem hölzernen Bodenbelag in absehbarer Zeit zum Relikt aus vergangenen Zeiten.

Die Zukunft heißt Xetra (www.xetra.de). Das ist das elektronische Computerhandelssystem, das über einen Zentralrechner seit Oktober 1998 automatisch die Preise der gehandelten Wertpapiere ermittelt. Xetra, abgeleitet von exchange electronic trade, ermöglicht nun den Investoren einen schnellen ganztägigen Aktienhandel mit allen rund 2 000 Aktien. Das System kann bis zu 110 Orders pro Sekunde und bis zu 900 000 An- und Verkaufsaufträge pro Tag bewältigen. Zudem können auf dieser Plattform erstmals alle börsennotierten Wertpapiere – Aktien, Optionsscheine und Anleihen – gehandelt werden. Auch ist es den Börsenmitgliedern möglich, von jedem beliebigen Standort aus gleichberechtigt auf Xetra zuzugreifen. Über 400 Banken und Wertpapierhäuser aus ganz Europa nutzen diese Möglichkeit: Denn nach Angaben der Deutschen Börse AG beträgt die so genannte Round-Trip-Zeit durchschnittlich 0,6 Sekunden. Das heißt im Klartext: Von der Eingabe eines Wertpapierauftrags am Xetra-Handelsbildschirm über die Verarbeitung im Zentralrechner bis zur Bestätigung der Auftragserteilung auf dem Schirm des Marktteilnehmers dauert es weniger als eine Minute.

Bei der reinen Computerbörse laufen die Aufträge in einem Zentralrechner zusammen, der auch die Ausführung vornimmt. Jeder Auftrag in Xetra wird nächst in ein zentrales, elektronisches Orderbuch gestellt, in dem sich Kauf- und Verkaufsangebote gegenüberstehen. Während des fortlaufenden Handels ist das Orderbuch offen, so dass die Limite und Ordervolumina angezeigt werden. Davon profitieren die Marktteilnehmer, denn so haben sie den vollständigen Überblick und können entsprechend der Marktlage ihre Order platzieren. Passende Orders werden dann vom System automatisch nach der Preis-/Zeitpriorität »gematcht«, weshalb Xetra als ordergetriebenes Handelssystem bezeichnet wird. Schließlich erhalten die Kontrahenten nach der Zusammenführung zweier Orders eine Ausführungsbestätigung.

Auf Xetra laufen alle großen Aktien, europäische Spitzenaktien, einige Aktienoptionsscheine und die wichtigsten Anleihen. Somit entfallen auf Xetra zwei Drittel der börslichen Umsätze. Bei den 30 DAX®-Standardwerten werden 80 Prozent des Gesamthandels nach Informationen der Deutschen Börse über Xetra abgewickelt. Das ist aber nur die halbe Wahrheit: Denn 1998 führte die Deutsche Börse die Orderbuchstatistik ein – diese umfasst zwar alle Xetra-Umsätze, aber bei den Parkettumsätzen nur diejenigen, die über das offizielle Buch des Kursmaklers laufen. Damit fallen zwei Drittel aller Parkettumsätze unter den Tisch. Die Folge: eine optische Aufwertung des Xetra-Handels.

Nach dem Xetra-Start Ende 1998 war schon im Januar darauf die Sektlaune verflogen: Die Börsenaufsicht intervenierte, weil Xetra teilweise dramatische Kursabweichungen gegenüber dem Parkett aufwies. Die Börse reagierte und 540 der damals 800 Aktien flogen aus dem Computerhandel. Der Hintergrund der meisten Unstimmigkeiten: Klein- und Nebenwerte, für die in Xetra keine oder nur geringe Kauf- und Verkaufsangebote vorliegen. Hier kann es zu auffallenden Preisunterschieden zwischen beiden Handelswegen kommen. Xetra hat also ein Problem mit der Preisfeststellung in weniger liquiden Titeln. Nach Angaben der deutschen Börse machen die wenig liquiden Titel nur rund 3 bis 5 Prozent aller 2 000 nun in Frankfurt gehandelten Aktien aus. Trotzdem wurden im November 1999 schon 500 Unternehmen von Designated Sponsors betreut. Ihre Aufgabe ist das Stellen von Kauf- und Verkaufsangeboten in Xetra. Dadurch sollen Liquidität und Preisqualität in den betreuten Aktien erhöht werden.

Ein weiteres Problem von Xetra: Trotz großer Bemühungen der Deutschen Börse läuft der Rentenhandel am Computersystem vorbei. Ungeachtet dieser Unstimmigkeiten und Probleme ersetzen die Börsenmanager weltweit das Parkett und den Präsenzhandel durch Computerbörsen. Dies ist ein tief gehender Wandel – Frankfurt ist die einzige große Börse in Europa, in der es überhaupt noch einen Handelssaal gibt. Die meisten Banken haben längst ihre Händler vom Präsenzhandel abgezogen. Trotzdem dominiert Xetra nur bei den sehr liquiden Aktien wie denen des DAX®, kleinere Werte sind nach wie vor besser im Präsenzhandel aufgehoben.

Xetra hat allerdings für die Privatanleger, die zuvor eher benachteiligt waren, Besserungen gebracht. Seit Juni 1999 kann man in jeder Ordergröße handeln – auch nur ein einziges Wertpapier. Auch hatte man früher bei späten Aufträgen das Nachsehen, da die Orders erst am nächsten Börsentag bearbeitet wurden. Die Folge: Auf aktuelle Tagesereignisse konnten Kleinanleger nicht – oder nur verzögert – reagieren. Kursverluste oder verpasste Chancen waren somit möglich. Durch den Xetra-Handel kann dagegen schnell reagiert werden.

Die Frankfurter Börse will den Wettbewerb über die zukünftige Handelsform abstimmen lassen, schafft aber trotzdem Tatsachen: Der Parkett-DAX® starb im Juni 1999 eines friedlichen und meist unbemerkten Todes. Ein weiterhin stark diskutierter Aspekt ist die Integration der Kursmakler in das Xetra-System. Im Computerhandel wirken keine amtlichen Kursmakler. Lange hat die Deutsche Börse den Standpunkt vertreten, dass man in einer auftragsgetriebenen Börse wie Xetra keine Intermediäre wie Marktmacher oder Makler mehr benötige. Nach den vielen Problemen in Xetra soll nun doch die Maklerfunktion auf Xetra übertragen werden. Dies wäre aber der Todesstoß für den Präsenzhandel – er würde durch den Übergang seiner Vorteile in Xetra schlicht überflüssig. Für Börsenanleger wäre dies aber positiv: Makler und Betreuer auf Xetra brächten den Computerhandel entscheidend voran. Das wäre gut für alle Marktteilnehmer.

Aktuell stocken die Verhandlungen über die Integration der Kursmakler zwischen dem hessischen Wirtschaftsministerium und der Deutschen Börse AG. Das Haupthindernis scheint das Börsengesetz zu sein, nach dem die Kurse im Amtlichen Handel durch amtliche Kursmakler ermittelt werden müssten. Dies wollte die Deutsche Börse AG wohl nicht in ihrem System akzeptieren und drängte auf eine flexible Auslegung des Gesetzes, die das hessische

Wirtschaftsministerium für unmöglich hält. Eine Änderung des Börsengesetzes könnte nur das Vierte Finanzmarktförderungsgesetz bringen – das nicht vor Ende 2001 in Kraft treten kann. Zumindest bis dahin scheint den Anlegern – und den Journalisten – das Parkett erhalten zu bleiben.

Vorbild Amerika: Nyse und Nasdaq

Der bekannteste Börsenplatz der Welt – die New York Stock Exchange, kurz Nyse (www.nyse.com) – wird auch nach seinem Domizil an der Wall Street benannt, heute die bekannteste Banken- und Börsenstraße der Welt. Die Nyse ist der Inbegriff der Börsen schlechthin. Kein Wunder, dass das Börsengebäude mit seiner alten neoklassizistischen Fassade und besonders die Besuchertribüne oberhalb des 4000 Quadratmeter großen Parketts des Handelssaales den Besucherandrang manchmal nicht mehr bewältigen kann. Zu sehen sind Aktienhändler in bunten Jackets, welche ihre Firmenzugehörigkeit verraten, die aufgeregt gestikulieren mit bis zu drei Telefonhörern gleichzeitig am Ohr, drängeln und wild durcheinander rufen. Den Handel können die Neugierigen heute aber leider nur hinter einer dicken Glasscheibe verfolgen, so dass vom Geschrei der Broker nur ein Gemurmel nach oben dringt.

Die Anfänge waren da überschaubarer. 1563 errichteten Holländer eine große Palisade als Schutz vor Indianerüberfällen. Die Straße wurde folgerichtig Wall Street genannt. Im Haus Nummer 22 gab es ein Büro für den öffentlichen Verkauf von Wertpapieren. Das war aber noch nicht der Vorläufer der Nyse. Der Grundstock war das Buttonwood-Agreement vom 17. Mai 1792, in dem sich 24 Kaufleute verpflichteten, die Effektengeschäfte untereinander abzuwickeln und sich regelmäßig unter einer Platane gegenüber dem genannten Gebäude zu treffen.

Der Weg von diesem konspirativen Treffen bis zum Mittelpunkt der amerikanischen Börsen und zur Welt-Leitbörse war lang. Rund 3200 Unternehmen sind heute an der Nyse. Typischerweise werden hier alle Titel gehandelt, die zum Amtlichen Handel zugelassen sind. Dies sind vorwiegend die Aktien der großen etablierten Gesellschaften.

1999 erlebte die Nyse kräftige Umsatzzuwächse. Das tagesdurchschnittliche Handelsvolumen in Dollar stieg um über 20 Prozent, ebenso der Jahresumsatz. Von seinen zehn umsatzstärksten Tagen verzeichnete der Big Board allein sieben in diesem Jahr. Den Umsatzrekord lieferte der 17. Dezember 1999 mit 1,35 Millionen Aktien.

Doch die Zukunft wird für die Nyse weniger rosig aussehen. Trotz der guten 1999er Ergebnisse hat sie die Welt-Spitzenposition an die Nasdaq verloren. Die zukünftigen Konkurrenzsituationen dürften an den Grundfesten der altehrwürdigen Börsengebäude wackeln. Das große Problem: Am Big Board wird die Digitalisierung nur in kleinen Schritten vorgenommen, denn die 1366 Mitglieder der Nyse verfolgen sehr gegensätzliche Interessen. Besonders die einflussreichen so genannten Spezialisten als Dreh- und Angelpunkte des Handels – vergleichbar mit den deutschen Kursmaklern – und die unabhängigen Paketthändler würden deutlich an Einfluss verlieren, wenn die Nyse automatisieren würde.

Vor 208 Jahren als gemeinnützige private Organisation gegründet, die ihren Mitgliedern gehört, plant die Nyse für das zweite Halbjahr 2000, selbst an die Börse zu gehen. Geplant ist dazu zunächst eine Strukturveränderung, dann sollen Anteile an die Mitglieder vergeben und an die Öffentlichkeit verkauft werden.

Nasdaq: die aktuelle Nummer 1 der Weltbörsen

Der 8. Februar 1971 war die Geburtsstunde des elektronischen Handels, der die Finanzmärkte der Welt veränderte. An diesem Tag wurde der Handel über die reine Computerbörse National Association of Securities Dealers Automated Quotations, kurz Nasdaq (www.nasdaq.com) aufgenommen.

Die Träger der Nasdaq hatten es sich damals zum Ziel gesetzt, kleine, wachstumsfähige Unternehmen, deren Gewinn für eine Notierung an der Wall Street noch nicht hoch genug ist, mit risikobereiten Investoren zusammenzubringen. An der – inzwischen renommierten – Computerbörse gehandelt zu werden ist für viele Firmen attraktiv. Eine Notierung hier macht den eigenen Namen in den USA und weltweit bekannt, Kunden und Investoren werden aufmerksam. Außerdem gilt die Nasdaq als Gütesiegel für eine Aktie. Für die Unternehmen gibt es einen großen Anforderungskatalog, um sich für den Aktienhandel an der Nasdaq zu qualifizieren. Gehandelt werden allerdings nicht nur Technologiewerte, sondern auch Industrietitel und Aktien von Banken und Versicherungen.

Mittlerweile liegt das tagesdurchschnittliche, in Dollar gemessene Umsatzvolumen der Nasdaq über dem der New York Stock Exchange. Am Markt der Wachstumswerte für innovative Technologiefirmen sind heute über 5 000 Unternehmen gelistet, darunter solche Giganten wie Dell Computer, das Softwareunternehmen Microsoft, der Chiphersteller Intel, die Internet-Suchmaschine Yahoo und der Online-Buchhändler amazon.com. Nicht von ungefähr nahm der Dow-Jones-Index nun auch Intel und Microsoft – zwei Nasdaq-Titel – in die Liste der 30 führenden amerikanischen Industriewerte auf.

Durchschnittlich wurden 1999 börsentäglich 985 Millionen Aktien gehandelt – vier Jahre zuvor waren es im Schnitt noch 400 Millionen. Den Volumenrekord stellte der Handel am 16. November 1999 auf: 1,46 Milliarden Aktien.

Die Nasdaq ist eine konsequente Computerbörse, an ihr gibt es keine Makler mehr. Hier haben Marktmacher (Market Makers), vor allem Investmentbanken und Wertpapierhandelshäuser, die Aufgabe, fortlaufend An- und Verkaufskurse zu stellen, allerdings keinen morgendlichen einheitlichen Einheitskurs. Das hat für die Anleger den Nachteil, dass sie morgens manchmal einige Minuten auf den Eröffnungspreis warten müssen.

Im September 1999 wurde zudem ein neues Extranet namens Enterprise Wide Network installiert, das die Kapazitäten der Computerbörse verdoppelt. Dadurch beträgt die Systemgeschwindigkeit für einen Round-Trip (Auftrag, Ausführung, Bestätigung) nur noch eine halbe Sekunde. An die Nasdaq sind mehr als 7 000 Händlerstationen angeschlossen. Ebenfalls 1999 wurde der Handel an der

Nasdaq mit einer Spätsitzung von 17.30 Uhr bis 21 Uhr Ortszeit ausgeweitet. Zunächst sollen die im Nasdaq-100-Index enthaltenen 100 größten Werte der Börse gehandelt werden.

In Zukunft plant die Nasdaq, einen elektronischen Auktionsmarkt in ihr System zu integrieren, um die Nyse-Aktien zusätzlich handeln zu können. Geplanter Zeitpunkt: frühestens 2001. Die Nyse hat – allerdings auf Druck der Wertpapieraufsicht Securities and Exchange Commission (SEC) – die so genannte Rule 390 abgeschafft. Diese Regel besagt, dass die Aktien, die bis zum 26. April 1979 am Big Board eingeführt wurden, nicht außerhalb der Börse gehandelt werden dürfen. Das Wegfallen dieser Handelsbegrenzung könnte der Nyse knapp ein Drittel der Aktien – darunter Aktien des Dow-Jones-Index wie General Electric, IBM oder General Motors – und die Hälfte des Handelsvolumens rauben.

Und wie die Nyse plant die Nasdaq ebenfalls den Börsengang. Die Trägerin der Nasdaq, die NASD – die amerikanische Brokervereinigung National Association of Securities Dealers – beschloss, dabei in zwei Schritten vorzugehen. Zunächst werden Aktien bis Mitte 2000 an die Mitglieder wie Händler, Unternehmen, Technologiepartner verkauft. Der eigentliche Börsengang folgt danach, 79 Prozent der Anteile sollen verkauft werden. Aber die Nasdaq will nicht nur im Heimatland ihre Fühler ausstrecken, sie will sich auch in Europa etablieren.

Börsen: Blick in die Zukunft

Längere Handelszeiten

Die deutschen Börsen sehen sich in Konkurrenz mit den neuen Formen des Wertpapierhandels rund um die Uhr über das Internet oder andere Handelsplattformen. Da ist es geboten – um wettbewerbsfähig zu bleiben – die Handelszeiten zu verlängern.

Durch die Kooperation der Deutschen Börse AG in Frankfurt mit der London Stock Exchange (LSE) war eine Harmonisierung der Handelszeiten nötig. Nach zähen Verhandlungen einigte man sich auf 9 Uhr Handelsbeginn. Das Parkett handelt bis 17 Uhr, in Xetra ist dies bis 17.30 Uhr möglich.

Inzwischen sind die allgemeinen Handelszeiten bis 20 Uhr verlängert worden. In der Diskussion ist eine nochmalige Ausdehnung auf 22 Uhr – frühestens ab Herbst 2000. Besonders die Regionalbörsen drängten in diese Richtung. Einige wollen sogar demnächst noch mehr ausweiten. Doch die Frankfurter Börse muss mitspielen, denn diese betreibt die für den elektronischen Handel nötigen Systeme. Allerdings blockierten die Banken lange die Verlängerung der Handelszeiten.

Seit Frühjahr 2000 ist der Börsenhandel auch an bestimmten Feiertagen möglich. Am 6. Januar, an Fronleichnam, am Pfingstmontag, an Christi Himmelfahrt, am Tag der Deutschen Einheit und an Allerheiligen ist nun Traden an deutschen Börsen möglich.

Harte Konkurrenz: Europa-Börse, Jiway, Nasdaq Europa, Tradepoint

Die europäische Börsenlandschaft ist längst zu einem heiß umkämpften Markt geworden. Mehrere Unternehmensgruppen kommen Ende 2000 und 2001 mit ihren Angeboten. Und Konkurrenz belebt das Geschäft. Das gilt auch für die Börsen. So ist auch die Fusion der Deutschen Börse mit der London Stock Exchange zu verstehen, deren Bekanntmachung Ende April 2000 für Aufsehen sorgte. Die beiden Börse wollen sich zu der neuen Gesellschaft iX mit Sitz in London zusammenschließen, die langfristig eine vollständige Fusion mit der amerikanischen Technologiebörse Nasdaq anstrebt. Die Handelsplattform für den Aktienhandel wird Xetra sein, die deutschen Standardwerte werden darüber allerdings in London gehandelt. In Frankfurt verbleiben dagegen der Neue Markt und die Eurex.

Europäische Börsen gründen Europa-Börse. Im November 2000 soll sie an den Start gehen, die Kooperation von acht europäischen Börsen. Dann sollen die 3000 europäischen Standardwerte einheitlich in London, Paris, Frankfurt, Amsterdam, Brüssel, Madrid, Mailand und Zürich gehandelt werden. Grundlage dieser Initiative war die Börsenkooperation der beiden führenden Börsen Europas: der London Stock Exchange (LSE) und der Deutschen Börse AG in Frankfurt.

Die Gemeinschaftsbörse soll auf einem gemeinsamen Computernetz gehandelt werden. Hier soll es für jeden der Standardwerte nur noch ein Auftragsbuch und einen Handelsplatz geben, um Mehrfachnotierungen zu vermeiden. Strategisches Ziel könnte ein einheitlicher europäischer Kassamarkt sein. Dafür soll die European Exchange Alliance schrittweise kleinere Werte in die Börsenkooperation einbeziehen.

Die europäischen Börsen reagieren damit auf die Forderung der Marktteilnehmer, die nur noch ein Auftragsbuch, eine Plattform und eine Clearinggesellschaft für die Abwicklung der Geschäfte wollen. Sie wollen nicht länger an jeder Börse ein eigenes Handels- und Abwicklungssystem zahlen und sich an die Gepflogenheiten verschiedener Börsengesetze halten müssen.

So wird das Angebot der Europa-Börse aussehen (Quelle: Deutsche Börse AG):
− Elektronischer, fortlaufender Handel
− Eröffnungs-, Schluss- und optional untertägige Auktionen
− Anonymität vor, während und nach Geschäftsabschluss
− Einheitliche Ordertypen, Ordergrößen, Ordergültigkeit (90 Tage) und Mindestgröße (mindestens ein Stück) je Auftrag
− Gleichberechtigter Marktzugang unabhängig vom Standort
− Ein Orderbuch je Wertpapier in Euro
− Zentraler Kontrahent oder vergleichbare Konstruktion
− Gemeinsame Kern-Feiertage und harmonisierte Handelszeiten: 9 Uhr bis 17.30 Uhr MEZ
− Nationale Handelsüberwachung

Noch nicht geklärt ist bei der Europa-Börse allerdings die sehr brisante Frage des Index. Und auch über die Indexfamilie wird der Konkurrenzkampf ausgetragen (siehe dazu Kapitel 2).

Jiway – schwedisch-britische Weisheit. Jiway soll auf Chinesisch Weisheit bedeuten. Diesen Namen hat sich eine schwedisch-britische Kooperation für ihre Internetbörse für 6 000 europäische und amerikanische Aktien ausgesucht, die am 1. September 2000 starten soll. Dahinter stehen die schwedische OM Group mit 60 Prozent – Träger der Stockholmer Börse und der Londoner Terminbörse – und die Investmentbank Morgan Stanley Dean Witter. Letztere besitzt 40 Prozent der Internetbörse und stellt auch die Marktbetreuer. Sitz der Börse ist London. Neu ist, dass die Handelspartner hier kostenlos agieren können. Einnahmen erzielt die Börse durch die Betreuerfunktion und die Abwicklung.

Nasdaq Europa – ein weiterer Ableger. Nach der Nasdaq Japan soll Ende 2000 oder im ersten Quartal 2001 von London aus die Nasdaq Europa arbeiten. Die Dependance in Asien wurde im Juni 2000 gestartet. Hierbei kooperiert die Nasdaq mit der Softbank Corporation Tokio, einer internationalen Venture-Capital-Gesellschaft, und der Börse Osaka. Der neue japanische Markt für Wagniskapital soll rund um die Uhr basierend auf einer Internetplattform stattfinden. Gehandelt werden sollen Titel, die schon an der Nasdaq laufen, sowie japanische und asiatische Werte.

Ihr internationales Expansionsbestreben führt die Nasdaq auch nach Europa. Zusammen mit der Softbank Corporation, The News Corporation, einem Unternehmen des australischen Medienzars Rupert Murdoch, und Vivendi, einem großen europäischen Medien- und Versorgerkonzern aus Frankreich, geht sie dafür eine globale Partnerschaft ein. An der europäischen Nasdaq soll es anscheinend keine Begrenzung auf die europäischen Bluechips geben, es sollen wohl alle Aktien gehandelt werden, die an den nationalen Börsen in Europa gelistet sind. Für die Nasdaq sei Nasdaq Europa ein wichtiger Schritt auf dem Weg zu einer globalen elektronischen Börse über alle Zeitzonen und Kontinente – so Frank G. Zarb, der Chef der Nasdaq.

Tradepoint – die Banken mischen mit. Relativ neu dabei ist die niederländische ABN Amro Bank. Schon vorher kauften sich dagegen Merill Lynch, Dresdner Kleinwort Benson und die Deutsche Bank ein: in Tradepoint mit Sitz in London, ein elektronisches Kommunikationsnetzwerk, kurz ECN genannt. Zunächst ein Flop mit nur einem Marktanteil in Großbritannien, dürfte die Handelsplattform zum großen Gegenspieler der europäischen Börsenkooperation werden. Denn der Kreis der Geldgeber und Anteilseigner hat sich erweitert, nun liegt das Börsensystem voll im Trend. Der Clou daran: Es gehören nicht nur Investmentbanken, sondern auch elektronische Dienstleister wie Archipelago und Instinet zu den Besitzern. Und unter der Führung der Reuters-Tochter Instinet wird die Börsenplattform die 300 großen europäischen Werte bereitstellen.

Obwohl die beiden großen deutschen Banken auch Miteigentümer der Frankfurter Börse sind, engagieren sie sich in diesem Konkurrenzprojekt. Die Deutsche Bank beispielsweise besitzt 9,4 Prozent von Tradepoint Financial Networks PLC, denen Tradepoint zu 54 Prozent gehört. Ihre Beteiligung soll – nach eigenen Worten – die acht europäischen Börsen unter Druck setzen, um rasch zu einer einheitlichen Lösung für den europäischen Aktienhandel zu kommen. Zudem will man auch bei alternativen Entwicklungen dabei sein.

ECNs – die neuen Konkurrenten der Börsen

Der Kampf der Börsen ist zu einem Wettbewerb leistungsfähiger Elektronik geworden. Dabei können ECNs – Electronic Communication Networks – als nächster Evolutionsschritt nach der Einführung von Computerbörsen angesehen werden. Dieser Schritt macht es offenbar: Die Zukunft des Wertpapierhandels kann nur elektronischer Natur sein. Und dies bringt einen starken Konkurrenzdruck auf die herkömmlichen Börsen.

ECNs bieten einige Vorteile: Sie sind billiger und schneller und ermöglichen das Traden auch außerhalb der üblichen Handelsstunden. Und sie entwickeln sich schnell. Zunächst war es bei ECNs nur möglich, passende Kundenaufträge zusammenzuführen. Mittlerweile gibt es aber auch Firmen, die nachbörslich einen liquiden

Markt bieten und damit alle Kauf- und Verkaufsaufträge ausführen.

Ein Blick nach Amerika zeigt die Zukunft. Hier konkurrieren acht ECNs um die beherrschende Marktstellung: Instinet, Archipelago, Island, Brut, Attain, B-Trade, Strike, Nex Trade, Redibook. Das größte Börsensystem ist Instinet, das sich mittlerweile an Archipelago beteiligt. Dann folgt Island ECN. Die amerikanische Nummer 3 ist das Unternehmen aus der Fusion von Strike Technologies und Brass Utility (Brut), die es zusammen auf einen täglichen Umsatz von 40 Millionen Aktien bringen.

Interessant ist, wem die ECNs Geschäft abziehen. Der Nyse bislang nur 4 Prozent. Aber über die elektronischen Plattformen werden 30 Prozent des Nasdaq getätigt. Doch demnächst kann sich dieses Bild weiter verändern. Zudem haben die ECNs Island und Archipelago Anträge auf Zulassung als Aktienbörse gestellt – um uneingeschränkten Zugang zum Handel in Nyse-Aktien zu bekommen.

Wie auch in Deutschland, springen die führenden Wertpapierhäuser auf den ECN-Zug auf. Goldman Sachs und Merrill Lynch haben beide mindestens fünf Minderheitsbeteiligungen an elektronischen Handelsplattformen. Die Wall-Street-Firmen investieren in ECNs, um ihre Einnahmen zu sichern.

2 Indizes – die Barometer der Börsen

Indizes als Spiegel des Markts

> Für den Börsianer ist Geld wie Meerwasser für den
> Durstigen. Je mehr er trinkt, desto durstiger wird er.
> *Schopenhauer*

Indizes sind die Stimmungsbarometer der Börsen. Sie liefern gebündelte Informationen über die Verfassung der Aktienmärkte, denn in ihnen spiegeln sich die Kursentwicklungen wider. Sie verdeutlichen also auch einem flüchtigen Beobachter mit einem Blick die Markttendenz. Bei der Vielzahl der gehandelten Werte kann leicht der Überblick verloren gehen und für einen schnellen Überblick kann niemand alle Aktien einzeln inspizieren – hier hilft die Orientierung durch eine statistisch errechnete Messgröße.

Indizes vereinigen zwischen 30 und einigen tausend Aktien in einer einzigen Kennzahl, die sofort verrät, wo ein bestimmter Markt im Ganzen gerade steht. Sie sind die Orientierungsschilder im Zahlendschungel der Börse.

Dabei ist die Grundkonstruktion jedes Index gleich. Bestimmte Aktien oder Anleihen werden zu einem Korb zusammengestellt. Durch das Aufsummieren der Einzelkurse wird der jeweilige Indexwert ermittelt, wobei jedes Papier mit einem bestimmten Gewicht in die Berechnung eingeht. Durch die Wiederholung dieser Prozedur während einer Börsensitzung oder an aufeinander folgenden Börsentagen ergibt sich ein Indexverlauf. Jeder Index hat eine eigene Struktur und einen speziellen Umfang – besonders bei der Indexberechnung gibt es große Unterschiede.

Für Investoren und Anleger sind Indizes wichtig, weil sie nicht nur Informationen als Marktbarometer geben, sondern als Vergleichsmaßstab – so genannte Benchmark – dienen.

Mit ihnen kann man feststellen, ob das eigene Portfolio besser oder schlechter war als der Marktdurchschnitt. Ein Vergleich der Zuwachsraten mit dem eigenen Depot vermittelt dem Anleger rasch, ob er auf die richtigen Aktien gesetzt hat. In Deutschland müssen sich auch andere Anlageformen am DAX® messen lassen. Das Anlageergebnis eines Fondsmanagers beispielsweise ist mit der DAX®-Entwicklung im gleichen Zeitraum objektiv vergleichbar. Den Markt zu schlagen – also den jeweiligen Marktindex – ist auch das hehre Ziel aller professionellen Investoren wie Investmentfondsmanager und Vermögensverwalter.

Aber der isolierte Blick auf den Index allein kann sogar täuschen. Um Kursgewinne oder -verluste richtig einschätzen zu können, darf man nicht nur den Gesamtmarkt sehen, denn oft ziehen wenige Branchen oder sogar Einzelwerte den ganzen Index nach oben oder nach unten. Hier ist dann eine Analyse der Kursbewegungen angebracht.

Für Unternehmen sind Indizes wichtig, denn dabei zu sein, ist fast alles. Von einem Aufstieg in einen Index profitieren die Neulinge doppelt: zum einen durch den Prestigegewinn, zum anderen erhält der Börsenkurs Rückenwind. Oft klettern schon im Vorfeld der Entscheidung über die Zusammensetzung wichtiger Börsenindizes die Kurse der potenziellen Indexaufsteiger. Will eine Aktiengesellschaft etwas gelten, muss sie in einen Index – wer drin ist, wird gekauft. Das soll heißen: Die Zugehörigkeit zum Index führt zu entsprechenden Kaufsignalen im Markt. Für die Kursentwicklung kann dies nur förderlich sein.

Für die Börsen sind Indizes wichtig, da sich an von den ihnen ausgegebenen Indizes spezifische Börsenprodukte entwickeln. Mit Indexfonds und Indexzertifikaten (Kapitel 3) lassen sich ganze Märkte, Börsen und Volkswirtschaften in einem Papier kaufen, ohne auf einzelne Werte setzen zu müssen. Außerdem sind Indizes

Grundlage derivater Instrumente wie Futures, Optionen und Optionsscheine. Ein guter, aussagekräftiger, griffiger Index, der vom Markt gut aufgenommen wird, bedeutet für die jeweilige Börse oder Indexgesellschaft bares Geld: Denn Indizes sind ein lukratives Geschäft. Für jeden Future oder jede Option auf einen Index müssen Gebühren abgeführt werden. Auch bei der Ausgabe von indexgebundenen Optionsscheinen oder Indexzertifikaten halten Indexanbieter die Hand auf. Und Fondsgesellschaften, die ihren Erfolg an einen Index koppeln, müssen eine Lizenzgebühr abführen.

Manchmal wird die Indexvielfalt auch schon als Indexitis bezeichnet. Doch die Barometer sind beliebt bei allen Marktteilnehmern. Und sie sind ein Abbild der Vielfältigkeit der Informationsansprüche und der Märkte. Negativbeispiel Amerika: Hier gibt es für alles und jedes Indizes. Kein Wunder, dass die Indexliebe und Zahlengläubigkeit seltsame Blüten treibt. So gibt es Indikatoren für den Absatz von Papier ohne Holz, Papier mit Holz und von Geschenkpapier.

Tendenziell dürfte auch in Europa die Entwicklung zu mehr Börsenindizes eher zunehmen. Dabei zeigen die Trends, dass nationale Indizes in den Hintergrund treten – besonders im Euroraum. Eine weitere zukünftige Entwicklung dürfte die verstärkte Orientierung an Branchen sein – und weniger an Gesamtmärkten. (Im Folgenden werden die für den Privatanleger üblicherweise wichtigsten Börsenindizes beschrieben.)

Deutsche Indizes – von DAX®, FAZ und REX®

Es gibt nicht nur Indizes für die Kursentwicklung von Aktien – auch wenn diese meist allein im Rampenlicht stehen. Auch für andere Börsenprodukte werden börsentäglich Indizes errechnet. Ausgegeben werden die Stimmungsbarometer der Börse hauptsächlich von der Deutschen Börse, aber auch Tageszeitungen und Banken emittieren Indizes.

Die deutsche Nummer 1: der DAX®

Die wichtigsten deutschen Börsenwerte, meist namhafte und alteingesessene Konzerne mit Milliardenumsätzen, sind die Grundlage für die Berechnung des DAX®-Index, des Deutschen Aktienindex. Hier sind die größten 30 Aktientitel nach Börsenumsatz und Marktkapitalisierung der so genannten Standardwerte des Amtlichen Handels, die deutschen Aktien höchster Qualität, auch Bluechips genannt, zusammengefasst. Sie machen 80 Prozent des Umsatzes an den deutschen Börsen aus. Der DAX®, der bedeutendste deutsche Index, spiegelt die Kursentwicklung der 30 deutschen Spitzenwerte wider. Zugleich erfüllt er die Anforderungen des Börsenleitfadens: ein »umfassendes und aktuelles Bild des deutschen Aktienmarktes« zeichnen und dabei die »Branchenstruktur der deutschen Volkswirtschaft weitgehend nachbilden«.

1987 führte die Deutsche Börse das bedeutendste deutsche Kursbarometer ein. Dieses wird seit dem 1. Juli 1988 veröffentlicht. Damals wurde sein Wert auf 1 000 Indexpunkte festgesetzt. Grundlage waren die Jahresschlusskurse von 1987. Die Informationen für die historische Berechnung lieferten der Hardy- und Börsenzeitungs-Index. So kann der DAX® bis zum Jahr 1959 zurückverfolgt werden. Seitdem wird der DAX® während der Öffnungszeit der Frankfurter Wertpapierbörse alle 15 Sekunden neu berechnet, an der bekannten Anzeigetafel im Frankfurter Börsensaal veröffentlicht und sein Verlauf grafisch dargestellt. Der DAX® ist also ein Lauf- oder Realtime-Index und das einzige deutsche Börsenbarometer, das das Marktgeschehen fortlaufend widerspiegelt.

Die 30 Aktiengesellschaften sind nicht mit den gleichen Anteilen am DAX® beteiligt. Grund ist ihr unterschiedlich hohes Grundkapital und die dadurch variierende Anzahl der umlaufenden Aktien. Die prozentuale Gewichtung der Indexgesellschaften im DAX® entspricht also dem Stellenwert des jeweiligen Unternehmens. Große Unternehmen bestimmen somit den Indexstand stärker als kleinere. Die Gewichtung wird von der Deutsche Börse vierteljährlich für alle Indizes angepasst.

	Anteil in Prozent
Deutsche Telekom	10,82
Allianz	10,70
Siemens	10,62
SAP (Vorzugsaktien)	7,99
Münchener Rückversicherung	6,75
Deutsche Bank	6,36
DaimlerChrysler	6,09
Infineon	4,94
E.On	4,51
Bayer	3,42
BASF	2,97
Dresdner Bank	2,73
HypoVereinsbank	2,69
BMW	2,63
RWE	2,23
Commerzbank	2,08
Volkswagen	2,03
Metro	1,57
Schering	1,33
Lufthansa	1,10
Henkel	1,06
Thyssen Krupp	0,99
Fresenius	0,75
Epcos	0,72
Preussag	0,62
Linde	0,59
MAN	0,53
Degussa-Hüls	0,50
Karstadt Quelle	0,38
Adidas-Salomon	0,28

Quelle: Deutsche Börse AG

Abb. 5: Die Werte des Deutschen Aktienindex und ihre Anteile am DAX® – Stand: 29. Juli 2000

Regelmäßig im September wird der DAX® auf Aktualität und Repräsentativität geprüft. Es wird kontrolliert, ob Marktkapitalisierung und Börsenumsatz der einzelnen Aktiengesellschaften noch den Anforderungen standhalten. Seit 1999 gelten für den DAX® strengere Regeln: Bei der Gewichtung wurde eine Kappungsgrenze von 15 Prozent festgesetzt – so soll der übergroßen Schwere einzelner Titel und damit der Dominanz im Index vorgebeugt werden. Zudem wird die Konkurrenz angestachelt: Denn nun können auch Unternehmen in den DAX® aufgenommen werden, die bei Marktkapitalisierung und Börsenumsatz zu den 35 größten Gesellschaften zählen und deutlich besser abschneiden als ein DAX®-Wert. Letzterer fiele dann aus dem Index heraus.

Immer wieder verändern aktuelle Geschehnisse, wie Fusionen und Übernahmen von DAX®-Gesellschaften, die Zusammensetzung. Im Jahr 2000 wurde ein Platz durch die Fusion Vodafone/Mannesmann frei, denn der Sitz des gemeinsamen Unternehmens ist Großbritannien. Und auch die Fusion von Veba und Viag machte einen der begehrten Plätze im DAX® vakant. Auch 2001 wird es zu einer Neukomposition des DAX® kommen: Der Börsengang der Deutschen Post wird den Index verändern. Aufgrund der Größe kommt die Aktie sofort in den DAX® und aktualisiert die Gewichtung und Struktur des Index.

DAX® als Spiegel der Wirtschaft

Die in den DAX® aufgenommenen Unternehmen stehen auch als Vertreter ihrer jeweiligen Branche. Derzeit gelten die Branchen Banken, Versicherungen und Automobil als überbewertet.

Der DAX® ist als einziger der Indizes der Deutschen Börsen AG ein Performance- oder Total-Return-Index. Er erfasst neben der Kursveränderung auch die Erträge der Indexwerte – also die Dividenden und die Erlöse aus Bonuszahlungen sowie aus dem Verkauf von Bezugsrechten. Die anderen DAX®-Indizies – MDAX, SMAX, CDAX – werden außerdem noch als Kursindizes berechnet und veröffentlicht. In Kursindizes wird die eigentliche Kursentwicklung-

Auto	11,74
Chemie	8,85
Verkehr	0,93
Elektro	10,01
Banken	13,21
Maschinenbau	1,20
Versorgung	7,36
Eisen + Stahl	1,38
Versicherung	17,10
Konsum	2,85
Telekommunikation	14,91
Informationstechnik	11,46

Quelle: Deutsche Börse AG

Abb. 6: Branchen im DAX®, Stand 27. März 2000

berücksichtigt, lediglich um Sonderzahlungen und Bezugsrechte bereinigt.

Der DAX® hat in den vergangenen Jahren eine eindrucksvolle Dauerhausse hingelegt. In den letzten zwölf Jahren machte der Aktienmarkt mit jährlichen Renditen von 15 Prozent auf sich aufmerksam. Besonders die Börsenjahre seit 1996 sind echte Boomjahre: Ein Allzeithoch jagt das andere. 1997 stieg der DAX® um 35 Prozent. 1999 schaffte er mit einer nicht für möglich geglaubten Jahresendrallye ein Plus von 39 Prozent. Und Mitte 2000 nähert er sich unaufhörlich der nächsten Schallmauer: 8000 Punkte.

Für Anleger sind die Aktien der 30 deutschen Standardwerte sehr empfehlenswert: Zwar sind sie wegen ihres meist hohen Kursstands relativ teuer. Allerdings sind kaum Konkursrisiken zu fürchten. Zudem darf der Anleger von regelmäßigen Dividendenzahlungen ausgehen. Ein weiterer nicht zu unterschätzender Vorteil der Bluechips: Börsentag für Börsentag findet ein intensiver Handel dieser

Werte mit hohen Umsätzen statt, so dass den Anlegern Ein- und Ausstieg börsentäglich möglich ist.

> Alle Indizes der Deutschen Börsen AG haben – zur besseren Vergleichbarkeit der Zeitreihen – das Basisdatum 30. Dezember 1987 mit einem Wert von 1 000.
> Seit 21. Juni 1999 gibt es ausschließlich Aktienindizes aus Xetra-Kursen. DAX®, MDAX, SMAX, CDAX, REX®, REXP und Xetra sind Marken der Deutschen Börse.

Die übrigen DAX®-Indizes: vergleichsweise wenig beachtet

MDAX. Der kleine Bruder des DAX® ist der MidCap-DAX®, der Nebenwerte-Index. Hier sind 70 liquide Aktienwerte der zweiten Reihe mit einer geringeren Kapitalausstattung, so genannte Midcaps, zusammengefasst. Der MDAX besteht aus allen Titeln, die im DAX® 100, aber nicht im DAX® enthalten sind. Er bildet die Entwicklung des deutschen Aktienmarkts ohne die Bluechips ab. Die Zusammensetzung der Aktientitel wird zweimal jährlich überprüft. Hier gilt eine Kappungsgrenze von 10 Prozent – mehr Anteil darf eine Aktiengesellschaft am MDAX nicht haben.

Der MDAX wird während der Börsenzeit minütlich berechnet. Den Index gibt es erst seit Anfang 1996. Grund für die Einführung war, das Augenmerk mehr auf diese Aktien zu lenken. Gute Aktien des MDAX können im Depot neben den Standardwerten ebenso sinnvoll sein. Die Dividendenzahlungen dürften meist als sicher gelten. Die Aktien der zweiten Reihe haben aber ein geringeres Handelsvolumen als die Standardwerte. 1999 führte der MDAX allerdings ein Schattendasein – abzulesen an der Kurssteigerung von nur knapp 5 Prozent.

DAX® 100. Der DAX® 100 ist ein marktbreiter Index – er spiegelt den Kursverlauf der insgesamt 100 größten inländischen Aktiengesellschaften im Amtlichen Handel oder Geregelten Markt wider. Damit fasst er die Titel aus DAX® und MDAX zusammen.

Der DAX® 100 wird minütlich berechnet und ist in neun Branchenindizes (Auto, Konstruktion, Chemie, Software, Banken, Maschinenbau, Konsum, Versicherung, Telekommunikation) eingeteilt. Im Gegensatz zu den anderen schon genannten Indizes wurde die Basis am 30. Dezember 1987 auf 500 festgesetzt.

> Für Unternehmen, die neu in einen Index aufgenommen werden, ist das so etwas wie eine Adelung – oder eine Oscar-Verleihung. Die Kriterien nach denen in DAX®, MDAX oder SDAX aufgenommen wird, sind Börsenumsatz und Marktkapitalisierung.
> Beim DAX® gilt dabei die 35/35-Regel – danach sind die Aktien DAX®-würdig, die in punkto Umsatz und Kapitalisierung zu den 35 wichtigsten gehören. Analog dazu gilt bei MDAX und SDAX die 110/110-Regel.

SMAX-All-Share-Index und SDAX. Der SMAX-All-Share-Index – steht für alle Aktien der Small Cap Exchange – startete als Kurs- und Performance-Index zusammen mit dem neuen Segment für Mittelständler am 26. April 1999. Kleinere Aktien heißen in der Börsensprache Small Caps. Der Index umfasst alle Unternehmen, die an diesem SMAX-Markt gelistet sind. Die Zahl der Indexwerte ist unbegrenzt. Neu hinzukommende Aktien gehen sofort in die Berechnung ein.

Der SDAX wird seit Ende Juni 1999 berechnet. Zu diesem Zeitpunkt gab es 100 Titel in diesem neuen Markt. Wie DAX® und MDAX orientiert sich der SDAX an den Kriterien Börsenumsatz und Marktkapitalisierung. Viermal im Jahr will die Börse die Zusammensetzung des SDAX überprüfen. Wie beim MDAX gilt eine Kappungsgrenze von 10 Prozent.

CDAX. Der Composite-Index CDAX (engl.: Mischung oder Zu-

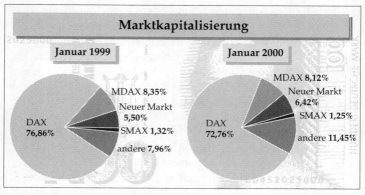

Quelle: Deutsche Börse

Abb. 7: Marktkapitalisierung

sammensetzung) bildet drei verschiedene Märkte ab: den Amtlichen Handel, den Geregelten Markt und den Neuen Markt. Er ist in 19 Branchenindizes (Auto, Banken, Chemie, Medien, Umwelt, Lebensmittel, Technik, Versicherung, Transport, Maschinenbau, Industrie, Konstruktion, Pharma, Software, Telekommunikation, Konsum, Finanzdienstleistungen, Einzelhandel, Versorgung), früher 16, untergliedert.

Der CDAX wird minütlich errechnet, die Branchenindizes werden täglich zum Börsenschluss berechnet. Die Basis des CDAX wurde am 31. Dezember 1987 auf 100 festgesetzt.

Nemax-All-Share-Index und Nemax 50-Index. Mit dem Neuen Markt startete im März 1997 auch der dazugehörige Index. Der Nemax-All-Share-Index nahm eine rasante Entwicklung und stieg um 900 Prozent. 1999 konnte er ein Plus von 65 Prozent verzeichnen.

Die Bluechips des Neuen Markts werden erst seit Juli 1999 zusätzlich bewertet: im Nemax 50-Index, der die 50 größten und liquidesten Werte des Neuen Markts umfasst. In einem halben Jahr stieg hier der Index um 56 Prozent. Im März 2000 wurde erstmals die Zusammensetzung des Index überprüft und verändert. Analog zu den oft sprung- oder sturzhaften Veränderungen am Neuen Markt wurden dabei mit zehn Titeln vergleichsweise viele Werte ausgetauscht. Die Anpassungen werden alle sechs Monate erfolgen.

FAZ-Indizes: 100 Publikumswerte

Im Gegensatz zum DAX® ist der FAZ-Index ein reiner Kurs-Index. Er umfasst 100 an der Frankfurter Wertpapierbörse amtlich gehandelte so genannte Publikumswerte – das sind breit gestreute Aktien. Die Indexberechnung erfolgt börsentäglich einmal seit dem 4. September 1961. Damals legte man die Basis des FAZ-Indizes auf 100 fest.

Der FAZ-Index beinhaltet zwölf Branchen (Banken, Großbanken, Finanzinstitute, Versicherungen, Elektro, Bau- und Grundstückswerte, Chemie, Versorgung/Telekommunikation, Auto/Zulieferer, Maschinenbau, Grundstoffe, Handel und Verkehr, Konsum), für die ebenfalls Indizes errechnet werden.

Ergänzend dazu wird der FAZ-Performance-Index herausgegeben, der die 100 Werte des FAZ-Index sowie 67 weitere Titel nach gleichen Kriterien einschließt (s. Abb. 8, Seite 62).

Commerzbank-Index: das älteste deutsche Aktienbarometer

Seit 1954 wird der Commerzbank-Index börsentäglich errechnet. Er umfasst 60 in Frankfurt ermittelte marktbreite Standardwerte sämtlicher Branchen zu einer Gesamtkennziffer. Damit repräsentiert das Börsenbarometer 90 Prozent aller Umsätze mit deutschen Aktien – vermittelt also dem Beobachter ein repräsentatives Bild des Kursverlaufs der Frankfurter Börse. Die Bezugsbasis ist das Kursniveau von 1953 (100). Zusätzlich werden zwölf Branchenindizes veröffentlicht. Diese werden am Ende jedes Jahres auf null gesetzt, damit die prozentuale Veränderung seit Jahresbeginn schnell erfasst werden kann.

F.A.Z.-AKTIEN-INDEX

2000: Hoch 2509,19 (10.3.2000), Tief 2020,83 (6.1.2000)

Datum	Gesamt-Index	Durchschnitt 90 Tage	Durchschnitt 200 Tage	Anz. der Index-Akt. höher	niedr.	unver.
30.12.1996	992,04	943,26	914,97	62	33	5
30.12.1997	1380,43	1337,31	1302,18	55	32	13
30.12.1998	1593,88	1490,20	1635,23	55	35	10
30.12.1999	2163,50	1781,62	1717,18	66	26	8
17.5.2000	2175,78	2302,55	2013,33	33	57	10
18.5.2000	2166,24	2302,82	2016,14	42	50	8
19.5.2000	2112,37	2302,69	2018,67	34	65	1

F.A.Z.-PERFORMANCE-INDEX

2000: Hoch 452,72 (7.3.2000), Tief 367,05 (6.1.2000)

Datum (*17:30Uhr)	Gesamt-Index	Durchschnitt 90 Tage	Durchschnitt 200 Tage	Anz. der Index-Akt. höher	niedr.	unver.
30.12.1996	177,00	166,83	160,87	106	45	16
30.12.1997	249,09	239,83	232,93	70	68	29
30.12.1998	286,44	268,94	295,35	78	64	25
30.12.1999	390,01	323,73	311,20	81	68	18
17.5.2000	395,89	416,81	365,09	42	97	28
18.5.2000	392,80	416,86	365,61	72	65	30
19.5.2000*	381,15	416,79	366,06	49	92	26

Abb. 8: Ausschnitt aus der Börsenseite der FAZ

Rentenindizes: überschaubar

Nicht nur die Entwicklung am Aktienmarkt will auf einen Blick erkannt werden, auch der Anleihe- oder Rentenmarkt spiegelt sich in entsprechenden Indizes. Problematisch ist allerdings für Herausgeber wie die Deutsche Börse oder Banken, dass Anleihen – anders als Aktien – gewöhnlich keine »unendlichen« Laufzeiten vorweisen. Vielmehr verkürzt sich die Laufzeit einer Schuldverschreibung ständig. Zudem werden am Rentenmarkt dauernd neue Papiere aufgelegt. Deswegen muss ein aus tatsächlich gehandelten Anleihen bestehendes Portfolio, das als Basis eines Rentenindex dienen will, ständig umstrukturiert werden.

REX®: der König der Rentenindizes. Für die Berechnung des Deutschen Rentenindex (REX®) zieht die Deutsche Börse die Schlusskurse aller Anleihen, Obligationen und Schatzanweisungen der Bundesrepublik Deutschland, des Fonds »Deutsche Einheit« und der Treuhandanstalt mit fester Verzinsung und einer Restlaufzeit zwischen einem halben und zehneinhalb Jahren heran. Dieser Markt hat eine besondere Wichtigkeit: Zwar entfallen nur 0,6 Prozent des Umlaufvolumens inländischer Emittenten darauf, aber fast 90 Prozent der Börsenumsätze. Nach mehreren Rechenschritten informiert der Stand des REX®, auch REX®-Gesamtindex genannt, über die Kurse von 30 hypothetischen Anleihen. Dabei kann die Kursentwicklung als repräsentativ für den deutschen Rentenmarkt gelten.

Allen Rentenindizes der Deutschen Börse liegt das National-Bond-Konzept zugrunde. Die Charakteristika dieser synthetischen Anleihen wie Restlaufzeit und Kupon sind dabei konstant. So können Rentenindizes als Anleihen mit einem Kupon von 7,443 Prozent und einer Restlaufzeit von 5,49 Jahren interpretiert werden. Alle Rentenindizes basieren auf einem einheitlichen Gewichtungsschema. Deswegen können sie einen repräsentativen Ausschnitt des deutschen Rentenmarktes geben.

REX-RENTEN-INDIZES

	18.5.2000 Schluss	19.5.2000 Schluss	Rendite
Gesamt	109,0476	108,9495	5,4681
1 Jahr	102,3877	102,3783	4,8957
5 Jahre	108,4761	108,4074	5,4291
10 Jahre	113,0240	112,8041	5,4973
Performance	223,4528	223,2847	

Quelle: FAZ

Abb. 9: REX®-Indexstand und -Rendite

Neben dem REX®-Gesamtindex berechnet die Deutsche Börse zusätzlich insgesamt zehn Subindizes für verschiedene Laufzeiten. Ein Subindex informiert ausschließlich über die Kurse der Anleihen mit einer bestimmten Restlaufzeit, beispielsweise einem Jahr. Der REX® und seine zehn Subindizes werden minütlich festgestellt.

REXP. Der REX®-Performance-Index (REXP) basiert auf den Ergebnissen des REX®. Zusätzlich zu den Kursveränderungen erfasst er neben den Kursveränderungen der 30 hypothetischen Anleihen deren Zinserlöse. Damit misst er den gesamten Anlageerfolg am deutschen Rentenmarkt, wobei sämtliche Ausschüttungen oder Anleiheerträge automatisch wieder angelegt werden. Die Basis des Index wurde für den 31. Dezember 1987 mit 100 Mark festgesetzt. Der aktuelle Stand des REXP zeigt an, wie sich dieser Geldbetrag – investiert in die REX®-Anleihen – entwickelt hätte.

PEX. Der jüngste Index am Rentenmarkt ist der Pfandbrief-Index (PEX). Er wurde 1995 vom Verband Deutscher Hypothekenbanken und dem Verband öffentlicher Banken aufgelegt. Der PEX misst die Entwicklung von Pfandbriefen. Analog zum REX® entsprechen bei der Berechnung die hypothetischen 30 PEX-Papiere denen des REX® – um einen direkten Vergleich zu erlangen. Auch hier werden neben dem PEX-Gesamtindex zehn weitere Subindizes für die Laufzeiten ein bis zehn Jahre ermittelt.

Grundlage für die Berechnung des PEX sind nicht wie beim REX® die Börsenkurse, da der Pfandbriefhandel überwiegend im Telefonverkehr stattfindet. Der PEX wird aus den einmal täglich festgestellten Briefrenditen ermittelt, die die Pfandbriefemittenten melden. Fast 40 – von 50 – deutschen Pfandbriefinstituten melden regelmäßig. Doch nicht alle gemeldeten Daten werden zur Indexerrechnung herangezogen. Gestrichen werden das untere und das obere Viertel der angegebenen Renditen, so dass nur das arithmetische Mittel als Input für die PEX-Berechnung dient.

Europäische Indizes – Länderindizes und Stoxx

Jedes Land hat seinen Index. Ein Vergleich der Aktienindizes zeigt, wie die Marktentwicklung in den einzelnen Ländern läuft. Dabei darf man allerdings einen Fehler nicht machen: den der direkten Gegenüberstellung, da – wie schon festzustellen war – die Konstruktionen der einzelnen Indizes stark voneinander abweichen. Dennoch ist ein gewisser Wertentwicklungstrend ablesbar.

Länderindizes

Belgien: Allg. Index. Der belgische Aktienindex berücksichtigt alle im Land gehandelten Aktien. Einmal täglich wird er berechnet. Die Titel sind entsprechend ihrer Börsenkapitalisierung gewichtet.

Dänemark: KFX. Der Kobenhavns Fondsbors Index umfasst 20 Aktien nach Börsenumsatz und Kapitalisierung. Er wird seit 1989 minütlich berechnet.

Finnland: KOP Hex. Alle an der Wertpapierbörse in Helsinki gehandelten Aktien sind hier seit 1987 gelistet, gewichtet nach Börsenkapitalisierung. Der Index wurde von der finnischen Bank **K**ansallis **O**sake **P**ankki zusammen mit der **H**elsinki **S**tock **E**xchange entwickelt.

Frankreich: CAC 40. Der Cotation-Assistée-en-Continue-40-Index umfasst die 40 umsatzstärksten an der Pariser Börse gehandelten Unternehmen. Deren Kapitalisierung bestimmt das Gewicht im CAC.

Großbritannien: FTSE 100 wird von der Financial Times und der London Stock Exchange (LSE) herausgegeben. »Footsie« beinhaltet 100 Aktien der größten an der Londoner Börse gelisteten Aktien Großbritanniens. Ausschlaggebend ist das Kriterium Börsenkapitalisierung. Der FTSE 100 wird börsenminütlich berechnet.

Holland: AEX. Der an der Amsterdamer Stock Exchange ermittelte Aktienindex listet die 25 nach Kapitalisierung bedeutendsten Titel. Keine Aktie hat ein höheres Gewicht als 10 Prozent.

Italien: BCI. Der BCI ist der von der Banca Commerciale Italiana einmal täglich seit 1973 berechnete Aktienindex aller an der Mailänder Börse gehandelter Aktien. Die einzelnen Titel sind nach Kapitalisierung gewichtet.

Schweiz: SMI. Der Schweizer Aktienindex – Swiss Market Index – bildet marktbreit die an den Börsen Zürich, Basel und Genf gehandelten Aktien ab. Wird an einer der drei Börsen ein neuer Kurs für eine Indexaktie bestimmt, geht diese Berechnung sofort in den SMI ein.

Spanien: IBEX. Die 35 schwersten spanischen Aktien, die an den spanischen Wertpapierbörsen gelistet sind, machen diesen Index aus.

Österreich: ATX. ATX steht für Austrian Traded Index. 18 Werte umfasst der österreichische Aktienindex. Er wird seit 1991 ermittelt.

Die Stoxx-Familie

Neben den Länderindizes gibt es die Börsenbarometer, die ganz Europa berücksichtigen. Seit dem 26. Februar 1998 wird die bedeutendste Indexfamilie für Europa veröffentlicht: die Stoxx-Familie – in Anlehnung an englisches »stocks« (Aktien). Sie besteht aus vier Haupt- und 19 Branchenindizes. Nun gilt ein neuer Maßstab an Europas Börsen. Denn zuvor bestimmten die Länder, jetzt die Branchen die Auswahl der wichtigsten Aktien des europäischen Wirtschaftsraums.

Stoxx Ltd. ist ein Gemeinschaftsunternehmen der Deutsche Börse AG, des amerikanischen Verlagshauses Dow Jones sowie der SBF (Bourse de Paris) und SWX (Swiss Exchange). Als Basiszeitpunkt wählte man den 31. Dezember 1991. Dabei setzte man die Standardwerte-Indizes auf 1 000, alle anderen Indizes auf 100 Punkte fest. Für alle Indizes wird eine Kurshistorie ab diesem Zeitraum angeboten.

Von den vier Hauptindizes geht der Dow Jones Stoxx am stärksten in die Breite: Er berücksichtigt 666 europäische Titel aus 19 Branchen – damit ist ganz Europa weitgehend abgedeckt. Der

Dow Jones Stoxx 50 umfasst die interessantesten 50 Unternehmen 16 verschiedener europäischer Aktienmärkte. Ein weiterer Teil des Stoxx-Konzepts ist der Dow Jones Euro Stoxx. Dieser Index, der zur Zeit 326 Titel umfasst, deckt die elf Länder des Euroraums ab, also die Länder, die seit dem 1. Januar 1999 an der Währungsunion teilnehmen. Aus dem Dow Jones Euro Stoxx, der in 19 Branchen mit entsprechenden Branchenindizes unterteilt ist, wird in einem zweistufigen Auswahlverfahren der mit 50 Euro-Standardwerten gelistete Dow Jones Euro Stoxx 50 abgeleitet. Dabei sind jeweils die Branchenführer nach Marktkapitalisierung und Börsenumsätzen aus den einzelnen Sektoren bezogen auf ein Land herausgefiltert, anders ausgedrückt: die 50 Top-Unternehmen des Eurolands.

Schon bald nach seiner Einführung diente der Dow Jones Euro Stoxx 50 als Basis für indexorientierte Investmentfonds und für Indexzertifikate. So gibt es auf dem Markt für private und auch institutionelle Anleger zahlreiche indexbezogene Investmentprodukte. Für die zukünftige Vorreiterrolle des Dow Jones Euro Stoxx 50 spricht, dass er den gesamten Euroraum gut abbildet. Damit sind die Voraussetzungen dafür geschaffen, dass dies der führende Aktienindex für die großen Standardwerte im Euroraum wird – und die Unternehmen die Euro-Bluechips werden.

13 der Dow-Jones-Euro-Stoxx-50-Werte sind deutsche – damit hält Deutschland den größten Anteil. Die Prozentanteile der Unternehmen am Dow Jones Euro Stoxx 50 ändern sich börsentäglich, allerdings nur geringfügig.

Stoxx Ltd. konzipierte alle Barometer als Real-Time-Indizes, die alle 15 Sekunden neu berechnet werden. Einmal im Jahr wird überprüft, welche Unternehmen in den Bluechip-Index neu aufgenommen werden. Entscheidendes Kriterium für die Mitgliedschaft in den beiden Stoxx-Indizes ist die Marktkapitalisierung und damit der Börsenwert des Unternehmens. Auf eine Auswahlliste kommen außer den aktuellen Indexaktien alle Firmen, die, gemessen an der Marktkapitalisierung, zu den führenden ihrer Branche gehören. Die 40 Firmen, die am 30. Juli eines jeden Jahres den höchsten Börsenwert haben, gehören automatisch in den Index. Alle Aktien, die

	Prozent
Allianz	3,21
BASF	1,11
Bayer	1,19
Bayerische HypoVereinsbank	0,90
DaimlerChrysler	2,40
Deutsche Bank	2,05
Deutsche Telekom	9,85
Dresdner Bank	1,04
Metro	0,45
Münchener Rückversicherung	1,98
RWE	2,31
Siemens	1,98
Veba	0,96

Abb. 10: Gewicht deutscher Aktien im Dow Jones Euro Stoxx 50, Stand 23. Januar 2000

auf Rang 61 und darunter liegen, fallen heraus. Zwischen Platz 41 und 60 zieht Stoxx die Indextitel den Neulingen vor.

Dow Jones Euro Stoxx 50 unter www.exchange.de, alle anderen unter Market data – Indizes: 4 Dow Jones Stoxx-Indizes, oder: www.stoxx.com

Amerikanische Indizes – Dow Jones und S&P 500

Dow Jones: der bekannteste Aktienindex der Welt

Der populärste Index am amerikanischen Aktienmarkt und auf der Welt mit Leitfunktion für die Weltbörsen wurde 1896 von den Journalisten Charles H. Dow und Edward C. Jones konzipiert. Seit dem 6. Mai 1896 wird der Dow Jones Industrial Average (DJIA) – so der komplette Name – börsentäglich vom amerikanischen Verlagshaus

Dow Jones ermittelt. Damit ist der Index auch das älteste fortgeführte Barometer des amerikanischen Aktienmarkts. Damals umfasste der Index nur zwölf Werte und wurde einmal am Tag nach Börsenschluss berechnet. Im Jahr 1916 erweiterte man den Kreis auf 20 Werte. Und seit 1928 sind es 30 Aktien. Nur General Electric ist von Anfang an dabei, wurde allerdings zweimal für insgesamt sechs Jahre durch andere Werte ersetzt.

Die Berechnungsmethode des Index ist recht unkonventionell, um nicht zu sagen einfach – und entbehrt jeder Logik. Sie geht noch auf seine Initiatoren zurück. Diese addierten einfach die Kurse von zwölf Aktiengesellschaften und teilten die Summe durch zwölf – die Anzahl der Gesellschaften. Damit wurde der Index als Durchschnittskurs ermittelt. Geändert hat sich seitdem nur die sekundengenaue Berechnung des Dow Jones. Das Problem hierbei: Bei dieser Berechnungsmethode kommt den absoluten Höhen einzelner Aktienkurse eine (zu) hohe Bedeutung zu. Somit spielt die Größe der Unternehmen keinerlei Rolle. Auch berücksichtigt der Dow Jones keine Dividendenzahlungen, da US-amerikanische Aktiengesellschaften meist vierteljährlich Dividenden ausschütten und die relativ kleinen Beträge den Indexstand nur geringfügig beeinflussen.

Oftmals wird der Dow Jones mit dem amerikanischen Aktienmarkt gleichgesetzt, obwohl die 30 Indexunternehmen mit ihrer Marktkapitalisierung nur ein Fünftel des Markts abbilden. In den letzten Jahren gab es aber starke Kritik am Fehlen des Technologiesektors. Dabei soll der Index gerade ein Spiegelbild der Wirtschaft sein. So kam es im Oktober 1999 zu einer weit reichenden Entscheidung des Indexkomitees, bestehend aus den leitenden Redakteuren des Wall Street Journal, das zur Verlagsgruppe Dow Jones gehört. Bislang waren alle 30 Werte an der New York Stock Exchange gelistet. Seit dem 1. November 1999 sind aber im Dow Jones Industrial Average auch die ersten Nasdaq-Aktien enthalten: Microsoft und Intel – das schwerste und drittschwerste Unternehmen der Welt. Damit bezieht der Dow Jones nun den bedeutenden Zukunftssektor mit ein. Und der Austausch symbolisiert die Veränderungen der amerikanischen Industrie.

Das Verlagshaus Dow Jones veröffentlicht neben dem DJ u.a. auch den DJ-Transport und den DJ-Versorgung. Weitere interessante Informationen bieten: www.nasdaq.com, www.bigcharts.com, www.ubs.com/quotes.

	Anzahl der gelisteten Unternehmen	Wertsteigerungen der Indizes in 1999
Dow Jones	30	+25 Prozent
S&P	500	+20 Prozent
Nyse Composite	Gesamtindex	+9 Prozent
Nasdaq Composite	Gesamtindex	+85 Prozent
Nasdaq	100	+101 Prozent
Wilshire	5 000	+22 Prozent
Rusell	2 000	+22 Prozent

Abb. 11: Die wichtigsten amerikanischen Aktienindizes

S&P 500

Die Rating-Agentur Standard & Poor's in New York berechnet seit Anfang der 20er Jahre den S&P-Kursindex, in dem 500 an der New York Stock Exchange gelistete Titel sind. Er spiegelt vier Fünftel des amerikanischen Aktienmarkts wider, dabei hat der Technologiesektor ein Gewicht von 25 Prozent.

Internationale Indizes – Nikkei und Co.

Japan Nikkei. Der japanische Aktienindex wird seit Mai 1949 von der Finanzzeitung **Ni**hon **Kei**zal Shimbun veröffentlicht. Zugrunde liegen 225 an der Börse Tokio im Amtlichen Handel notierte Aktien. Der Nikkei wird börsenminütlich berechnet. Obwohl der Index noch die Nachkriegswirtschaft repräsentiert und deshalb nicht mehr als repräsentativ für die japanische Volkswirtschaft gelten kann, ist der Nikkei noch immer der bedeutendste japanische Index.

Hongkong: Hang Seng. Die gleichnamige Hang Seng Index Services Ltd. berechnet den Aktienindex mit 35 in Hongkong gelisteten Aktien. Diese repräsentieren etwa 75 Prozent des Gesamtmarkts.

MSCI-Weltindizes. Nicht immer ist – wie schon erwähnt – eine Vergleichbarkeit der nationalen Indizes gegeben. Deswegen errechnet Capital International, Sitz in Genf, einheitliche Indizes für alle bedeutenden Länder der Welt. 1986 kaufte die amerikanische Investmentbank Morgan Stanley die Rechte an diesen Indizes, die deswegen MSCI heißen.

Zusätzlich zu den einzelnen Länderindizes fasst MSCI diese noch einmal in länderübergreifende Indizes – Regionenindizes – zusammen. Mit zwei solchen neuen Kursbarometern will man nun auch in Europa auftreten: MSCI-Euro und MSCI Pan-Euro. Prinzipiell werden für jeden Index Aktien gewählt, die einen Markt angemessen repräsentieren und zudem etwa 60 Prozent des Börsenkapitals umfassen. Berücksichtigt werden außerdem Unternehmen mit geringer, mittlerer und hoher Kapitalisierung. (www.msci.com)

Dow Jones Global Titans Index. Aktien der nach Marktkapitalisierung 50 größten Unternehmen der Welt – den Titanen – fasst das Verlagshaus Dow Jones in seinem 1999 konzipierten neuen Welt-Index zusammen. Eine weitere Voraussetzung ist eine internationale Geschäftspolitik. Im Korb sind solche Giganten wie Microsoft, General Electric oder Toyota. Aus Deutschland kommen Siemens, Allianz, Deutsche Telekom, DaimlerChrysler.

Neuer Welt-Index: S&P 100. Im Februar 2000 präsentierten die Börsen in Frankfurt, New York und Tokio gemeinsam mit Standard & Poor's einen weltumspannenden Aktienindex. Name: S&P 100. Er umfasst 100 in der ganzen Welt tätige am höchsten kapitalisierte Unternehmen. Es ist der erste Index, der rund um die Uhr berechnet wird. S&P 100 ist kapitalisierungsgewichtet, reflektiert also das Marktgewicht seiner Mitglieder. Sieben deutsche Unternehmen sind dabei (Allianz, BASF, Bayer, DaimlerChrysler, Deutsche Bank, Volkswagen), 39 amerikanische, zwölf japanische und zwölf britische. Der Technologiesektor hat einen Anteil von 28 Prozent, einschließlich Telekommunikation von 38 Prozent.

Die Frankfurter Börse ist in Europa der exklusive Handelsplatz für Produkte auf den geplanten Index wie etwa Fonds oder Derivate. Zudem begeben Standard & Poor's und der Vermögensverwalter Barclay Global Investor eine Indexaktie, die an der New York Stock Exchange, der Deutschen Börse und der Tokio Stock Exchange notiert werden soll.

3 Börsenprodukte – das wird an der Börse gehandelt

Aktien – große Chancen und Risiken

> Die Geschäfte müssen eben abstrakt, nicht menschlich mit Neigung oder Abneigung, Leidenschaft, Gunst behandelt werden. Dann setzt man mehr und schneller durch: lakonisch, imperativ, prägnant.
> *Goethe zu Friedrich von Müller*
> *am 6. Dezember 1825*

Über 5 Millionen Deutsche besitzen mittlerweile Aktien. Nach einer vom Deutschen Aktieninstitut beauftragten Studie entspricht dies 7,8 Prozent der Bevölkerung über 14 Jahre.

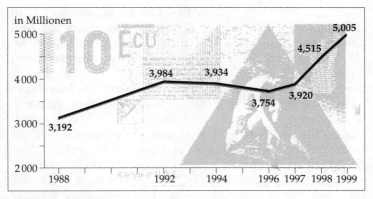

Quelle: Deutsches Aktieninstitut

Abb. 12: Aktionäre in Deutschland – Entwicklung von 1988 bis 1999

Nach Rückgängen in den Jahren 1995 und 1996 ist eine kontinuierliche Steigerung der Aktionärszahlen festzustellen. Einen gewichtigen Grund bei der Popularisierung der Aktie dürfte der Börsengang der Deutschen Telekom im Herbst 1996 gespielt haben. Doch auch Manfred Krug macht aus den Deutschen kein Volk von Aktionären. Eine gewisse Skepsis vor der Geldanlage Aktie haben sie sich bewahrt. Teilhaber einer Aktiengesellschaft zu werden scheint nur für wenige Deutsche erstrebenswert zu sein. Zum Vergleich: 24,5 Prozent der Amerikaner besitzen Aktien, 23 Prozent der Briten und in Schweden sogar mehr als jeder Dritte – 35 Prozent.

Mittlerweile jedoch hat sich die Einstellung der Deutschen zur Börse geändert. Grund dafür dürfte neben den noch immer relativ niedrigen Zinsen für Spareinlagen die eindrucksvolle Dauerhausse der Boomjahre von 1996 bis 1999 sein. Ein Allzeithoch jagte das andere. Und die Rendite war entsprechend: In den vergangenen 50 Jahren hätten Anleger mit deutschen Aktien eine jährliche Rendite von durchschnittlich über 14 Prozent erzielen können. Dabei sind mehr als 70 Prozent dieses Wertzuwachses auf Kursgewinne zurückzuführen. Und nach Rüdiger von Rosen, dem Leiter des Deutschen Aktieninstituts, liegt die durchschnittliche Rendite bei 10 Prozent.

»Wer gut essen will, kauft Aktien. Wer gut schlafen will, kauft Obligationen.« John Davidson Rockefeller kannte sich aus. Sein Ausspruch soll heißen: Die Aktienanlage beinhaltet ein höheres Risiko, doch die Rendite fällt höher aus als bei festverzinslichen Wertpapieren. Das bestätigen heutige Untersuchungen: Die Aktie ist eine hochrentable Anlageform, deren Rendite die von festverzinslichen Wertpapieren im langfristigen Vergleich deutlich und zuverlässig übertrifft.

Nach Aussage des Deutschen Aktieninstituts kommen mehr als 80 Prozent der Untersuchungen, in denen ein langfristiger Vergleich der Renditen von Aktien und Rentenwerten vorgenommen wird, zu diesem Ergebnis. Das Deutsche Aktieninstitut stützt seine These auf eine Auswertung von 43 Untersuchungen, darunter 26 Vergleiche zwischen deutschen Aktien und festverzinslichen Wertpapieren. Die ermittelten Aktienrenditen für Deutschland schwankten in Abhängigkeit vom Untersuchungszeitraum und der gewählten Untersuchungsmethode zwischen 14,4 und 5,22 Prozent – die entsprechenden Ergebnisse für festverzinsliche Wertpapiere lagen zwischen 9,9 und 2,08 Prozent.

Wahrscheinlichkeit, nach … Jahren eine Rendite von mindestens … Prozent p.a. zu erzielen		
6 Prozent	Aktien	Renten
Nach 1 Jahr	55	67
Nach 5 Jahren	73	68
Nach 10 Jahren	81	75
Nach 15 Jahren	81	80
Nach 20 Jahren	89	83
Nach 25 Jahren	92	86
Nach 30 Jahren	94	88
8 Prozent		
Nach 1 Jahr	52	35
Nach 5 Jahren	64	32
Nach 10 Jahren	70	25
Nach 15 Jahren	74	21
Nach 20 Jahren	77	17
Nach 25 Jahren	80	15
Nach 30 Jahren	82	12
10 Prozent		
Nach 5 Jahren	55	8
Nach 10 Jahren	57	2
Nach 15 Jahren	58	1
Nach 20 Jahren	60	0
Nach 25 Jahren	61	0
Nach 30 Jahren	62	0
Quelle: Dr. Pirmin Hotz & Partner AG		

Abb. 13: Renditewahrscheinlichkeit von Aktien und Renten

Durch den Kauf von Aktien wird man Teilhaber des Unternehmens. Beim Aktienkauf stellen die Anleger nur Vermutungen über die Zukunft der jeweiligen Aktiengesellschaft an. Anders formuliert: Sie spekulieren. In den Aktienkursen spiegeln sich also die Erwartungen der Käufer und Verkäufer wider. Der Kurs steigt, je mehr Gewinne dem Unternehmen in Zukunft zugetraut werden. Damit sind Aktionäre Spekulanten auf zukünftige Unternehmensgewinne. Trauen viele Marktteilnehmer einer Aktiengesellschaft ein starkes Wachstum zu, können sich Aktienkurse – wie besonders am Neuen Markt zu beobachten ist – in wenigen Monaten vervielfachen.

Tatsachen stehen an der Börse nur für die Vergangenheit fest. Doch niemand kann vorausahnen, welche kursbeeinflussenden Dinge passieren werden. Die Risiken sind vielfältiger Natur. Die gesamtwirtschaftliche Lage spielt hier genauso hinein wie weltbewegende politische Ereignisse. Auch können Börsenfavoriten schon nach kurzer Zeit im Minus verschwinden, wenn Erwartungen übertrieben wurden. Oder es kommt zu starken Kurseinbrüchen, wenn nur die Gewinne des Unternehmens nicht ganz so hoch wie die Prognosen sind.

Kursschwankungen strapazieren die Nerven, stürzen die Aktionäre in Wechselbäder. Ihr unternehmerisches Risiko kann sein, dass der Kurs ihrer Aktie jahrelang vor sich hin dümpelt, keine Gewinne mehr erzielt werden und Dividendenzahlungen nicht zu erwarten sind. Wer dann verkauft, muss mit starken Verlusten rechnen. Die Alternative: den schlechten Kurs auszusitzen. Aber an der Börse braucht man einen langen Atem.

Schlimmstenfalls geht die Aktiengesellschaft Konkurs – das investierte Geld ist dann schlicht weg. Aktien tragen also das Risiko eines Totalverlusts in sich. Und Kursgewinne stehen nur auf dem Papier – so genannte Buchgewinne. Erst wenn es gelingt, die Aktien auch zu einem höheren Preis als dem Einkaufspreis zu verkaufen, kann man tatsächlich von einem Gewinn sprechen. Bis dahin steht das Plus nur auf einem Kurszettel. Hier passt einer der prägnanten Börsensprüche: Durch Gewinnmitnahmen ist noch nie jemand arm geworden.

Aktionäre erzielen – hoffentlich – Kursgewinne. Die andere, allerdings allmählich versiegende Einnahmequelle sind Dividenden. Aktien heißen deswegen auch Dividendentitel oder -papiere. Die Dividende wird einmal jährlich ausgeschüttet. Die Höhe der Dividende ist abhängig von der wirtschaftlichen Entwicklung des Unternehmens. Sie wird vom Vorstand auf der Hauptversammlung vorgeschlagen und muss von dieser bestätigt werden. In Zeiten hoher Gewinne steigen die jährlichen Dividenden, in flauen Zeiten hingegen wird manchmal gar keine Dividende ausgeschüttet. Am Tag nach der Hauptversammlung wird die Dividende ausgezahlt. Die Aktien werden dann »ex Dividende« notiert, das heißt, die Dividende wird wieder vom Kurs abgezogen.

Dividenden werden gerne genommen. Sichere Dividendenzahler werden auch als »Witwen-Waisenpapiere« bezeichnet. Doch die Zeiten dürften vorbei sein. In der Glanzzeit der Dividenden und bei guten Aktiengesellschaften lagen die Dividendenrenditen bei 4 Prozent, mittlerweile bei nur 1 Prozent des Kurswerts. Ein Blick nach Amerika – woher auch viele Finanz- und Börsentrends kommen – zeigt, dass Dividenden dort kaum noch von Bedeutung sind. In den vergangenen 20 Jahren ist der Anteil der börsennotierten Unternehmen, die Barausschüttungen vornehmen, von etwa zwei Drittel auf 20 Prozent gefallen. Selbst innerhalb des Aktienmarktindex Standard & Poor's 500 schüttete im vergangenen Jahr ein Fünftel aller Gesellschaften gar nichts aus. Dabei handelt es sich nicht etwa um Unternehmen, die aus Angst vor Liquiditätsengpässen ihre Aktionäre kurz halten, sondern meist um Gesellschaften mit erstklassigen Wachstumsperspektiven. Beispiel: Intel mit einer Dividendenrendite von 0,2 Prozent. Das entspricht einer Jahresrendite pro Aktie von 0,12 Dollar. Und da in den USA Dividenden viermal jährlich ausgeschüttet werden, findet der Anleger dann 3 Cent für eine Aktie auf seinem Konto vor.

Bis vor kurzem noch waren auch in Amerika Dividendenerhöhungen ein ziemlich aussagekräftiger Indikator für die Zuversicht eines Managements in die künftige Geschäftsentwicklung. Heute ist fast schon das Gegenteil der Fall. Das Zahlen von Dividenden wird oft als das Eingeständnis eines Vorstands gewertet, dass er mit dem überschüssigen Mittelzufluss nichts Besseres anzufangen weiß. Vor allem für die Wachstumsunternehmen aus dem Technologiesektor scheint das Wort Dividende ein Fremdwort zu sein. Dies gilt nicht nur für junge Gesellschaften, die erst die Gewinnschwelle überschritten haben, sondern auch für solche Unternehmen wie Microsoft, MCI World-Com oder Dell Computer. Sie alle sind dividendenlos, obwohl sie sich Ausschüttungen sehr wohl leisten könnten.

Eine Erklärung dürfte die Aktienmarkthausse der 90er Jahre sein. Solange der amerikanische Aktienmarkt Jahr für Jahr zweistellige Kursgewinne beschert, werden sich die Anleger im Allgemeinen wenig um die Dividende scheren.

Aktien-ABC

Wer eine Aktie ersteht, wird mit diesem Teilhaberpapier zum Miteigentümer des Unternehmens mit einem begrenzten unternehmerischen Risiko. Ein Aktionär ist an Gewinn und Verlust der Aktiengesellschaft, kurz AG, beteiligt. Eine Aktie stellt somit einen Sachwert dar.

Der Normaltyp deutscher Unternehmenspapiere ist die Inhaberaktie. Diese Aktien werden auch als **Stammaktien** (»Stämme«) bezeichnet. Ihre Besitzer verfügen über alle Rechte, die einem Aktionär nach dem Aktiengesetz zustehen: Jeder Aktionär ist durch Dividenden am Gewinn beteiligt. Sie dürfen an der jährlich in den ersten acht Monaten des Geschäftsjahres stattfindenden Hauptversammlung teilnehmen. Und mit ihrem Stimmrecht bei diesem Eigentümertreffen können sie Entscheidungen mit treffen, die sich direkt auf die Finanzen des Aktionärs auswirken, den Jahresabschluss des Unternehmens, die Entlastung von Vorstand und Aufsichtsrat, die Gewinnverteilung und eventuelle Kapitalerhöhungen. Bei den Abstimmungen gilt das Prinzip: Jede Stammaktie hat eine Stimme. Gewöhnlich befinden sich die Kleinaktionäre allerdings gegenüber Banken, Fondsgesellschaften und Versicherungen hoffnungslos in der Minderheit. Unabhängig von der Zahl der gehaltenen Aktien hat jedoch jeder Aktionär das Recht, Anträge zu stellen, Fragen an den Vorstand zu richten oder Kritik zu üben. Aktionäre haben Anspruch auf einen Teil des Erlöses, falls das Unternehmen liquidiert wird.

Im Gegensatz dazu sind die Rechte der Besitzer von **Vorzugsaktien** eingeschränkt. Sie verfügen über kein Stimmrecht auf der Hauptversammlung. Als Ausgleich dafür werden für stimmrechtslose Vorzugsaktien etwas höhere Dividenden gezahlt – daher der Name. Meist bekommen sie eine Mark mehr als die Besitzer von Stammaktien. Manchmal wird auch eine Mindestdividende zugesichert oder zumindest eine bevorzugte Dividendennachzahlung nach Jahren ohne Dividendenausschüttung. Das bedeutet also: mehr Dividende für die Enthaltung bei der Unternehmensstrategie. Denn der entscheidende Grund für die Ausgabe von Vorzugsaktien ist das problemlose Beschaffen von zusätzlichem Eigenkapital, ohne dass sich dadurch die Machtverhältnisse innerhalb des Unternehmens – durch neue stimmberechtigte Aktionäre oder Aktionärsgruppen – verändern.

Doch die Beschneidung der Vorzugsaktie um das Stimmrecht ist durchaus auch für die Kursbildung von Bedeutung. Vorzugsaktien werden meist 10 bis 15 Prozent niedriger als Stammaktien notiert. Auch bleiben sie bei Übernahmekämpfen außen vor und haben damit weniger Kurspotenzial. Prinzipiell werden Vorzugsaktien immer seltener ausgegeben – prominente Unternehmen mit Vorzugsaktien sind SAP, Pro Sieben und Henkel –, manche Gesellschaften wandeln freiwillig um.

Berichtigungs-, Gratis- oder Zusatzaktien werden dann ausgegeben, wenn ein börsennotiertes Unternehmen sein Eigenkapital aufstockt. Dann gibt es neue (zusätzliche) Aktien aus. Allerdings müssen die Altaktionäre ihren Anteil am Unternehmen halten können. Sie haben daher ein Vorrecht auf den Bezug der neuen Aktien aus der Kapitalerhöhung. In der

> Regel werden die neuen Aktien zu einem Vorzugspreis unterhalb des aktuellen Börsenkurses ausgegeben. Der Nachteil jedoch: Der Wert der Altaktie sinkt um den Wert des Bezugsrechts.

Eigentlich ist alles ganz einfach: Aktien kaufen, wenn die Kurse niedrig stehen, und verkaufen, wenn sie oben sind. Und auch wenn es in praxi weitaus schwieriger ist, gibt es einige feststehende Tatsachen. In der Vergangenheit erzielten Aktien auf lange Sicht beachtliche Gewinne. Trotz des unberechenbaren Auf und Ab der Kurse ist seit Jahrzehnten ein steigender Trend zu beobachten.

Der Kauf von Einzeltiteln, also einzelnen Aktien, ist nur eingeschränkt empfehlenswert. Zum einen erfordert dies viel Know-how um das Börsengeschehen, zum anderen viel Kapital. Als Aktionär muss man sich auf Turbulenzen gefasst machen. Für Menschen mit schwachen Nerven sind Aktien keine empfehlenswerte Investition. In jedem Fall sollte man sich vor der Geldanlage einige Prinzipien zu Eigen machen.

1. Prinzip: Informieren. Lesen Sie den Wirtschaftsteil Ihrer Tageszeitung und die Börsenpresse, informieren Sie sich in Wirtschaftsmagazinen und im Videotext. Im Internet beispielsweise sind die meisten Unternehmensdaten mittlerweile abrufbar. Nur wenn Sie das Geschehen an der Börse verstehen und wissen, wie sich bestimmte Ereignisse in Börsenkursen widerspiegeln, können Sie erfolgreich am Aktienmarkt spekulieren.

2. Prinzip: Klein einsteigen. Laufen Sie erst Probe – vielleicht ist Ihnen das Börsenparkett zu glatt. Ratsam ist es, zunächst mit kleineren Anlagebeträgen Erfahrung zu sammeln. Dabei sollten Sie die laufende Entwicklung des Aktienmarkts und einzelner Gesellschaften immer im Auge behalten.

Keine Aktienkäufe auf Kredit!

Nicht immer muss man den Amerikanern alles nachmachen. Aktienkäufe auf Kredit können schnell in die Überschuldung führen. Zur Abschreckung eine Information aus den USA: 243,5 Milliarden Dollar hatten Ende Januar 2000 Anleger als Effektenkredite bei Mitgliedern der New York Stock Exchange aufgenommen. In einer ungewöhnlichen Gemeinschaftsinitiative haben Nyse und Nasdaq vor der Aufnahme von Wertpapierkrediten gewarnt. Der Anteil der Wertpapierkredite am gesamten Börsenmarkt liegt bei 1,4 Prozent. Das ist der höchste Wert, seit die Regeln für Effektenkredite 1974 in Kraft getreten sind. In Amerika müssen Anleger einen Wertpapierkauf zu 50 Prozent mit Eigenkapital unterlegen. Die Wertpapierhandelshäuser können noch höhere Eigenkapitalmargen verlangen. Allerdings hat die Vorsicht der Broker auch Grenzen, ist doch der Effektenkredit ein sehr lukratives Geschäft. Denn: Bei den Online-Brokern fallen durchschnittlich ein Fünftel der Erlöse auf die Zinseinnahmen.

3. Prinzip: Langfristig anlegen. Planen Sie Ihre Aktienanlage langfristig: Mindestens ein bis zwei Dekaden lang sollte Ihr Engagement bestehen. Dann brauchen Sie sich gewöhnlich um Tagesschwankungen keine Gedanken zu machen, da kleinere und mittlere Crashs und Kursschwankungen, die so genannte Volatilität, meist wieder ausgeglichen sind. Besonders im langfristigen Vergleich bieten Aktien bislang immer die beste Rendite aller Anlageformen.

Bei einer kurz- bis mittelfristigen Aktienanlage ist von einem erhöhten Risiko auszugehen. Besonders schlecht ist es, wenn Sie – ohne Rücksicht auf den derzeitigen Kursstand – zu einem bestimmten Zeitpunkt aussteigen müssen. Das kann zu empfindlichen Kapitaleinbußen führen.

4. Prinzip: Auf Standardwerte setzen. Für Börsenanfänger und für die sichere Altersvorsorge ist eine bestimmte Aktienauswahl sinnvoll: Einzig Standardaktien sind geeignet. Hier sollten Sie sich an den Unternehmen orientieren, die sich im DAX® befinden. Bei diesen großen Unternehmen hat der Anleger zumindest die Gewissheit, dass größere Probleme nicht gleich existenzgefährdend sind. Wichtig bei der Auswahl ist auch der jeweilige Wirtschaftszweig, da die einzelnen Branchen meist ganz unterschiedliche Ertragschancen haben. Wer von Kurssteigerungen im Ausland profitieren will, dem seien internationale Standardwerte empfohlen.

Gewinner und Verlierer			
Kursveränderungen gegenüber Jahresende 1998 in Prozent			
Deutsche Telekom	+153,03	Adidas Salomon	−21,85
Mannesmann	+145,24	Metro	−21,18
Siemens	+130,74	Volkswagen	−17,99
Thyssen Krupp	+88,40	RWE	−17,96
Deutsche Bank	+72,67	Degussa-Hüls	−14,55
BASF	+57,70	Henkel Vorzüge	−11,92
Dresdner Bank	+56,81	Karstadt Quelle	−10,42
Preussag	+49,59	DaimlerChrysler	−7,98
MAN	+47,99	Viag	−6,52
SAP Vorzüge	+46,26	Veba	−5,23
Quelle: Datastream			

Abb. 14: DAX® – Gewinner und Verlierer 1999

5. Prinzip: Besitz streuen. Dazu gehört schon ein Mindestmaß an vorhandenem Kapitalvermögen: Im Mittelpunkt der Anlage darf nicht eine einzelne Aktie stehen, sondern nur ein breit gestreutes Aktiendepot. Bei der Aktienanlage ist es sinnvoll, den Besitz zu verteilen, mehrere Papiere im Depot zu halten, um nicht alles auf eine Aktiengesellschaft oder eine Branche zu setzen.

Das gilt auch für Währungsräume.

Durch Streuung nutzen Sie die verstetigende Wirkung der Diversifikation. Tops und Flops gleichen sich aus, Verluste werden mit Gewinnen aufgerechnet. Die Erträge sind dann nur moderat, aber Sie reduzieren Ihr Risiko. Bei einem Einbruch des gesamten Aktienmarkts schützt allerdings auch eine breite Streuung nicht! Um den Überblick nicht zu verlieren, ist es ratsam, nicht zu viele Werte auf einmal neu zu kaufen.

Wenn Ihnen der Kauf einzelner Aktientitel aus finanziellen Gründen nicht möglich ist, sollten Sie sich für Aktienfonds interessieren. Hier kann man schon für weitaus weniger Kapitaleinsatz an interessanten Renditen teilhaben.

6. Prinzip: Kursvorhersagen misstrauen. Es herrscht kein Mangel an Methoden zur Kursvorhersage. Die gibt es dutzendweise. Aber keiner Prognose sollte man wirklich vertrauen. Wer an der Börse mitmachen will, muss bereit sein, auch zeitweilig Verluste zu machen. Eine Aktie ist immer eine Risikoanlage! Grundsätzlich ist bei Kaufempfehlungen von Banken oder Börsendiensten Vorsicht angesagt. Prüfen Sie diese Empfehlungen genau, vor allem die Argumente auf Plausibilität! Denn man weiß nie, was dahinter steht. Und schon gar keinen Kredit wegen eines heißen Insidertipps aufnehmen!

7. Prinzip: Portfolio überdenken. Selbst Standardaktien müssen auf lange Sicht keine Erfolgsgaranten sein. Neben dem ständigen Beobachten der Depotwerte ist von Zeit zu Zeit das Überdenken der Zusammensetzung empfehlenswert. Beispielsweise könnten Sie für jeden einzelnen Aktientitel eine untere Kursgrenze setzen oder jedes Jahr einen gewissen Teil des Depots, bis zu einem Fünftel, ersetzen. Offensichtliche Verlustbringer sollten Sie aber lieber schnell veräußern.

> **Der neue Trend: Aktiensparen**
>
> Zwar sind die Möglichkeiten, regelmäßig in Aktien zu sparen, noch begrenzt, doch in Zukunft dürften viele Banken dieses neue Finanzprodukt anbieten.
> Denn das Konzept ist schlüssig: Aktien werden geteilt und in kleinen Stücken gekauft, also zu niedrigeren Preisen. Dadurch sind sie auch für Anleger mit weniger Kapital erschwinglich. Bisher werden diese »Bruchteilgeschäfte« allerdings erst von wenigen Banken angeboten.

Tipps für die sichere Aktienanlage

Aktienanlagen sind besonders lohnend, wenn der Freibetrag durch Zinslagen (festverzinsliche Wertpapiere und Sparformen) schon ausgeschöpft ist. Dann sollten Sie Ihr Geld in Aktien anlegen.
- Für die Depotbestückung gilt die Faustregel: 100 Prozent minus Lebensalter = Aktien- oder Aktienfondsanteil. Das bedeutet: Je jünger, desto mehr sollte man auf die spekulativen Anlageformen Aktien und Aktienfonds setzen. Und das bei jeder Anlagementalität – einen gewissen Anteil Spekulation kann sich jeder leisten. Als Marschrichtung empfiehlt sich der Geldbeutel: Je mehr drin ist, desto eher auf die Direktanlage in Aktien gehen.
- Der Anlagehorizont für eine Aktienanlage sollte zwischen zwölf Monaten (wegen der Spekulationsfrist) bis mindestens fünf Jahren (wegen Kursschwankungen) liegen. Auf dieses Geld dürfen Sie eine längere Zeit nicht angewiesen sein. Bringen Sie für dieses Engagement Zeit mit. Denken Sie langfristig. Planen Sie nicht, von vornherein zu einem bestimmten Zeitpunkt verkaufen zu wollen. Der Ausstiegszeitpunkt ist wichtiger als der Einstiegspunkt.
- Der Mindestkapitaleinsatz für den direkten Kauf von Aktien für Ihr individuelles Aktiendepot sollte zwischen 15 000 und 20 000

Mark liegen. Sie sollten dieses Geld übrig haben und nicht auf Kredit spekulieren, auch wenn die Tipps noch so sicher erscheinen.

Können oder wollen Sie solche Summen nicht entbehren, dann kaufen Sie sich für weitaus weniger Geld Aktienfonds.

- Minimieren Sie das Risiko, indem Sie nicht alles auf eine Karte setzen, sondern mehrere Titel unterschiedlicher Branchen ins Depot nehmen. Am sichersten halten Sie sich dabei an den Standard, die DAX® und MDAX-Werte, und suchen die kapital- und umsatzstärksten Aktien der wichtigen Branchen heraus. Kaufen Sie nur Aktien, die gewöhnlich Dividende auszahlen. Aktien ohne Gewinnausschüttung sind meist spekulative Werte. Ausländische Märkte können Sie mit einem oder mehreren Aktienfonds abdecken.
- Spekulieren an der Börse setzt Fachwissen voraus und bedarf eines hohen Zeitaufwands. Informieren Sie sich gut – und desto besser, je spekulativer die Geschäfte sind. Bleiben Sie immer am Ball, um die Erfolgsaussichten einzelner Aktien beurteilen zu können. Lassen Sie sich nie auf Anlageformen ein, die Sie nicht durchschauen.
- Aktienanlage ist interessant, solange die Zinsen niedrig sind. Bei steigendem Zins sollten Sie vom risikoreicheren Aktienmarkt in relativ sichere Rentenpapiere umschichten.
- Bei Kurseinbrüchen: keine Panik! Verkaufen Sie nur, wenn der wirtschaftliche Erfolg eines Unternehmens gefährdet erscheint.
- Kaufen Sie sich Ihr Portfolio etappenweise zusammen. Dann müssen Sie weniger auf ein optimales Börsentiming achten. Allerdings sollten Sie nicht den Überblick über Ihre neuen Titel verlieren. Und denken Sie an die Gebühren: umschichten, zukaufen, verkaufen kostet.

Festverzinsliche Wertpapiere – etwas für jeden Geschmack

In den letzten Jahren stand der Rentenmarkt ganz im Schatten der Aktieneuphorie. Seit November 1990 gab es einen stetigen Zinsabbau. Nun beginnt er wieder selbst ins Licht zu treten, denn seit Mitte 1999 steigen die Kapitalmarktzinsen kontinuierlich. Damit werden festverzinsliche Wertpapiere nach langer Niedrigzinsphase wieder attraktiv. Und trotz der Aktienhausse konnte in den vergangenen 20 Jahren per annum 7 Prozent mit diesen verdient werden. Und das sicher! Denn bei den festverzinslichen Wertpapieren steht – wie der Name schon sagt – der Zinssatz von vornherein fest und gilt für die ganze ebenso festgelegte Laufzeit. Bei diesen Papieren weiß der Anleger auch, welches der Fälligkeitstag ist, an dem er sein Kapital zurückerhält.

Anders als die Teilhaber auf der Aktienseite sind Anleihenbesitzer Gläubiger, die dem Herausgeber mit Kauf des Wertpapiers ein gewisses monetäres Volumen zur Verfügung stellen. Sie verschaffen ihm also ein Darlehen. Als Gegenleistung bekommen sie einen über die gesamte Laufzeit festgeschriebenen, unveränderlichen und regelmäßigen – weshalb die festverzinslichen Wertpapiere auch Renten genannt werden – Zins. Verzinsung und Rücknahme des Schuldscheins sind nach Ablauf der entsprechenden Bindungszeit zum vollen Nennwert von 100 Prozent, also dem tatsächlichen Wert der Einlage, garantiert. Damit kann der Anleger den Ertrag im Voraus kalkulieren. Die festverzinslichen Wertpapiere werden auch als Anleihen, Obligationen oder Renten (wird nur im Plural benutzt) bezeichnet. Im Folgenden werden die Begriffe synonym benutzt.

Das war die Anlegerseite. Aber für Institutionen wie den Staat, Geschäftsbanken oder Industrieunternehmen bietet sich mit Renten die Möglichkeit, bei einer Vielzahl von Investoren gleichzeitig einen Kredit aufzunehmen, indem sie den Geldbetrag, den sie leihen wollen, stückeln, ihn auf vereinheitlichte Urkunden verbriefen und diese Urkunden an die Investoren verkaufen. Die Kleinkredite sind damit Teilschuldverschreibungen. Dabei verpflichten sich die Aussteller – die so genannten Emittenten –, den verbrieften Kreditbetrag an die Inhaber der Papiere zurückzuzahlen und zusätzlich Zinszahlungen auf den Kreditbetrag zu leisten. Effektiv lieferbare Teilschuldverschreibungen bestehen deshalb zumeist aus zwei separaten Urkunden: einem Mantel, der den Rückzahlungsanspruch dokumentiert, und einem Bogen mit mehreren Zinskupons, auf denen jeweils der Zinsanspruch für einen bestimmten zukünftigen Zinstermin festgeschrieben ist.

Nun hat der Anleger die Qual der Wahl. Kurzläufer sind alle Papiere mit weniger als zwei Jahren Restlaufzeit, Langläufer können bis zu 30 Jahre laufen. Prinzipiell haben diese Anleihen durch die längeren Laufzeiten ein höheres Risiko und werden deshalb höher verzinst: 3 Prozentpunkte mehr als Kurzläufer.

> **Hohe Zinsen – lange Bindung.** Der historische Zinsdurchschnitt liegt bei 7,5 Prozent. Liegen die aktuellen Zinsen darüber, sollten Sie lange Laufzeiten wählen. Dann sind Ihnen langfristig hohe Zinsen sicher. Sinken die Zinsen, steigt der Kurs Ihrer Anleihen – und Sie können vorzeitig mit Gewinn verkaufen.
>
> **Niedrige Zinsen – kurze Bindung.** Wenn die Zinsen niedrig sind, sollten Sie zu Kurzläufern oder Anleihen mit variablem Zins greifen. Bei unsicherer Zinsentwicklung sind auch Bundesschatzbriefe eine gute Wahl: Sie sichern Ihnen einen jährlich steigenden Zins. Steigt der Marktzins aber über den Zins Ihrer Papiere, dann tauschen Sie sie einfach in neue.

Auch bei Anleihen gibt es Kursschwankungen – doch sie sind nur dann von Bedeutung, wenn man die Anleihe vor Fälligkeit veräußert. Dann hat man das Kursrisiko durch Veränderungen im Zinsniveau. Hier lautet die Faustregel: Steigt das Zinsniveau, sinken die Kurse für Anleihen, sinkt das Zinsniveau, so steigen die Kurse. Wer seine Papiere allerdings bis zur Fälligkeit hält, braucht sich keine Sorgen deswegen zu machen.

Klassische Anleihen sind die Schuldverschreibungen der öffentlichen Hand. Sie werden als öffentliche Anleihen bezeichnet. Damit leihen sich Bund, Länder und Gemeinden mittel- bis langfristig große Geldsummen, mit denen sie bestimmte Vorhaben finanzieren. Daneben gibt es Schuldverschreibungen der Kreditinstitute oder von Unternehmen. Auch sie beschaffen sich auf diese Weise Liquidität. Doch der deutsche Rentenmarkt ist nicht begrenzt. Auch ausländische Emittenten beschaffen sich hier Geld: andere Staaten, ausländische Banken und Unternehmen – und das in verschiedenen Währungen.

Kunterbunte Anleihe-Emittenten

Was haben die Rockstars David Bowie, Rod Stewart und die Musiker von Iron Maiden gemeinsam? Sie platzierten Anleihen. Der Trendsetter war wie in vielen Bereichen David Bowie, der 1997 eine Anleihe im Volumen von 55 Millionen Dollar auflegte.
Doch das Marktsegment, das durch Tantiemen aus Plattenverkäufen gedeckt wird, ist gering. An der Wall Street machte es nur 1 Prozent der 280 Milliarden Dollar an Neuemissionen in 1998 aus. Iron Maiden gibt übrigens eine Emission mit einem Volumen von 30 Millionen Dollar aus. Die 20-jährigen Papiere bieten eine Rendite von 8 Prozent. Als Bonitätseinstufung bekamen die Hardrocker dabei von der Rating-Agentur Fitch IBCA ein »BBB« (siehe S. 90).

Es gibt festverzinsliche Wertpapiere, die an der Börse gehandelt werden. Bei diesen ist der Kauf bei Neuausgabe kostenfrei. Ist eine Anleihe schon an der Börse, muss der Anleger für die mit einem Börsengeschäft verbundenen Spesen und Provisionen aufkommen. Wollen Sie Ihr Geld zurück, haben Sie bei börsengehandelten Wertpapieren immer die Möglichkeit auszusteigen. Sie erhalten dann allerdings nicht automatisch den Nennwert, sondern den aktuellen Tageskurs des Wertpapiers, was zu gewissen Verlusten oder Gewinnen führen kann. Bei nicht börsengehandelten Wertpapieren ist die Verfügbarkeit unterschiedlich.

Entscheidend: Bonitätssicherheit

Wie sicher das in Renten angelegte Kapital ist, hängt letztlich von der Zuverlässigkeit des Ausstellers der Wertpapiere ab. Bei schlechter Bonität läuft man Gefahr, dass der Schuldner seinen Verpflichtungen zur termingerechten Erfüllung von Zins- und Tilgungszahlungen nicht nachkommen kann. So gilt der Bund trotz riesiger Schulden als sicherer Emittent. Immerhin stehen das Staatsvermögen und unser aller Steueraufkommen als Sicherheit dagegen. Genauer muss man sich allerdings die Aussteller von Industrieobligationen oder Unternehmensanleihen ansehen. Schwierig ist die Beurteilung des Anlagerisikos bei ausländischen Emittenten.

Hilfe bringen da die so genannten Ratings, die die Bonität eines Ausstellers einstufen. Die führenden Rating-Agenturen sind dabei Moody's und Standard & Poor's. Die beiden Agenturen haben sich darauf spezialisiert, die Kreditwürdigkeit von Regierungen, Banken, Industrieunternehmen und sonstigen Schuldnern zu untersuchen. Erfunden wurde das Rating in den USA. Auf dem größten Kapitalmarkt der Welt benötigten die Anleger einen Orientierungsmaßstab, anhand dessen sie die Qualität eines Schuldners und damit das mögliche Ausfallrisiko beurteilen konnten. Deswegen bewerten die Rating-Agenturen vor allem die Finanzlage und die Qualität des Managements. Und ihr Urteil ist Bares wert. Die Bestnote ist »AAA«. Von »CCC« – egal ob als Groß- oder Kleinbuchstaben –, dem schlechtesten Rating (vor »D« für Konkurs), sollten Sie sich fern halten.

Sicherheitsbewusste Privatanleger sollten Ratings mit mindestens »A« wählen. Dabei ist wichtig zu erwähnen: Auch ein exzellentes Rating ist keine Garantie für die gesamte Laufzeit.

Und: Je besser das Rating, desto weniger Rendite muss der Emittent den Anlegern bieten.

Wenn das Rating aber schlecht ausfällt, muss der Schuldner einen Zuschlag auf den Marktzins zahlen. Darum gilt: Je riskanter die Anlage, desto höher die Rendite. Weniger finanzstarke Schwellenländer und die geringere Solidität eines Unternehmens bringt für den Anleger das Mehr an Zinsen – und an Risiko.

Bonität-Ratings

Moody's	Standard & Poor's	
Aaa	AAA	Höchste Bonität, die Zahlung von Zins und Tilgung gilt als sicher.
Aa1 Aa2 Aa3	A1 A2 A3	Sehr gute Bonität, Zins und Tilgung werden mit hoher Wahrscheinlichkeit gezahlt, Restrisiko ist gering.
A1 A2 A3	A+ A A−	Gute Bonität, an Zahlung von Zins und Tilgung bestehen derzeit keine Zweifel, aber es gibt ein Restrisiko.
Baa1 Baa2 Baa3	BBB+ BBB BBB−	Durchschnittliche Bonität, Fähigkeit zur Zahlung von Zins und Tilgung wird von der allgemeinen Wirtschaftslage beeinflusst.
Ba1 Ba2 Ba3	BB+ BB BB−	Schlechte Bonität, aktuell werden Zahlungen geleistet, doch langfristig scheinen Zins und Tilgung gefährdet.
B1 B2 B B3 B−	B+	Sehr spekulativ, Zahlung von Zins und Tilgung scheint kaum gewährleistet.
Caa C C	CCC CC C	Hochspekulativ, Schuldner ist mit Zinszahlung mitunter schon in Verzug.
D		Schuldner ist in Zahlungsverzug, Anleihe ist notleidend.

Abb. 15: Die Ratingnoten von Moody's und Standard & Poor's

Die Börsenprofis nennen höher verzinste Anleihen auch High Yield Bonds – und bezeichnen diese als das Salz in der Suppe. Mit anderen Worten: Zur Ergänzung der Depots sollte man einen kleinen Teil auch in diese Bonds mit interessanten Renditen investieren.

Unternehmensanleihen: der neue Trend

In den USA gibt es diesen Markt bereits seit Mitte der 80er Jahre – erst allmählich setzt er sich auch bei uns durch. Nach amerikanischem Vorbild nutzen auch immer mehr Unternehmen in Europa die Möglichkeit, sich günstig und flexibel über Anleihen zu finanzieren. In den USA sind 16 Prozent vom gesamten Rentenmarkt Unternehmensanleihen, im Euroraum liegt der Anteil noch bei 3 Prozent. Doch die Zahl der europäischen Unternehmen, die sich für Investitionen und Expansion auf diesem Wege Kapital besorgen, wächst. Grund für die Emissionstätigkeit ist auch der Euro. Denn der breiter und liquider gewordene Rentenmarkt von Euroland – immerhin der zweitgrößte der Welt – zieht immer mehr institutionelle Anleger an. Erheblicher Kapitalbedarf entsteht auch durch die zahlreichen Übernahmen und Fusionen. Und um Anleger für den Kauf von höheren Risiken zu bewegen, gibt es gegenüber den vergleichsweise sicheren Staatsanleihen einen Renditezuschlag.

Der Trend ist gut für private Anleger. Bietet der Markt nun doch die ganze Breite der Rendite – und Risikomöglichkeiten. 1999 kam es zu einem enorm gestiegenen Angebot an Industrieanleihen. Und auch Wandelanleihen sind mittlerweile schon mehrfach überzeichnet. Zudem steigen die Volumina der einzelnen Emissionen und liegen oft über 1 Milliarde Euro.

Bei Industrieobligationen ist der Schuldner ein Unternehmen und somit ist das Bonitätsrisiko höher. Es wird allerdings durch einen etwas höheren Zins ausgeglichen. Corporate Bonds bieten damit neue Möglichkeiten: Der Zinsaufschlag im Vergleich zu Staatspapieren, der so genannte Spread, wird mit einem größeren Risiko erkauft.

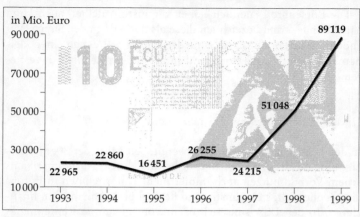

Quelle: HSBC Trinkaus & Burkhardt

Abb. 16: Neue Unternehmensanleihen

Hochzinsanleihen europäischer Unternehmen bringen zweistellige Renditen. Dabei ist es ratsam, nicht auf die Großen zu setzen. Diese haben durch ihr gutes Rating nur niedrige Zinsen für Anleger übrig Renditejäger sollten bei kleineren und weniger bekannten Firmen suchen. Doch sollte man das Unternehmen gründlich unter die Lupe nehmen und möglichst viele Informationen heranziehen, Analysen von Banken und Unternehmensberatern. Im schlimmsten Fall droht der Totalverlust, da das Schicksal der Anleihe von der dahinter stehenden Firma abhängt. Negativbeispiele sind hierfür die Fokker-Pleite oder die Bonds des britischen Zeitungszaren Maxwell. Berücksichtigen sollte man auch die Risikoklasse bei Ratings. Der Spread kann als Messlatte für das Risiko angesehen werden: je höher, desto mehr. Deswegen solche Anlageformen nur als Beimischung ins Depot: maximal 10 Prozent.

Bundeswertpapiere – sicher und rentierlich

Auch wenn die Papiere des Staates in der schillernden Finanzwelt wenig auffallen: Für Börseneinsteiger, konservative Anleger und Sicherheitsbewusste sind Bundespapiere eine gute Messlatte.

Bundeswertpapiere sind risikofrei – die Bundesrepublik Deutschland ist ein erstklassiger Schuldner. Immerhin steht der Staat mit seinem Vermögen und Steueraufkommen dafür gerade, letztlich also der Steuerzahler selbst. Ein weiterer Vorteil ist die – je nach Marktlage – akzeptable Rendite der Bundespapiere. Denn mehr als der Bund bieten die Banken nicht. Im Gegenteil: Ihre Angebote liegen meist darunter. Bundespapiere haben ein eingebautes Umtauschrecht und damit eine hohe Flexibilität. Und sie bieten den Sparern etwas für verschiedene Laufzeiten.

Bundeswertpapiere		
		Rendite in Prozent
1 Jahr	Finanzierungsschätze	3,65
2 Jahre	Finanzierungsschätze	4,2
5 Jahre	Bundesobligationen	4,97 p. a.
6 Jahre	Bundesschatzbriefe A	durchschnittlich 5,02 p. a.
7 Jahre	Bundesschatzbriefe B	durchschnittlich 5,31 p. a.
10 Jahre	Bundesanleihen	5,45
Stand: März 2000		

Abb. 17: Bundespapiere – die Übersicht

Finanzierungsschätze: kurzfristig empfehlenswert. Die kurzfristigen Schuldverschreibungen des Bundes werden in zwei Laufzeitvarianten als Daueremissionen angeboten: ein oder zwei Jahre. Da eine vorzeitige Rückgabe nicht möglich ist –, Finanzierungsschätze werden nicht an der Börse gehandelt –, müssen Sie für diese Zeitspanne auf Ihr Geld verzichten können.

Finanzierungsschätze sind abgezinste Wertpapiere. Das bedeutet: Man erhält keine laufenden Zinszahlungen, sondern zahlt beim Kauf den um die Zinsen reduzierten Preis. Am Ende der Laufzeit erhält man dann den vollen Wert. Nennwerte sind übrigens 1 000 Mark und das Vielfache davon. Die Schätze sind als Daueremissionen jederzeit erhältlich. Eine Umstellung der Finanzierungsschätze auf Euro ist noch nicht vorgesehen.

Die Zinsen ab September 1999 – ein Jahr: 2,91 Prozent, zwei Jahre: 3,5 Prozent – zeigen, dass einjährige Finanzierungsschätze mit den meisten Festgeld- oder Geldmarktfondsrenditen nicht mithalten können, bei zweijährigen Laufzeiten aber akzeptabel sind.

Bundesobligationen: mittlere Laufzeit. Seit 1979 gibt es diese Daueremissionen, die als börsengehandelte Wertpapiere – eigentlich eine Anleihevariante – jederzeit verfügbar sind. Der Zins ist festgeschrieben. Die Zinszahlung erfolgt jährlich. 100 Euro beträgt die Mindestanlage. Damit sind Bundesobligationen sehr gut geeignet zum Ansparen einer bestimmten Kapitalsumme, am besten per Dauerauftrag bei den Landeszentralbanken (Filialen sind in größeren Städten zu finden). Ebenfalls möglich ist das Anlegen einer höheren Summe für fünf Jahre. Die Obligationen sind als Daueremissionen jederzeit erhältlich.

Der Kurs vom September 1999 bringt bei einer Laufzeit von fünf Jahren eine jährliche Rendite von 4,25 Prozent. Das macht die Rendite von Bundesobligationen interessant, zumal die Bankenbranche nichts Besseres zu bieten hat.

Bundesschatzbriefe: die mit der Zinstreppe. Bundesschatzbriefe sind ein echter Bestseller. Charakteristisch für das nicht börsengehandelte Wertpapier, oft liebevoll »Bundesschätzchen« genannt, ist die Zinstreppe: der Jahr für Jahr nach einem festen Plan ansteigende Zins. Der Bund konzipierte diese mittelfristigen Schuldverschreibungen 1969 für Kleinanleger. Und die Banken kupfern seitdem kräftig ab (Produktnamen u. a. Zuwachs- oder Wachstumssparen) – allerdings mit schlechteren Konditionen.

Bundesschatzbriefe		
	Typ A	Typ B
1. Jahr	3,00	3,00
2. Jahr	3,49	3,50
3. Jahr	3,97	4,00
4. Jahr	4,45	4,49
5. Jahr	4,77	4,84
6. Jahr	5,02	5,12
7. Jahr		5,31
Typ A: jährliche Durchschnittsrendite: 5,02 Prozent Typ B: jährliche Durchschnittsrendite: 5,31 Prozent		
Stand: März 2000		

Abb. 18: Rendite in Stufen – Bundesschatzbriefe Typ A und Typ B

Bundesschatzbriefe werden in zwei Varianten ausgegeben: Typ A hat eine Laufzeit von sechs Jahren. Die Zinsen werden jährlich überwiesen. Typ B dagegen läuft ein Jahr länger und weist die bessere Rendite auf, denn die Zinsen werden während der Laufzeit automatisch mit angelegt und zusammen mit dem Kapital bei Fälligkeit ausbezahlt. Damit ist der Bundesschatzbrief B ein so genanntes thesaurierendes Rentenpapier.

Die geringen Zinsunterschiede sollten bei der Wahl der Variante keine Rolle spielen. Entscheidend sind dagegen Ihre persönlichen steuerlichen Bedingungen. Wichtig ist die optimale Nutzung des steuerlichen Freibetrags. Deswegen dürfte ab 2000 für die meisten Typ A empfehlenswert sein.

> Wer ein Schuldbuchkonto – die Bezeichnung für ein Depot bei der Bundesschuldenverwaltung – hat, kann seit Sommer 2000 direkt dort kaufen. Dabei wird der Kauf durch Überweisung des Geldes abgewickelt, später soll dies dann auch im Lastschriftverfahren möglich sein.

Die Beliebtheit der Schätzchen kommt auch durch die sparerfreundliche Sperrfrist von nur einem Jahr. Das heißt für den Anleger: Das Kapital in Bundesschatzbriefen ist nach dem ersten Jahr immer verfügbar. Einzige Beschränkung: Innerhalb von 30 Zinstagen dürfen Alleinstehende nur 10 000 Mark einlösen, Ehepaare dagegen das Doppelte, also 20 000 Mark. Dieses flexible Rückgaberecht, für das man auf dem normalen Kapitalmarkt einen hohen Preis zahlen müsste, wird im Fachjargon »Gläubigerkündigungsrecht, das eine Verkaufsoption darstellt« genannt und ist für den Anleger ein nicht zu unterschätzender Vorteil: Er bleibt somit äußerst flexibel. Er kann auf seine persönlichen Wünsche eingehen und aussteigen oder bei Zinsanstiegen kostenlos umsteigen – auf eine neuere Serie Bundesschatzbriefe oder eine andere Anlageform.

Ursprünglich waren Bundesschatzbriefe nur für die Einmalanlage, also die Anlage von größeren Kapitalbeträgen, gedacht. 1993 wurde der Mindestsparbetrag jedoch auf 100 Mark herabgesetzt und somit sind sie nun auch als Ansparanlage zum allmählichen

---

Rating der Bundesländer umstritten

Die Rating-Agentur Fitch IBCA bewertet die Schuldnerqualität aller deutschen Bundesländer mit der Bestnote AAA – im Gegensatz zu den beiden amerikanischen Rating-Agenturen Moody's und Standard & Poor's, die nur Bayern, Baden-Württemberg und Hessen als beste Schuldner einstufen.
Fitch IBCA weist zwar auf klare Unterschiede in Bezug auf Verschuldungsquote und Finanzkraft zwischen den einzelnen Bundesländern hin. Liquiditätsarrangements zwischen dem Bund und den Bundesländern untereinander stellten jedoch sicher, dass jedes Bundesland zeitgemäß seine Schulden zurückzahlen könne. Des Weiteren hätten Bundesländer Kreditlinien mit ihren jeweiligen Landesbanken und anderen privatrechtlichen Banken vereinbart, die jederzeit abgerufen werden könnten.

Vermögensaufbau interessant. Sie sind als Daueremissionen jederzeit erhältlich. Eine Umstellung der Schatzbriefe auf Euro ist noch nicht vorgesehen.

Auch wenn es auf den ersten Blick nicht zwingend erscheint, eigenen sich auch die Bundesschatzbriefe zum kurzfristigen Geldparken. Bundesschätzchen sind also nicht umsonst beliebt. Und sie sind bei allen Zinsniveaus empfehlenswert. Die Vorteile: flexibel, akzeptable Rendite, zur kurz- und mittelfristigen Anlage geeignet.

Bundesanleihen: höchste Renditen. Normalerweise zehn, manchmal auch 30 Jahre lang laufen die an der Börse gehandelten Wertpapiere mit einem festen Zins, der jährlich ausgezahlt wird. Mindestanlage sind 100 Euro. Über die Börse kann jederzeit verkauft und damit über das Geld verfügt werden. Bundesanleihen werden regelmäßig als Einzelemissionen ausgegeben, je nach Kapitalbedarf. Die jeweilige Ausgabe ist auf dem Markt nur so lange erhältlich, bis die Emission untergebracht ist. Danach wird die Anleihe in den amtlichen Börsenhandel eingeführt und ist nur noch zum jeweiligen Tageskurs zu erstehen. Wie bei allen börsennotierten Anleihen kann es auch bei diesen an der Börse gehandelten Bundesanleihen zu Kursschwankungen kommen, wenn man sie vor Fälligkeit verkaufen will. Hält man die Papiere aber bis zum Ende der Laufzeit, gibt es kein Kursrisiko. Damit sind Bundesanleihen einzig sinnvoll für die langfristige Anlage.

Wie man Depotgebühren vermeidet

Für geplagte Steuerzahler hält der Bundesfinanzminister ein Trostpflästerchen bereit: die Papiere mit dem Bundesadler. Sie bieten neben den marktführenden Renditen einen weiteren geldwerten Vorteil: Sie verursachen dem Anleger keine Kosten. Durch Kauf, Wertpapierdepot und Verkauf kommen normalerweise nicht unerhebliche Kosten zusammen, die die Rendite schmälern. Bundespapiere zu kaufen oder zu verkaufen ist jedoch kostenfrei. Und die Bundesschuldenverwaltung ist als Behörde Ihr kostenloser Depotverwalter für sämtliche öffentlichen Anleihen von Bund, Bahn und Post. Dazu muss lediglich ein Schuldbuchkonto eröffnet werden.

Mit Bundeswertpapieren, verwaltet durch die Bundesschuldenverwaltung, werden Sie aber für das Finanzamt nicht zum gläsernen Steuerzahler. Hier sind Befürchtungen unangebracht, denn die Bundesschuldenverwaltung ist an das gesetzliche Schuldbuchgeheimnis gebunden.

> **Bundesschuldenverwaltung**
>
> Die Bundesschuldenverwaltung ist eine selbständige Oberbehörde im Geschäftsbereich des Bundesministeriums der Finanzen. Errichtet wurde sie am 1. Oktober 1949, mit Sitz in Bad Homburg v. d. Höhe. Die Behörde nimmt ihre gesetzlichen Aufgaben eigenverantwortlich wahr und berichtet jährlich dem Deutschen Bundestag und dem Bundesrat. Hauptsächlich gewährleistet sie die Beurkundung der Kreditaufnahmen des Bundes und seiner Sondervermögen auf dem Kapitalmarkt. Zudem sorgt die Bundesschuldenverwaltung für die bankmäßige Verwaltung und die Abwicklung der Kredite. Neben der gebührenfreien Verwaltung auf so genannten Einzelschuldbuchkonten für die privaten Anleger bietet die Behörde eine Verkaufsstelle für Sammlermünzen.

Die Kontoführung bei der Bundesschuldenverwaltung läuft wie bei einem normalen Bankdepot: Sie bekommen entsprechende Bestätigungen bei Kauf oder Verkauf von Papieren und jährlich eine Mitteilung über den Kontostand. Auch die Zinserträge werden automatisch überwiesen. Und alles kostenlos – sehr empfehlenswert!

Die Deutsche Bundesbank hat mit den Spitzenverbänden der deutschen Kreditwirtschaft Vereinbarungen getroffen, die die Geldinstitute verpflichten, die Antragsformulare auf Eröffnung eines Schuldbuchkontos bereitzuhalten, entgegenzunehmen und an die Bundesverwaltung weiterzuleiten. Allerdings gilt dies nur für diejenigen Institute, die im Wertpapiergeschäft tätig sind. Das sind in Deutschland im Allgemeinen die Universalbanken, aus der Vereinbarung heraus fallen nur die Postbank und einige Direktbanken. Das Problem dabei: Die Geschäftsbanken verdienen fast nichts an dieser Abwicklung, sind also nicht sonderlich kooperativ. Im Gegenteil. Man versucht, dem Kunden die eigenen Sparprodukte schmackhaft zu machen. Deswegen ist der direkte Weg zur Bundesschuldenverwaltung meist der angenehmere. Eine Alternative ist zu einer der fast 200 Geschäftsstellen von Landeszentralbanken, den Zweigstellen der Bundesbank, zu gehen. Oder Sie gehen ins Internet (www.bsv.de). Oder Sie fordern Ihre Formulare telefonisch bei der Bundesschuldenverwaltung an, füllen sie – eventuell mit Hilfe Ihrer Bank – aus, schicken diese zurück und wickeln alle weiteren Dispositionen mit der Behörde ab.

Bundesschuldenverwaltung
Postfach 12 45
61282 Bad Homburg v. d. Höhe
06172/1080
Servicecomputer: 06172/108930
www.bsv.de (umfangreiche Informationen, aktuelle Konditionen, Formulare zum Runterladen)

Die aktuellen Konditionen der Bundespapiere müsste Ihnen eigentlich Ihre Hausbank oder jedes andere Kreditinstitut nennen können. Da diese aber erfahrungsgemäß nur ungern Auskunft geben, greifen Sie besser zum Wirtschafts- und Börsenteil Ihrer Tageszeitung. Oder Sie nehmen den Telefonhörer zur Hand und rufen beim Informationsdienst für Bundeswertpapiere an.

Informationsdienst für Bundeswertpapiere
Postfach 10 12 50
60012 Frankfurt/Main
Automatische Bandansage rund um die Uhr: 069/19718
Infotelefon: 069/747711
Faxabruf: 069/747770 + 069/2570200 10/2

Bundeswertpapiere sind eine klassische Kapitalanlage, die über die gesamte Laufzeit eine gesicherte Rendite ohne Risiko bietet. Die hohe Flexibilität der Produkte ermöglicht es auch, zunächst auf Bundespapiere zu setzen, dann abzuwarten, wie sich der eigene Geldbedarf und die Marktzinsen entwickeln – und dann steigt man einfach aus oder um.

Die Papiere mit dem Bundesadler sind besonders geeignet für Einsteiger in die Welt der Wertpapiere und Börse. Aber sie sind auch für Erfahrene sinnvoll: Ein gut gemanagtes Vermögen sollte auch einen Baustein aus Bundeswertpapieren enthalten, denn hier drohen keinerlei Kursrisiken. Sie sind grundsolide und mündelsicher. Prinzipiell lohnt sich immer, andere Angebote mit den Bundespapieren zu vergleichen. Sie wären uneingeschränkt empfehlenswert, gäbe es da nicht den stark reduzierten Sparerfreibetrag. Diesen gilt es vollständig auszunutzen, aber mit den Zinseinnahmen nicht darüber hinauszugeraten. Lesen Sie dazu das Kapitel »Die Börse und der Fiskus«.

Beispielsweise sollte man dann auch nicht mehr zum Typ B der Bundesschatzbriefe greifen. Hier kann man sogar mit nur einer 10 000-Mark-Anlage schon über den Freibetrag hinausschießen.

Diese Steuerproblematik ergibt sich auch bei den anderen festverzinslichen Wertpapieren. Ratsam ist deshalb, Anleihen mit einem Kupon von mehr als 5 Prozent zu verkaufen und stattdessen Anleihen mit niedrigem Kupon einzukaufen. Da mit steigenden Zinsen zu rechnen ist, sollte man maximal Anleihen mit dreijähriger Laufzeit wählen.

Anleihen als Mietkaution

Wertpapiere muss der Vermieter als Kaution anerkennen, wenn der Mieter nicht über genügend Bargeld verfügt. Es muss sich lediglich um mündelsichere Titel handeln – wie Bundesschatzbriefe und Pfandbriefe (LG Berlin, Az.: 64 S 454/96).

Spezielle Anleihen-Formen

Neben den schon beschriebenen festverzinslichen Wertpapieren gibt es noch einige andere Formen. Bei allen speziellen Anleihen-Formen ist jedoch zu beachten, dass sie eher für Anleger mit Wertpapiererfahrung konzipiert sind.

Wandelanleihen. Wandelanleihen oder auch Convertible Bonds sind wie Anleihen mit einem jährlich festen Zins und einer festen Laufzeit ausgestattet, dürfen jedoch während einer festgelegten Zeitspanne in Aktien umgetauscht – gewandelt – werden. Damit sind diese Wertpapiere Zwitter zwischen Aktie und Anleihe. Aus dem Gläubiger wird ein Aktionär des Unternehmens.

In den Emissionsbedingungen ist der Umtauschschlüssel festgelegt. Der Anleger erhält jährliche Zinsen und kann durch Umsteigen gleichzeitig von den Kurssteigerungen am Aktienmarkt profitieren. Der Kurs der Wandelanleihen wird also nicht nur von den Zins-, sondern vor allem von den Aktienkursbewegungen bestimmt. Und erst der Umtausch macht eine Wandelanleihe für den Anleger lohnend. Die Marktzinsen für Wandelanleihen liegen deutlich unterhalb der Zinsen gewöhnlicher Anleihen: 2 bis 3 Prozent sind üblich. Dafür ist das Risiko des Anlegers bei dieser Spekulation mit Netz begrenzt: Geht sein Kalkül nicht auf, ist ihm nur die höhere Rendite auf dem Rentenmarkt entgangen. Allerdings wäre er dann mit einer normalen Anleihe besser gefahren, weil die Wandelanleihen tatsächlich mickrig verzinst werden. Wandelanleihen lohnen sich also nur für den Fall, dass die an sie gekoppelten Aktien im Kurs steigen und der Anleger am Ende wandelt.

Wie bei anderen Anleihen beschaffen sich die Emittenten durch diese Papiere Kapital. Die Begebung von Wandelanleihen setzt allerdings voraus, dass der Emittent einen gewissen Teil seines Grundkapitals für die Lieferung von Aktien an die Inhaber der Wandelanleihen reserviert. Das Grundkapital muss deswegen vor der Emission durch eine Kapitalerhöhung so weit aufgestockt werden, wie Umtausch- und Erwerbsrechte in Zukunft ausgeübt werden können.

Weil der Wert des Wandlungsrechts stark schwanken kann, haben diese Zwitterpapiere dynamischen und spekulativen Charakter. Aus diesem Grund ist es für Privatanleger schwer, das Verhältnis von Chance und Risiko zu bestimmen. Bei vielen Papieren hat mittlerweile das spekulative Element die Oberhand gewonnen. Die Kurse der vor einiger Zeit emittierten Wandelanleihen zogen im Schlepptau der Aktienhausse kräftig an. Damit liegen die Preise der Wandelanleihen über dem Nominalwert, zu dem die Papiere getilgt werden, falls die Wandeloption nicht ausgeübt wird.

Besonders wichtig für Anleger sind auch die Wandelbedingungen. Oft behält sich der Emittent das Recht vor, die Anleihe vorzeitig zu kündigen. Dieses Recht wird dem Käufer dann nur selten gewährt. Beachtenswert ist zudem die Steuerpflicht: In Aktien umgewandelte Wandelanleihen sind erst nach der zwölfmonatigen Spekulationsfrist steuerfrei.

Tipps für die Spekulation mit Wandelanleihen:
– Kaufen Sie nur dann Wandelanleihen, wenn Sie an das dahinter stehende Unternehmen und seine Aktien glauben. Wenn nicht, dann fahren Sie mit üblichen Anleihen besser.
– Achten Sie auf Umtauschverhältnis und Wandlungszeitraum. Fragen Sie immer nach möglichen Sonderbedingungen. Eine vorzeitige Kündigung durch den Schuldner kann Ihre Chancen deutlich dämpfen.
– Bei Wandelanleihen können Sie frei entscheiden, ob Sie Anleger bleiben oder Aktionär werden wollen. Es besteht aber kein Tauschzwang.
– Als Börsenanfänger sollten Sie so genannte synthetische Wandelanleihen – Anleihen von Banken auf Aktien dritter Unternehmen – meiden.

Optionsanleihen. Optionsanleihen oder Warrant Issues funktionieren ähnlich wie Wandelanleihen, allerdings mit einem wichtigen Unterschied: Sie sind abgezinst. Als kleines Bonbon hängt dafür an jeder Anleihe ein abtrennbarer Optionsschein – ein Warrant. Das Wertpapier-Bezugsrecht aus einer Optionsanleihe wird nämlich nicht durch die Anleihe selbst, sondern durch den Optionsschein beim Emittenten geltend gemacht. Der Optionsschein wird zum Emissionszeitpunkt zusammen mit Mantel und Zinsscheinbogen begeben. Er ist ein eigenständiges Wertpapier, das seinem Inhaber das Recht einräumt, eine oder mehrere Aktien des Emittenten zu erwerben. Grundsätzlich sind Optionsschein und Anleihe getrennt voneinander handelbar. Wichtig zur Prüfung der Optionsanleihe sind die Kurschancen der Aktie und das Aufgeld beim Optionsschein. Das ist der Betrag, um den der Bezug der Aktie per Optionsschein teurer ist als der direkte Aktienkauf. Optionsanleihen können auch mit Bezugsrechten fremder Aktien, von Edelmetallen oder Devisen verbunden sein.

Genussscheine. Genussvoll sind die Zinsen der Genussscheine: meist 1 bis 3 Prozent höher als bei festverzinslichen Wertpapieren. Auch Genussscheine nehmen bei der Kapitalbeschaffung eines Unternehmens eine Sonderstellung ein. Es sind Wertpapiere, die eine Mischform aus Aktien (entspricht der Eigenfinanzierung) und Anleihen (entspricht der Fremdfinanzierung) darstellen. Sie werden ebenso wie Aktien und Anleihen an Wertpapierbörsen gehandelt.

Dabei sind die Emission und die Ausgestaltung von Genussscheinen weder durch den Gesetzgeber noch durch Börsen vorgeschrieben. Genussscheine sind deswegen unstandardisierte Wertpapiere, die sich als ausgesprochen flexibel hinsichtlich ihrer Ausgestaltung erweisen. Infolgedessen existiert eine Vielzahl recht unterschiedlich gestalteter Genussscheine. Anleger sollten sich also in diesem Marktsegment auskennen.

Die Ähnlichkeit zur Aktie zeigt sich in der Ausstattung: Genussscheine garantieren zwar meist einen Mindestzins, aber der Zins ist an die Dividende gekoppelt, so dass Genussschein-Inhaber von steigenden Dividenden profitieren. Dies kann allerdings ein Genuss mit Reue werden. Denn bei einer Anleihe kann der Inhaber nur sein Kapital verlieren, der Inhaber eines Genussscheins aber muss auch für Verluste der Gesellschaft gerade stehen. Trotz dieses großen Risikos hat ein Genussschein-Anleger nicht die gleiche rechtliche Stellung wie ein Aktionär: Er besitzt weder Mitbestimmungs- noch Mitspracherecht in der Gesellschafterversammlung des Emittenten.

Und eine Beteiligung am Liquidationserlös ist für gewöhnlich bei allen Genussscheinen ausgeschlossen.

Nullkupon-Anleihen. Anleihen, die keine Zinsen bringen – auch das gibt es. Bei Nullkupon-Anleihen oder Zero-Bonds schüttet der Emittent keinen Zins aus. Stattdessen werden die Nullkupon-Anleihen zu einem niedrigen Kurs verkauft und am Ende der Laufzeit zum Nominalwert – also 100 Prozent – eingelöst. Die Nullprozenter bieten also keine laufenden Zinszahlungen, sondern nur eine einzige Zahlung am Ende, die Verzinsung und Tilgung enthält. Damit funktionieren Nullkupon-Anleihen also wie abgezinste Sparbriefe der Finanzierungsschätze, nur die Laufzeit ist länger.

Zero-Bonds eignen sich sowohl für konservative als auch für spekulative Anleger. Den konservativen Anleger locken die Steueraspekte: Der Ertrag der Nullkupon-Anleihen muss entweder bei Verkauf oder am Ende der Laufzeit versteuert werden. Das macht sie zu einem strategischen Instrument. Das Laufzeitende wird in den Ruhestand oder in solche Zeiten gelegt, in denen das Einkommen und damit der Steuersatz weit geringer sind. Durch die aufgeschobene Steuerzahlung gewährt das Finanzamt außerdem praktisch einen zinslosen Steuerkredit, der den Zinseszinseffekt verstärkt.

Spekulative Anleger interessieren sich für die Kursgewinne der Anleiheform, denn Nullkupon-Anleihen haben einen hohen Hebel (Verhältnis von Kapitaleinsatz zu Gewinnchance). Sinken die Zinsen, steigen bekanntlich die Kurse der Anleihen. Diese Kursbewegung ist umso stärker, je geringer die nominale Verzinsung und je länger die Laufzeit der Anleihe ist. Bei Nullkupon-Anleihen ist die Kursbewegung am größten, da der Nominalzins null ist. Außerdem verstärkt der Zinseszinseffekt die Kursbewegung. Wer auf sinkende Zinsen setzt, kann bei einer Nullkupon-Anleihe mit geringem Kapitaleinsatz überdurchschnittliche Gewinne erzielen, da jede Zinsveränderung auf die gesamte Laufzeit der Anleihe wirkt.

Schrottanleihen. Junk-Bonds versprechen spannende Renditen, die 2 bis 4 Prozent über dem Marktzins liegen. Dabei bieten die Emittenten auch ein meist hohes Risiko, beispielsweise junge Firmen oder Unternehmen, die in der Sanierung sind. Der mögliche Totalverlust macht sie nur für wirklich Risikofreudige geeignet. Wer in Schrottanleihen investieren will, sollte mehrere Junk-Bonds in einem Portfolio mischen. Wenn dann ein einzelnes Papier ausfällt, macht die höhere Rendite der anderen Anleihen meist den Verlust wieder wett.

Mit Anleihestripping Steuern sparen

Die Bundesbank erlaubt seit Anfang Juli 1997 das Stripping von Bundesanleihen. Ähnlich wie bei der zwangsläufigen Assoziation »Strippen« geht es beim Bondstripping ums Ausziehen, besser: Auseinandernehmen. Dabei wird eine Anleihe in all ihre Einzelteile zerlegt, also den Mantel (Kapital-Strip) und sämtliche Kupons (Zins-Strips). Damit erhält der Anleger steuerinteressante Zeros.

Aktienanleihen – Anleger verlieren immer

Aktienanleihen sind momentan so richtig angesagt. Der Geheimtipp bringt 10 Prozent und auch bedeutend mehr Zinsen für einen Anlagezeitraum von einem Jahr. Aber keiner verschenkt Zinsen – also gibt es einen Haken. Während bei einer normalen Anleihe der Nennbetrag bei Fälligkeit automatisch zurückgezahlt wird, hat der Emittent bei dieser speziellen Anleihe ein Wahlrecht. An einem bestimmten Termin vor der Fälligkeit darf er sich entscheiden, ob er dem Anleger sein Kapital zurückzahlt oder stattdessen eine in den Emissionsausschreibungen fest zugesagte Anzahl bestimmter Aktien ins Depot bucht. Somit ist eine Aktienanleihe sozusagen eine Zwangs-Wandelanleihe, da das Risiko nicht bei den Herausgebern – den Geldinstituten –, sondern allein beim Anleger liegt. Der Grund: Die Rentenmanager machen ihre Entscheidung vom Börsenkurs der entsprechenden Aktie abhängig. Liegt der Kurs der Aktie unterhalb eines bestimmten Werts, liefern sie die Aktien. Liegt der Kurs der Aktie darüber, gibt es den Nominalwert zurück und der Anleihekäufer hat ein gutes Geschäft gemacht. Fällt dagegen die Aktie tief ins Loch, kann es für den Anleger ganz kritisch werden.

Aktienanleihen, Anleihen mit Aktienandienungsrecht, Equity-linked Notes heißen diese Geschäfte, die mittlerweile von allen größeren Banken angeboten werden. Marktführer in dieser Sparte sind das Privatbankhaus Sal. Oppenheim und die Commerzbank. Allein die Commerzbank platzierte 1999 Aktienanleihen für 1,4 Milliarden Mark. Die Bank konzentriert sich dabei auf inländische und ausländische Bluechips. Die Privatbankiers setzen auf deutsche DAX®-Werte und starteten auch mit Anleihen auf einige Aktien des Neuen Markts.

Die Anlagestrategen kennen ihr Geschäft. Was der gewöhnliche Privatanleger zunächst kaum erkennt, ist ihr täglicher Job: In der Aktienanleihen-Konstruktion steckt ein Optionsgeschäft – eine so genannte Put-Option – und aus dem Gläubiger durch einen Anleihebesitz wird ein Stillhalter in Geld bei diesem Termingeschäft. Und der Zins, der über dem Marktzins liegt, ist seine Optionsprämie. Brechen die Aktien tatsächlich ein, haben die Emittenten aber ein kleines Trostpflästerchen parat: Auf die Aktien gibt es Rabatt. Man bekommt mehr Aktien, als man eigentlich erhalten hätte.

Grundsätzlich hängt das Risiko dieser Anlageart von der Volatilität, also der Breite der Kursschwankung der Aktie ab, die der Anleihenbesitzer eventuell zugeteilt bekommt. Dabei gilt: je höher die Volatilität, desto höher der Kupon. Ein weiteres Risiko bei dieser Finanzprodukt-Konstruktion ist die Laufzeit. Je länger sie ist, desto höher muss die Verzinsung sein. Denn je länger ein Finanzprodukt läuft, umso unkalkulierbarer wird die Entwicklung des Wertpapiers.

Aktienanleihen verbinden die Nachteile der beiden Wertpapiere Aktien und Anleihen: Bei schlechter Börse nimmt eine Aktienanleihe an den Verlusten der Unternehmenswerte teil, bei guter Börse sind die Gewinnchancen durch die Anleihenverzinsung gebremst. Andersherum formuliert: Mit Aktienanleihen trägt der Anleger bei bescheidener Prämie das volle Risiko.

Aktienanleihen sind für den Anleger nur dann ein gutes Geschäft, wenn der Kurs der dahinter stehenden Aktien während der Laufzeit weitgehend stagniert. Dann kann er sich uneingeschränkt über die hohe Verzinsung der Anleihe freuen.

Anlegerschützer warnen vor Aktienanleihen. Sie machen darauf aufmerksam, dass es sich dabei um verdeckte Optionsgeschäfte handelt, bei denen eine spezielle Aufklärungspflicht entsprechend der Warenterminrechtsprechung gilt. Dadurch sind die Geschäfte nur verbindlich, wenn ein börsentermingeschäftsfähiger Anleger eine Unterschrift nach dem Börsengesetz geleistet hat. Wurde die Erklärung nicht unterschrieben, kann der Anleger den Ersatz des entstandenen Schadens verlangen.

Tipps für die Spekulation mit Aktienanleihen:
- Verwechseln Sie Anleihen mit Andienungsrecht nicht mit richtigen Aktien. Sie bekommen die Aktien vom Emittenten nur dann, wenn der Wert des vorher festgelegten Aktienpakets niedriger ist als der Nennwert der Anleihe. Aktienanleihen sind spekulative Anlagen. Sie setzen darauf, dass eine Aktie zu einem festen Stichtag einen bestimmten Kurs nicht unterschreitet. Geht der Kurs in den Keller, tragen Sie das volle Verlustrisiko. Andererseits sind die Gewinnchancen bei steigendem Kurs auf die Verzinsung der Anleihe begrenzt.
- Berücksichtigen Sie, dass Sie die Rendite Ihrer Anleihe erst bei Fälligkeit errechnen können. Erst dann wissen Sie, ob Sie Geld oder Aktien zurückbekommen.
- Investieren Sie ausschließlich in große und seriöse Unternehmen, aber nicht in Werte mit starken Kursausschlägen.

Derivate – von Futures, Optionen und Optionsscheinen

Am Terminmarkt laufen die schnellsten und spekulativsten Geschäfte der Börse. Und das geschieht mit Derivaten. Der Begriff stammt vom Lateinischen »derivare«, das mit »ableiten« übersetzt werden kann. Derivate sind also Finanzinstrumente, die von anderen Finanzprodukten abgeleitet werden oder denen andere Finanzprodukte zugrunde liegen. Letztere werden als Basiswerte oder Underlyings bezeichnet. Das können Aktien, Aktienkörbe – so genannte Baskets –, Indizes, Anleihen, Währungen oder auch Waren und Rohstoffe sein. Von diesen wiederum hängt die Wertentwicklung der Derivate ab.

Der Ursprung des Terminhandels liegt im Geschäft mit Rohstoffen. Produzenten, die sich gegen sinkende Preise absichern wollten, trafen im Voraus Absprachen mit ihren Kunden, um Preise und Liefermengen für ihre Waren, beispielsweise Getreide, Öl oder Schweinebäuche, für einen bestimmten Termin in der Zukunft festzulegen. Daraus entstanden die Warenterminbörsen.

Dasselbe Prinzip gilt für Finanzderivate. Ihre Idee ist, mit einem niedrigen Kapitaleinsatz überproportional an der Wertentwicklung des Underlyings teilzunehmen. Die wichtigsten Derivate sind Futures, Optionen und Optionsscheine.

> Die einen nutzen sie zur riskanten Spekulation, die anderen zur Absicherung des Depots, für die einen sind sie riskantes Teufelszeug, für die anderen die Sahnehäubchen im Börsengeschäft: die Derivate. Grundsätzlich erfordern alle Derivate eine genaue Kenntnis ihrer Funktionsweise und ihrer Risiken. Zudem gilt für alle Termingeschäfte: Anleger müssen von ihrer Bank für den Handel auf Zeit zugelassen werden. Dazu müssen sie die so genannte Temingeschäftsfähigkeit nach dem Wertpapier-Handelsgesetz erlangen – in der Regel nach einem Beratungsgespräch, das sich die Bank vom Anleger durch eine Unterschrift bestätigen lässt.

Der Bund-Future

Der meistgehandelte Terminkontrakt der Welt ist der Bund-Future. Dabei ist der Kauf eines Bund-Futures ein Geschäft auf die Zukunft: mit ungewissem Ausgang, ein so genannter Terminkontrakt.

Wer einen Future kauft, erwirbt den Anspruch, einen bestimmten Gegenstand in der Zukunft geliefert zu bekommen. Der Gegenstand, um den es sich hier handelt, sind Anleihen der Bundesrepublik Deutschland, deshalb der Name. Der Bund-Future, inzwischen korrekt Euro-Bund-Future genannt, ist ein standardisierter Liefervertrag über Schuldverschreibungen der Bundesrepublik Deutschland.

Prinzipiell sind Futures Termingeschäfte, bei denen der Preis, zu dem das Geschäft abgewickelt wird, bereits bei Vertragsabschluss fixiert wird. Bei Fälligkeit des Futures zu einem festen Termin muss der Anleger – je nach Art des Geschäfts – eine bestimmte Menge des Basiswerts zum vorher festgelegten Preis kaufen oder verkaufen. Das Geschäft ist für beide Seiten bindend, egal wie der Basiswert zum Stichtag steht.

Der Basiswert des Bund-Futures ist eine fiktive, künstliche Anleihe, eine langfristige Schuldverschreibung des Bundes oder der Treuhandanstalt mit einer Laufzeit von achteinhalb bis zehneinhalb Jahren und einem Zinssatz von 6 Prozent – eine Anleihe also, die es als konkretes Wertpapier gar nicht gibt, sondern dem Terminkontrakt Bund-Future schlicht als Rechengrundlage dient.

Der Bund-Future hat eine eigene Börsennotierung, er selbst ist jederzeit zu kaufen oder zu verkaufen. Wer einen Future kauft, nimmt dabei eine so genannte Long-Position ein, wer verkauft, die entsprechende Short-Position. Mit einem Gegengeschäft lässt sich die jeweilige Position wieder auflösen oder glattstellen: Wer also zunächst einen Future kauft, muss ihn wieder verkaufen. Und wer ihn zuvor verkauft hat, muss ihn zurückkaufen. Und für jedes Geschäft brauchen Sie ein Gegenüber.

Die Einheit eines Bund-Futures ist ein Kontrakt. Er bezieht sich auf Anleihen im Nennwert von 100 000 Euro. Wer einen Kontrakt kauft, muss jedoch keineswegs so viel Geld auf den Tisch legen, sondern nur eine bestimmte Sicherheitsleistung auf dem Konto seiner Bank hinterlegen: die so genannte Margin. Sie beträgt derzeit 4000 Mark.

Die kleinste Preisveränderung des Bund-Futures – das ist ein Basispunkt oder ein Tick – beträgt 0,01 Prozent. Gemessen am Nominalwert eines Kontrakts von 100 000 Euro macht das 10 Euro aus. Das heißt: Für jeden Basispunkt, den der Bund-Future steigt, bekommt der Besitzer eines Kontrakts 10 Euro gutgeschrieben, und zwar jeden Tag sofort auf seinem Konto. Und bei Verlust abgezogen.

Beispiel: Sie kaufen 10 Kontrakte Euro-Bund-Future zum Stand von 107,60 Prozent und verkaufen einen Tag später bei einem Future-Stand von 107,40 Prozent.

Die Bank des Anlegers prüft am ersten Abend das Depot ihres Kunden und die Entwicklung des Bund-Futures. Der Settlementpreis liegt bei 107,49 Prozent. Das bedeutet: 11 Ticks Differenz x 10 Kontrakte x 10 Euro = 1 100 Euro Verlust. Die Kursdifferenz müssen Sie sofort von Ihrem Margin-Konto ausgleichen. Damit haben Sie in Windeseile gut 50 Prozent Ihres Einsatzes verloren. Und weil auf Ihrem Konto dann nicht mehr der volle Betrag von 4 000 Mark liegt, müssen Sie das Verlorene nachschießen.

Am nächsten Tag verkaufen Sie. Wiederum ist der Kurs abgerutscht. Sie zahlen 9 Ticks x 10 x 10 = 900 Euro. Wäre der Kurs stattdessen um 9 Ticks gestiegen, hätten Sie die 900 Euro verdient. Feste Gewinn- oder Verlustgrenzen gibt es bei diesem schnellen und risikoreichen Geschäft nicht.

Zu einem Future-Geschäft gehören grundsätzlich immer zwei: ein Käufer und ein Verkäufer. Beide gehen eine Geschäftsverpflichtung ein. Der Käufer verpflichtet sich, eine bestimmte Ware abzunehmen, der Verkäufer verpflichtet sich, diese Ware zu liefern. Sowohl die Erfüllung des Geschäfts – Lieferung und Abnahme – als auch die Zahlung des Kaufpreises liegen in der Zukunft. Als Clearing-Stelle zwischen den Vertragspartnern tritt die Eurex auf. Sie wickelt die Geschäfte ab und garantiert beiden Parteien, dass die Geschäfte auch erfüllt werden.

Unabhängig von der Laufzeit der fiktiven Bundesanleihe beträgt die maximale Laufzeit eines Bund-Futures neun Monate. Wer einen Kontrakt mit langer Laufzeit kauft, geht dabei ein höheres Risiko ein, da er sich auf einen längeren Spekulationszeitraum einlässt. Je näher der Stichtag rückt, umso präziser drückt der Kurs des Bund-Futures die tatsächliche Entwicklung der Anleihen aus. Der Zeitraum, über den die Anleger spekulieren, wird schließlich immer kürzer. Wichtig sind zudem die Fälligkeitstermine. Jeweils am 10. März, Juni, September und Dezember werden die Termingeschäfte abgerechnet. Letzter Handelstag ist zwei Tage vor Fälligkeit. Spätestens dann muss der Anleger seinen Gewinn oder Verlust realisieren: Oder er kauft jetzt die Anleihen, die er sich gesichert hat. Dann müsste er die vereinbarten 100 000 Euro zahlen, egal ob die entsprechenden Anleihen mittlerweile an der Börse billiger oder teurer geworden sind. Die Zahl der Geschäfte, die am Ende der festgeschriebenen Zeitspanne von drei, sechs oder neun Monaten mit wirklichen Anleihen erfüllt werden, ist jedoch verschwindend gering. Für diese wenigen sind dann als Lieferung Anleihen des Bundes oder der Treuhandanstalt mit einer Restlaufzeit von achteinhalb bis zehneinhalb Jahren vorgesehen.

An der deutsch-schweizerischen Terminbörse Eurex werden neben den standardisierten Futures auf Bundesanleihen, Futures auf den Deutschen Aktienindex (DAX®-Futures), den MDAX (MDAX-Future) und den Euro-Stoxx (Stoxx-Future) gehandelt. Als Laufindizes der Deutschen Börse erfüllen sie die Voraussetzungen eines Underlying für derivate Instrumente.

Option – der Anleger hat die Wahl

Im Gegensatz zu den unbedingten Termingeschäften wie den Futures, bei denen beide Seiten, Käufer und Verkäufer, zur Vertragserfüllung verpflichtet sind, sind Optionen so genannte bedingte Termingeschäfte. Bei ihnen hat der Käufer am Ende die Wahl: Er kann sein Recht ausüben – oder es verfallen lassen. Es besteht aber keine Verpflichtung, die Option auch auszuüben. Nicht zufällig kommt Option von (lateinisch) »optio« – das man mit »freier Wille« übersetzen kann. Ob der Optionskäufer sein erkauftes Recht nutzt, hängt entscheidend von der aktuellen Börsenentwicklung ab. Denn bei Optionen erwirbt der Käufer das Recht, eine Aktie oder einen Index zu einem vorher festgelegten Preis – dem Basispreis – an einem bestimmten Tag zu kaufen (Call-Option) oder zu verkaufen (Put-Option). Für dieses Wahlrecht zahlt der Optionsscheinkäufer eine Prämie. Das Verlustrisiko für den Anleger ist also auf diese Optionsprämie beschränkt. Sie hat er auf jeden Fall zu zahlen, auch wenn er die Option nicht ausübt, weil beispielsweise der Aktienkurs unter den Basispreis gefallen ist.

Optionsscheine – Wertpapiere für Spekulanten

Optionsscheine, englisch: Warrants, sind keine Termingeschäfte, sondern Wertpapiere wie Aktien und Anleihen. Sie verbriefen weder Eigentum, noch werden Inhaber Gläubiger. Die Scheine enthalten keinen Substanzwert. Sie verbriefen nur einen zeitlich befristeten Rechtsanspruch, ein bestimmtes Wertpapier gegen Zahlung eines exakt fixierten Preises kaufen zu können. Mit anderen Worten: Wer einen Optionsschein kauft, erwirbt lediglich eine Art Vorkaufsrecht.

Das Geschäft mit Optionsscheinen in Deutschland boomt. Vor elf Jahren brachte die Citibank den ersten Optionsschein in Deutschland auf den Markt und entfachte damit ein nie für möglich gehaltenes Spekulationsfieber. Ausgerechnet Deutschland, das Land der Sparbuchbesitzer, wurde zum Mekka des Optionsscheinhandels. 1999 verdoppelte sich zum Vorjahr die Zahl der deutschen börsennotierten Optionsscheine auf 11 279. Der größte Anteil der Optionsscheine – 64 Prozent – wird auf deutsche Aktien emittiert, 22 Prozent auf amerikanische Aktien. Über 80 Prozent der Index-Optionsscheine wurden 1999 auf den Deutschen Aktienindex DAX® begeben, etwa 5 Prozent auf den amerikanischen S&P-Index.

Der Reiz der Optionsscheine besteht darin, dass man mit vergleichsweise kleinem finanziellen Einsatz in kurzer Zeit hohe Kursgewinne, aber auch einen Totalverlust machen kann. Grund dafür ist die überproportional stark den Kurs des Optionsscheins beeinflussende Hebelwirkung. Zudem können die Kurse der börsennotierten Wertpapiere erheblich schwanken, mitunter um 30 oder 50 Prozent in wenigen Stunden. Allerdings ist im Gegensatz zum Future-Geschäft der maximale Verlust auf 100 Prozent begrenzt.

Optionsscheine sind Wetten auf zukünftige Kurse. Ein Optionsschein verbrieft das Recht, innerhalb einer bestimmten Laufzeit ein bestimmtes Basisinstrument – eine Aktie oder einen Index – zu einem vorher festgelegten Preis zu kaufen oder zu verkaufen. Bei Verkaufsoptionsscheinen spricht man auch von Puts, Kaufoptionsscheine heißen Calls. Diese gewinnen mit steigenden, Puts dagegen mit sinkenden Notierungen des Basiswerts. Der Inhaber eines Optionsscheins kann von seinem Recht auf Inanspruchnahme Gebrauch machen – muss dies aber nicht. Es gibt keine Verpflichtung. Er tut dies nur, wenn es vorteilhaft für ihn ist. Ansonsten verfällt der Optionsschein.

Beispiel: Ein Anleger besitzt einen Kaufoptionsschein für in einem Jahr über die x-Aktie zum Kurs oder Basispreis von 100 Euro. Die Inanspruchnahme lohnt sich nur in bestimmten Fällen.

Option ausüben – Ja oder nein?		
Kurs der x-Aktie in einem Jahr*	Lohnt die Ausübung der Option?	Anleger spart im Vergleich zum Direktkauf
80 Euro	nein	–
90 Euro	nein	–
110 Euro	ja	10 Euro
120 Euro	ja	20 Euro
*Basiswert 100		

Abb. 19: Wann lohnt sich die Ausübung eines Call?

Absicherungsstrategie für Aktiendepots

Bei der Rendite schlagen Aktien festverzinsliche Wertpapiere um Längen. Allerdings trüben sie die Freude ihrer Besitzer immer wieder durch teilweise heftige Kursschwankungen. Vorsichtige Anleger sichern deshalb von Zeit zu Zeit ihre Aktien mit Put-Optionsscheinen oder -Optionen ab. Auf diese Weise können sie die Folgen eines Kurseinbruchs abfedern, ohne sich die Chance auf zukünftige Kursgewinne zu verbauen.

Dabei kauft der Anleger entsprechend seinem Aktienbestand Put-Optionsscheine auf den DAX® mit einem Basispreis, der in der Nähe des aktuellen Indexstands liegt. Steht nach einem Jahr der Index unter dem Basispreis des Scheins, erhält der Anleger die Differenz ausgezahlt und kann damit den Kursverlust seiner Aktien kompensieren. Verloren ist lediglich die gezahlte Optionsprämie. Notiert der Index hingegen auf oder über dem Niveau des Basispreises, verfällt der Schein wertlos. Der Anleger kann den gezahlten Optionspreis dann als Versicherungspreis ansehen, der allerdings die Gesamtperformance des Depots mindert. Wichtig: Nach Ablauf des alten Scheins sollten Sie sofort wieder eine neue Put-Absicherung ins Depot nehmen, damit Sie nicht von einem kurzfristigen Kurseinbruch erwischt werden.

Investmentfonds – die günstige Alternative

An den Gewinnen der Börse teilhaben, ohne großen Zeitaufwand, ohne großen finanziellen Einsatz und mit einem reduzierten Risiko – diese Vorteile bieten Investmentfonds. Erfunden 1860 in England, musste man in Deutschland bis nach dem Zweiten Weltkrieg auf Fonds warten. Der Grundgedanke: Auch Menschen ohne großen Geldbeutel sollen an Wertpapieren oder Immobilien verdienen. Dabei soll in mehrere Papiere oder Objekte investiert werden, um das Risiko zu streuen.

Ein Fonds ist ein spezieller Topf, in den viele Anleger Geld einzahlen. Das Vermögen betreiben so genannte Investmentanlagegesellschaften, die den Status von Kreditinstituten besitzen und dem Gesetz über Kapitalanlagegesellschaften (KAGG) unterliegen. Daher ergeben sich auch die strengen Anlagegrundsätze, die das Prinzip der Risikostreuung wahren: Hochspekulative Geschäfte dürfen nur unter Auflagen getätigt werden. Aktienfonds müssen einen Pool von 50 Aktien in ihrem Portfolio haben, dürfen aber beispielsweise nur maximal 5 Prozent des Fondsvermögens an einem Titel halten. Offene Immobilienfonds müssen mindestens zehn Objekte betreiben, dabei darf ein Neuerwerb 15 Prozent des Fondsvermögens nicht übersteigen.

Anleger kaufen nun mit einer einmaligen Summe oder mit regelmäßigen Sparraten eine bestimmte Anzahl von Fondsanteilen, korrekt Investmentzertifikate genannt. Dabei ist die Höhe des Ausgabekurses nur eine Frage der Stückelung und hat nichts mit Kursresultaten zu tun. Die Beträge sind mit 150 oder 200 Mark meist so klein, dass bequem ein Anteil gezeichnet werden kann. Ansonsten werden die Anteile verrechnet.

Üblich sind in der Branche thesaurierende Fonds. Das bedeutet, dass sämtliche Erträge automatisch wieder angelegt werden. Der Anteilseigner bekommt dann nicht die erwirtschafteten Erträge aus Zins, Dividenden oder Mieteinnahmen ausgezahlt. Dies hat für den Anleger zwei Vorteile: Zum einen umgeht er die Gebühren bei Wiederanlage, was keine zufällige Geschäftspolitik der Investmentfonds ist, zum anderen profitiert der Anleger tatsächlich von diesem Zinseszinseffekt.

Trotz Fondsanlage immer liquide – Fonds unterliegen der Rücknahmeverpflichtung, so dass die Anleger immer an ihr Geld kommen, also stets liquide sind. Dafür müssen die Fondsgesellschaften ständig eine bestimmte Summe bereithalten.

Wollen Sie verkaufen oder auch nur einen Überblick über Ihr Vermögen in einem Fonds gewinnen, so multiplizieren Sie die Anzahl Ihrer Anteile mit dem Rücknahmepreis. Dieser wird täglich neu errechnet, indem man das gesamte Fondsvermögen durch die Zahl der ausgegebenen Anteile dividiert. In den großen Tageszeitungen ist der Rücknahmepreis täglich nachzulesen.

Auf die Investition in einen Investmentfonds gilt es sich vorzubereiten. Gehen Sie einfach nur zu Ihrer Hausbank, rät man Ihnen ausschließlich zu den eigenen Produkten. Denn mittlerweile haben alle größeren Banken und auch die Sparkassen Investmenttochtergesellschaften. Und deren Angebote verkaufen sie am liebsten. Es gibt auch freie Anbieter, so genannte Fonds-Shops oder -Boutiquen, die unabhängig beraten, die man aber kritisch auswählen sollte. Vorteilhaft ist hierbei die geringere Bindung an bestimmte Gesellschaften und die meist geringeren Kosten. Man kann sich auch direkt bei den Fondsgesellschaften informieren, dort die Papiere kaufen und verwahren lassen. Oder über Direktbanken oder Discountbroker.

Zuvor muss der Anleger allerdings den effektivsten Fonds, oder zumindest einen akzeptablen, unter den angebotenen finden. Hier helfen Fachzeitschriften wie die Zeitschrift Finanztest von Stiftung Warentest, die regelmäßig Fondsvergleiche veröffentlicht. Auch die Verbraucherberatungsstellen haben solche Informationen.

Eine weitere empfehlenswerte Quelle ist der quartalsweise erscheinende Fondsvergleich des BVI, des Bundesverbandes Deutscher Investmentgesellschaften. Hier finden Sie die Wertentwicklung aller Fonds von einem Monat bis zu 20 Jahren. Das zeigt, welche Fonds mit den Geldern ihrer Kunden am besten gewirtschaftet haben. Sinnvoll ist dabei, mehrere Vergleichsperioden auszuwählen. Haben Sie schon eine gewisse Vorauswahl getroffen, lassen Sie sich Verkaufsprospekte und Rechenschaftsberichte der Investmentgesellschaften zusenden.

Aber Achtung! Die Wertentwicklung der einzelnen Fonds resultiert aus der Entwicklung in der Vergangenheit. Prognosen lassen sich daraus nicht ableiten. Es gibt keine Garantie, dass gute Ergebnisse auch in der Zukunft erwirtschaftet werden.

Nicht gerade billig

Fondsmanager überlassen nur wenig dem Zufall. Auch bei den Gebühren halten sie gleich am Anfang der Geschäftsbeziehung die Hand mit einer Zugangsgebühr auf: mit den Ausgabeaufschlägen

Ausgabeaufschlag	
Geldmarktfonds:	maximal 1 Prozent
Rentenfonds:	2 bis 4 Prozent
Offene Immobilienfonds:	meist 5 Prozent
Aktienfonds:	4 bis 8 Prozent

Abb. 20: Höhe der Ausgabeaufschläge bei Fonds

von 1 bis 8 Prozent. Allerdings kosten die Ausgabeaufschläge der unterschiedlichen Fondsarten auch verschieden.
Beispiel: Sie wollen 10 000 Euro in einen Investmentfonds anlegen. Bei einem 5-prozentigen Ausgabeaufschlag legt die Fondsgesellschaft von Ihren 10 000 Euro nur 9 500 an. Die Differenz zieht sie als Gebühr ein.
Durch den Ausgabeaufschlag ergibt sich übrigens auch der Rücknahmepreis. Dieser ist um den Ausgabeaufschlag niedriger als der Ausgabepreis.
Des Weiteren verdienen die Fondsgesellschaften gut durch die Verwaltungsgebühren – bis zu 1 Prozent des Fondswerts im Jahr. In dieser Höhe liegt auch meist die Depotbankvergütung. Das sind die jährlich laufenden Kosten, die intern abgerechnet werden, also nicht in den Kontoauszügen ausgewiesen sind. Die genauen Kosten sind in den Verkaufsprospekten verzeichnet. Zudem wird eventuell eine Provision, sicher eine Bearbeitungsgebühr fällig, wenn man einen Fonds einer anderen Bank kaufen will. Wer durch einen reduzierten Ausgabeaufschlag sparen will, kann dies über Discountbroker oder Direktbanken tun – empfehlenswert für erfahrene Fondsanleger, die sich bei mehreren Gesellschaften bedienen. Oft ist aber eine bestimmte Anlagesumme erforderlich: mindestens 5 000 Mark.
Auch bietet die Branche immer öfter Fonds ohne Ausgabeaufschlag an, so genannte No-Load-Fonds oder Trading-Fonds. Dafür behalten die Gesellschaften aber Jahr für Jahr eine Vertriebsprovision ein, was langfristig teurer werden kann. Der Kostenvergleich

muss für jeden Einzelfall gesondert vorgenommen werden. Bei kürzeren Engagements lohnt sich ein Kostenvergleich buchstäblich, sinnvoll ist er jedoch auch bei längerfristigen Investitionen.

Umfassende Informationen: Fondsprospekte

Das Gesetz über Kapitalanlagegesellschaften sorgt für eine umfassende Information der Anleger: Der Gesetzgeber will damit sicherstellen, dass jeder weiß, worauf er sich einlässt. Als erste Information und Vertragsgrundlage dient der Verkaufsprospekt, in dem Anlageziele, die Anlagepolitik und Anlageformen sowie die Vertragsbedingungen erläutert werden. Nach dem KAGG ist jede Fondsgesellschaft verpflichtet, für jeden Fonds am Ende des Geschäftsjahres einen Rechenschaftsbericht zu erstellen. Die Vermögensaufstellung gibt einen Überblick, welche Aktien und Papiere zum Stichtag im Depot lagern und welche Käufe und Verkäufe im Jahr getätigt wurden. Die Ertrags- und Aufwandsrechnung gibt Hinweise zu den Kosten. Außerdem muss die Entwicklung des Fonds nachvollziehbar sein, insbesondere die Wertentwicklung des Anteilspreises im Laufe des Jahres sowie der letzten drei Jahre. Zusätzlich erläutert der Textteil die Strategie des abgelaufenen und des kommenden Jahres. Der Rechenschaftsbericht muss von einem unabhängigen Wirtschaftsprüfer kontrolliert werden.

Empfehlenswert: Fondssparpläne

Mit regelmäßigem Investmentsparen zu einem ansehnlichen Fondsvermögen – dazu verhelfen Fondssparpläne. Die Investmentgesellschaften verwalteten zum Jahresende 1999 3,7 Millionen VL-Depots (Vermögenswirksame Leistungen) mit einem Gesamtwert von 9,8 Milliarden Mark. Angeboten wird diese Strategie, systematisch zu einem Vermögen hinzusparen, von vielen Investmentgesellschaften. Mehr als 200 Fonds sind für die VL-Förderung zugelassen. Sparpläne gibt es für Aktienfonds, gemischte Fonds, Renten- und offene Immobilienfonds. Hier sollten die Ergebnisse der Vergangenheit über die Anlage entscheiden. Der Zeithorizont sollte bei mindestens zehn Jahren, besser 15 Jahren oder länger liegen – wegen der hohen Gebühren und der möglichen Kursschwankungen.

Per Dauerauftrag oder Einzugsermächtigung investiert der Anleger mit einem festen Betrag regelmäßig in Fondsanteile oder Bruchteile davon, wobei er selbst festlegt, ob er einmal im Monat, nur jeden zweiten oder dritten Monat kauft. Damit ist schon ein ganz wichtiger Aspekt der Fondssparpläne angedeutet: die Flexibilität. Denn nahezu alles ist möglich: Raten erhöhen, erniedrigen, aussetzen oder auch schnell Kasse machen.

Ein weiterer Vorteil des Investmentsparens ist der Cost-Average-Affekt. Wer jeden Monat an der Börse kauft, zahlt mal hohe und mal niedrige Kurse. Für die gleiche Summe bekommt man in guten Börsenzeiten weniger, in schlechten Börsenzeiten mehr Anteile. Dadurch wird ein niedrigerer Durchschnittspreis erzielt.

	Anlageschwerpunkt	Jahre	Wertsteigerung p. a. in Prozent
Aktienfonds	Deutschland	10	17,8
		35	11,6
	Europa	10	18,1
		35	11,3
	weltweit	10	17,5
		35	10,4
Rentenfonds	Euro (dt. Emittenten)	10	5,9
	International	35	7,1

Quelle: BVI, März 2000

Abb. 21: Durchschnittliche Wertsteigerung durch Fondssparen

Zur Pensionierung haben Sie dann ein stattliches Fondsvermögen zusammen. Steht die Börse hoch, könnten Sie auf einen Schlag Ihre Fondsanteile verkaufen. Steht die Börse niedrig, ist es denkbar, in Höhe der monatlichen Versorgungslücke Fondsanteile zu veräußern. Investmentsparen ist einzig mit Aktienfonds empfehlenswert. Sie fahren jährlich zweistellige Ergebnisse ein. Die sicheren Rentenfonds lohnen nicht.

Was diese Prozentzahlen tatsächlich in barer Münze bedeuten, zeigt die nächste Tabelle. Hier ist abzulesen, was regelmäßiges Ansparen von 50 Euro in verschiedenen Sparperioden einbrachte. Es handelt sich um einen erfolgreichen Investmentfonds.

Anlageschwerpunkt: Deutschland monatliche Einzahlung: 50 Euro Wertentwicklung in Euro	
10 Jahre	15 493,–
15 Jahre	32 354,–
20 Jahre	69 369,–
25 Jahre	118 476,–
30 Jahre	179 845,–
35 Jahre	261 478,–

Abb. 22: Beispiel – Fondssparplan Investa
(Investmentgesellschaft: DWS)

Allerdings sollte man aus Sicherheitsgründen in Reichweite des Pensionsalters Schritt für Schritt von Aktienfonds in risikoärmere Fonds umschichten. Der Nachteil: Diese sind deutlich steuerungünstiger – besonders schlecht in den letzten Berufsjahren, in denen gewöhnlich das höchste Einkommen verdient wird. Oft werden in diesem Zusammenhang Rentenfonds empfohlen. Sinnvoller sind dagegen die steuerlich günstigeren offenen Immobilienfonds. In dieser eigentlichen Nutzungsphase Ihres Vermögens bieten alle Investmentgesellschaften gemanagte Auszahlpläne an. Dabei gibt es zwei Formen der so genannten Verrentung. Bei der Variante mit Kapitalerhalt wird nur der Ertrag regelmäßig an den Anleger ausgeschüttet. Bei der Variante mit Kapitalverzehr werden über eine bestimmte Laufzeit dem Fondssparer das Kapital und die Erträge als Rente zur Verfügung gestellt.

Informationen für Investmentanleger bietet der BVI, der Bundesverband Deutscher Investmentgesellschaften:
- Fondsvergleich (erscheint quartalsweise)
- Liste von Fondssparplänen
- Liste von VL-Fonds
- Steuer-Informationsbroschüre

(Kostenlos zu beziehen bei: BVI, Eschenheimer Anlage 28, 60318 Frankfurt, Tel.: 0 69/15 40 90-0)

Der Staat unterstützt Investmentsparer durch vermögenswirksame Leistungen. Seit 1999 gelten hierbei neue Rahmenbedingungen. Aufgrund der neuen gesetzlichen Regelungen können Arbeitnehmer 1 736 Mark vermögenswirksame Leistungen zulagenbegünstigt anlegen. Sie setzen sich zusammen aus 800 Mark für Beteiligungstitel wie Aktienfonds und 936 Mark für Bausparen. Die Anlage in Beteiligungstitel wie Aktienfonds wird mit einer Sparzulage von 20 Prozent belohnt. Arbeitnehmer der neuen Bundesländer erhalten 25 Prozent für die nächsten sechs Jahre. Voraussetzungen: Die Einkommensgrenzen für die Sparzulage liegen bei 35 000 Mark zu versteuerndes Einkommen für Ledige, für Ehepaare 70 000 Mark.

Seit Jahresbeginn 2000 werden neben Aktienfonds auch die neuen Fondstypen Dachfonds sowie gemischte Wertpapier- und Grundstücks-Sondervermögen gefördert. Dies sollte die Entscheidung der Arbeitnehmer für gute Aktienfonds aber nicht beeinflussen, sie bringen nun mal die besten Renditen. Einzige Voraussetzung: einen längeren Anlagehorizont als die üblichen sieben Jahre wählen. Sonst kann sich eine schlechte Börsenperiode negativ auswirken.

Der Fondsüberblick

Die Fonds für den privaten Anleger heißen Publikumsfonds. Mittlerweile können private Anleger unter 1 474 Publikumsfonds auswählen, die ein Vermögen von 391,5 Milliarden Euro betreuen. Dabei flossen ihnen allein 1999 45,6 Milliarden Euro zu – doppelt so viel wie im Jahr zuvor. Auf der Beliebtheitsskala rangieren die 613 Aktienfonds ganz oben. Sie allein verbuchen 45 Prozent der Gesamtanlagesumme. Noch 1998 waren die Rentenfonds mit 42 Prozent die Spitzenreiter. Doch 1999 mussten sie Mittelabflüsse in Höhe von 3,8 Milliarden Euro hinnehmen. Auch die Anzahl der Besitzer von Aktienfonds stieg von 1997 mit 1,681 Millionen auf 2,274 Millionen ein Jahr später. 1999 besaßen 3,226 Millionen Anleger Aktienfonds. Ein Grund für diese enormen Zuflüsse dürfte die Halbierung des Sparerfreibetrags sein, ein weiterer die Entscheidung der Bundesregierung, dass Investmentfonds künftig nicht der Körperschaftssteuer unterliegen werden. Die Anlageschwerpunkte der Investmentfondslandschaft sind äußerst vielfältig. Sie können in internationale Aktien ökologisch orientierter Unternehmen, in indische Aktien oder in Hochzinsanleihen von Schuldnern aus Schwellenländern investieren. Die Branche kreiert ständig neue Produkte, um neues Kapital anzulocken. Dabei werden auch die Sicherheitsbedürfnisse und steuerlichen Überlegungen der Anleger berücksichtigt.

Aktienfonds investieren nur oder überwiegend in Aktien, wobei die Ausrichtung höchst unterschiedlich sein kann: beschränkt auf bestimmte Länder oder Regionen, international orientiert oder gerade sehr breit ausgerichtet auf viele Branchen.

Aktienfonds ermöglichen es dem Anleger, mit weitaus geringerem Kapital an der Börse zu spekulieren. Sie haben eine breitere Basis, eine größere Streuung und damit ein geringeres Risiko als Aktien. Trotzdem sind auch Aktienfonds von der allgemeinen Börsentendenz abhängig. Kursstürze schlagen durch, werden aber abgemildert. Dafür fallen Kursgewinne auch nicht so stark aus. Eine kurz- oder mittelfristige Anlage ist daher nicht empfehlenswert.

Trotzdem ist auch ein sicherheitsorientierter Anleger mit einem soliden Aktienfonds mit Standardwerten auf lange Sicht gut bedient. Aktienfonds weisen für die letzten Jahrzehnte überdurchschnittliche Renditen auf. Der Trend geht zu europäischen und internationalen Aktienfonds. Prinzipiell eignen sich Aktienfonds für die langfristige Vermögensbildung und zur privaten Altersvorsorge. Auch die steuerliche Behandlung spricht für sie.

Aktien-Laufzeitfonds sind zeitlich befristete Aktienfonds. Der Termin für die Auflösung, meist nach drei oder vier Jahren, steht bereits am Anfang fest, ebenso der Anteil am Kursgewinn sowie der Puffer bei Kursverlusten, denn Anleger erhalten ihren Kapitaleinsatz ohne Ausgabeaufschlag bis zu einem bestimmten Verlust voll zurück. Für einen Aktien-Laufzeitfonds ist meist ein Mindestanlagevolumen vonnöten. Außerdem ist die Teilnehmerzahl begrenzt – nach der Zeichnungsfrist wird der Fonds geschlossen.

Altersvorsorge- oder AS-Fonds gibt es seit April 1998, als der Gesetzgeber erstmals einen Zielfonds für einen bestimmten Zweck – hier die Altersvorsorge – zuließ. Die Anlagegrundsätze: 21 bis 75 Prozent des Fondsvolumens dürfen in Aktien, maximal 30 Prozent in Immobilien und maximal 30 Prozent in Fremdwährung investiert werden. Immobilien können als Direktanlage und als offene Immobilienfonds im Depot stehen. Dabei dürfen Liegenschaften in größerem Stil erst im Laufe der nächsten Jahre erworben werden. In der Anfangsphase ist damit zu rechnen, dass die Fondsverwalter Anteile an offenen Immobilienfonds in ihre Portfolios nehmen. Die neuen Mischfonds investieren also überwiegend, mindestens zu 51 Prozent, in Substanzwerte: Aktien und Immobilien. Optionen dürfen nur zu Absicherungszwecken gekauft werden.

Die Altersvorsorge-Fonds müssen als Sparpläne mit einer Laufzeit von mindestens 18 Jahren laufen. Sie dürfen dem Sparer erst nach dem 60. Lebensjahr ausgezahlt werden. Vorgeschrieben ist auch die Thesaurierung der Erträge. Die Investmentgesellschaften haben für das angesparte Kapital Auszahlpläne anzubieten. Zudem müssen sie den Kunden die kostenlose Umschichtung in andere

Fonds nach drei Viertel der Laufzeit ermöglichen. Neu ist an den AS-Fonds nichts. Mischfonds gibt es schon lange, die Bestandteile sind die alten, nur anders gemischt. Und auch Ansparfonds und Auszahlungspläne sind gängige Instrumente. Erwähnenswert ist nur die konservative und sicherheitsbewusste Beimischung von Immobilien oder Immobilienfonds.

Ende 1999 konnten die 41 angebotenen AS-Fonds schon Einzahlungen von über 2 Milliarden Mark verbuchen. Nach Informationen des BVI kommen monatlich im Schnitt 150 Millionen Mark hinzu.

Branchenfonds werden immer populärer. Prinzipiell sind es Aktienfonds, die in Wachstums- und Zukunftsbranchen investieren: Informationstechnik, Biotechnologie, Pharma, Internet, Telekommunikation, Medien. 1999 flossen 9,7 Milliarden Mark in branchenorientierte Aktienfonds. Lieblinge der Anleger sind dabei die Branchen Biotechnologie mit 2,9 Milliarden Mark und die Telekommunikation mit 2,6 Milliarden Mark. Branchenfonds spiegeln dynamische Märkte wider, die meist über Grenzen hinweg operieren.

Dachfonds haben den genauen Namen: Investmentfondsanteil-Sondervermögen zur Standardisierung der Vermögensverwaltung. Diese Dachfonds beteiligen sich an mindestens fünf Fonds der gesamten Palette: Aktien-, Renten-, Geldmarkt-, Misch- oder offenen Immobilienfonds. Die breite Streuung verringert Kursrisiken, aber auch Gewinnchancen. Trotzdem dürfen nur maximal 10 Prozent des Fondsvermögens in einen Fonds investiert werden.

Garantiefonds versprechen eine bestimmte Mindestrendite, haben jedoch ebenso begrenzte Gewinnmöglichkeiten. Die Fondsgesellschaften verpflichteten sich bei Garantiefonds, unabhängig vom Börsenniveau einen festen Betrag zurückzuzahlen, meist die angelegte Summe ohne Ausgabeaufschlag. »Airbagfonds« – mit eingebauter teurer Sicherheit – werden nur kurz angeboten und haben eine feste Laufzeit. Die Fonds sind einfach gestrickt: meist 80 Prozent festverzinsliche Anlage, die restlichen 20 Prozent dienen als operatives Kapital. Hiervon kaufen die Fondsmanager Optionsscheine, die bei steigenden Aktienkursen den Fondspreis nach oben ziehen und bei fallenden Kursen wertlos sind.

Die Fondsgesellschaften geben die Steigerung des jeweiligen Index nicht vollständig weiter. Je nach Zinsniveau kommt man mit dieser Anlagestrategie allerdings nur auf eine so genannte Partizipationsquote von 50 bis 60 Prozent. Das heißt: Ein Anleger kann bei einem beispielsweise 50-prozentigen Plus des Aktienindex rund 25 bis 30 Prozent verdienen, mithin partizipieren. Wichtig: Die Partizipationsquote – das ist der Anteil, den Sie mitnehmen – sollte mindestens 60 Prozent betragen (bei 100 Prozent Sicherung) und sich auf den Indexstand am Laufzeitende beziehen. Vorsicht bei Garantiefonds mit Kursbegrenzung oder Cap. Hier kann sich die Rendite halbieren.

Geldmarktfonds gibt es seit August 1994 durch das Zweite Finanzmarktförderungsgesetz. Sie investieren in kurzfristige Rentenpapiere, wie Anleihen mit kurzen Restlaufzeiten, oder direkt am Geldmarkt. Oft ist ein Mindestbetrag einzusetzen: 1 000 Mark. Meist fordern die Investmentgesellschaften keinen Ausgabeaufschlag, was auch bei den mageren Zinsen auf Tagesgeld- oder Festgeldniveau schwer vorstellbar ist. Trotzdem ziehen sie Verwaltungsgebühren bis zu 0,8 Prozent ab. Die Fonds sind seit ihrer Markteinführung ein erfolgreiches Produkt, sind sie doch einfach zu handhaben und bieten zudem ein Höchstmaß an Flexibilität. Es gibt keine vorgeschriebene Anlagedauer, keine festen Laufzeiten, und es sind keine Kündigungsfristen oder festen Termine zu beachten. Der Anleger handelt das Instrument gerade so, wie er will. Die eingelagerten Gelder sind täglich verfügbar.

Prinzipiell sind Geldmarktfonds interessant bei steigenden Zinsen, weil sich diese durch die Nähe am Markt schnell durchpausen. Zum kurzfristigen Geldparken sind Geldmarktfonds bestens geeignet. Im Vergleich zu Festgeldern schneiden sie besser ab.

Gemischte Fonds oder Mischfonds bestehen aus Aktien und Renten gemischt, zu völlig unterschiedlichen Anteilen. Gemischte Fonds oder Mischfonds können extrem unterschiedliche Anlageprodukte liefern. Aus diesem Grund gehen die Meinungen dazu auch weit auseinander: Von den einen werden sie als Alleskönner umschmeichelt, andere werfen ihnen mangelndes Produktprofil vor. Tatsache ist, der Anleger muss hier besonders gut hinschauen – zumal die Renditen ebenso unterschiedlich sind wie die Konzepte. Vielleicht ist es deswegen kein Wunder, dass nur relativ wenige Volumina in diese Fondsart wandern.

Immobilienfonds sind eine bodenständige Geldanlage. Offene Immobilienfonds umfassen üblicherweise gewerblich genutzte Bürohäuser oder Einkaufszentren, auch im europäischen Ausland. Die Sachwertanlage wurde vor 50 Jahren in der finanzsoliden Schweiz erfunden. Und wie sicher offene Immobilienfonds eingeschätzt werden, zeigt die Tatsache, dass sie von Vormundschaftsgerichten zur Anlage von Mündelgeldern zugelassen sind. Die Rendite der offenen Immobilienfonds setzt sich zusammen aus laufenden Miet- und Pachteinnahmen und dem langfristig zu erwartenden Wertanstieg der Immobilie. Grundsätzlich liegt die Rendite der offenen Immobilienfonds unter denen von Renten- und Aktienfonds. Der schwierige Immobilienmarkt ließ die Renditen sinken.

Empfehlenswert sind die Entnahmepläne der offenen Immobilienfonds – und eine echte Alternative zu Kapitallebens- und privater Rentenversicherung, die zwar ähnliche Renditen und Sicherheiten aufweisen, aber in der Handhabung weniger flexibel sind. Deswegen der besondere Tipp: Sparen Sie langfristig in Aktienfonds an und schichten Sie dann rechtzeitig vor der Pensionierung in offene Immobilienfonds um. Hier sind risikoarme Fondsarten mit gleichmäßiger Wertentwicklung empfehlenswert. Prinzipiell sind offene Immobilienfonds für sehr sicherheitsbewusste Anleger geeignet.

Indexfonds bilden Indizes exakt nach. Bis Mitte 1998 gab es in Deutschland nur indexnahe Fonds. Erst das dritte Finanzmarktför-

derungsgesetz ließ Indexfonds im April 1998 als eigene Fondsgattung zu. In Großbritannien und den USA spielen sie schon lange eine große Rolle. Ende 1999 gab es 33 Index- und indexorientierte Fonds mit Einlagen von 8,4 Milliarden Euro.
Indexfonds wollen das jeweilige Börsenbarometer möglichst genau abbilden, samt Marktveränderungen. In Deutschland sind sie oft an den Verlauf des DAX® gekoppelt. Der Anleger hält so den Gesamtmarkt im Depot, und die Wertentwicklung entspricht diesem. Somit ist der Verlauf leicht täglich zu verfolgen. Indexfonds sind empfehlenswert – gelingt es doch vielen Fondsmanagern nicht, den Markt zu schlagen. Vorteilhaft: Geht die Börse nach oben, steigt der Indexfonds automatisch mit. Sacken die Kurse allerdings in den Keller, geht der Fonds auch mit.

Länderfonds investieren als Spezialitätenfonds in die Märkte bestimmter Länder. Länderfonds bieten die Chance, an exotischen Börsenplätzen zu spekulieren.

Neue-Markt-Fonds sind ebenso begehrt wie die Aktien vom Neuen Markt. Allerdings sind ihre Ergebnisse weniger spektakulär, da sie durch die Streuung außerordentliche Peaks verhindern. Andererseits verhindern sie auch den Totalverlust.

Regionenfonds sind Spezialitätenfonds, die in bestimmten Regionen agieren. Beispiel: Südostasienfonds. Regionenfonds sind ideal für nervenstarke Anleger, die die internationale Ausrichtung suchen.

Rentenfonds hatten schon Zeiten, da lagerte fast jede zweite Fondsmark in einem Rentenfonds. Mittlerweile haben sie Abflüsse zu verzeichnen, die jedoch mit steigenden Kapitalmarktzinsen wieder erstarken werden. Trotzdem sind die Renditen von Rentenfonds häufig geringer als die von simplen Bundesschatzbriefen. Böse Zungen behaupten, Rentenfonds seien gewaltige Gewinnmaschinen für die Fondsgesellschaften.
Rentenfonds halten mindestens 20 festverzinsliche Wertpapiere, eventuell beschränkt auf bestimmte Währungen und Länder. Die

Laufzeiten der gehaltenen Papiere dürften nahezu das gesamte Spektrum abdecken.

Umbrellafonds fassen mehrere Fonds unter einem Schirm zusammen. Dazwischen kann der Anleger »switchen«, also hin und her wechseln. Dies ist in bestimmten Markt- oder Lebenssituationen empfehlenswert.

Tipps zur Anlage in Investmentfonds

Grundsätzlich ist zu beachten, dass der Anlagehorizont für Investmentfonds zumindest mittel-, besser langfristig ist. Diese Zeit ist nötig, um die Kosten, die mit dieser Anlageform verbunden sind, aufzufangen.

- Beim Auswählen des richtigen Fondstyps hilft der mehr oder weniger ausgefüllte Sparerfreibetrag. Ist der Freibetrag noch nicht ausgeschöpft, kann noch in Renten- und Geldmarktfonds investiert werden. Liegen Sie oberhalb der Freibeträge, sollten Sie aus steuerlichen Gründen offene Immobilienfonds oder Aktienfonds bevorzugen. Halten Sie Aktienfonds länger als zwölf Monate, ist der Ertrag steuerfrei.
- Regelmäßiges Einzahlen kleiner Summen in Aktienfonds ist gerade auf hohem Kursniveau sicherer als eine einmalige hohe Summe, denn hier drohen empfindliche Verluste.
- Je näher der Rentenbeginn, desto größer sollte der Anteil des Vermögens sein, der in sicheren Investmentfonds steckt. Das heißt für den Anleger: umschichten oder switchen, und am besten in offene Immobilienfonds. Achten Sie aber schon vorher darauf, dass dies möglichst günstig geschehen kann.
- Die Investmentbranche umwirbt neue Fonds besonders stark. Springen Sie nicht auf jeden neuen Fonds-Zug auf. Informieren Sie sich über Chancen und Risiken des Konzepts und halten Sie sich besser zurück, wenn diese schwer zu beurteilen sind.
- Mischen Sie in Ihrem Portfolio zunächst die Standards: wenige deutsche, hauptsächlich europäische und internationale Fonds.

- Für Geübte: Eine oft praktizierte Strategie zur Risikoabsicherung ist das Fondspicking. Hierbei kauft man von jeder Sorte (Aktien-, Renten-, offener Immobilienfonds) einen guten Fonds und wechselt beim Einzahlen je nach Marktlage. Man stockt dort die Anteile auf, wo es gerade billig ist. Denkbar ist, so auch bei der Entnahme zu verfahren und immer die Anteile zu verkaufen, die gerade am teuersten sind.

Gold – matter Glanz

Metalle werden nur in standardisierten, relativ großen Einheiten gehandelt. Besondere Edelmetalle dagegen in kleineren Stücken. Und während nahezu alle Metalle über die Warenterminmärkte gehen, sind Gold und Silber an vielen Effektenbörsen zu bekommen. In Europa gibt es fünf Goldbörsen, eine davon ist die Frankfurter Wertpapierbörse. Hier werden börsentäglich die Kurse für Goldbarren von 1 kg und von 12,5 kg festgestellt und gehandelt.
»Zum Golde drängt, am Golde hängt doch alles.« Nicht von ungefähr lässt Goethe in seinem Faust Gretchen diese berühmt gewordenen Worte sprechen. Denn der Mythos und die Faszination des Goldes strahlen noch immer. Zudem ist das Edelmetall schon seit 5000 Jahren der Inbegriff von Stabilität und Solidität.

Der reine Goldstandard der Währungen wurde erst 1944 durch das System von Bretton Woods ersetzt. Danach war nur noch der Dollar unmittelbar an Gold gebunden, alle anderen Mitglieder des Systems legten ein festes Austauschverhältnis zum Dollar fest.

Doch trotz aller Historie: Das gelbe Metall taugt heute nicht mehr zum Schutz vor Krisen und Inflation. Gold ist heute eine höchst spekulative Geldanlage und zudem wenig lukrativ. Und das gilt auch für alle anderen Edelmetalle. Gold bringt weder Zinsen noch Dividende – dafür aber Kosten: Lagerungskosten, Kauf- und Verkaufsspesen, Versicherungsprämien. Auch ein stabiler Goldpreis führt deshalb zu Verlusten. Und der Ankaufspreis liegt immer deutlich unter dem Verkaufspreis.

GOLDBÖRSEN

Gold	Einheit	Währung	18.5.2000	19.5.2000
Frankfurt	1-kg-Barren	Euro/je kg	9830,00	9920,00
Luxemburg	1-Unze	Dollar	273,25	273,75
London	1-Unze 10:30	Dollar	272,50	273,75
London	1-Unze 15:00	Dollar	272,80	273,15
Zürich	1-Unze 15:00	Dollar	272,20	273,50
Paris	1-kg-Barren	Euro/je kg	9750,00	9860,00

MÜNZEN, BARREN, EDELMETALLE

Schalterpreise	(Euro) 18.5.2000		(DM)		(Euro) 19.5.2000		(DM)	
	Ankauf	Verkauf	Ankauf	Verkauf	Ankauf	Verkauf	Ankauf	Verkauf
Britannia bzw. Eagle	292,80	327,00	572,67	639,56	294,10	328,30	575,21	642,10
Maple Leaf / Nugget	291,30	321,80	569,73	629,39	292,60	323,10	572,28	631,93
Britannia 1/10	29,70	39,50	58,09	77,26	29,80	39,60	58,28	77,45
Maple Leaf 0,25	76,20	89,80	149,03	175,63	76,60	90,20	149,82	176,42
Nugget 1/2	153,20	170,40	299,63	333,27	153,90	171,10	301,00	334,64
Krüger-Rand	291,30	317,80	569,73	621,56	292,60	319,10	572,28	624,11
20-Mark-Stück	63,15	78,25	123,51	153,04	63,45	78,55	124,10	153,63
Vreneli	47,80	64,00	93,49	125,17	48,10	64,30	94,08	125,76
Philharmoniker	292,80	325,40	572,67	636,43	294,10	326,80	575,21	639,17
Sovereign (neu)	64,30	81,20	125,76	158,81	64,60	81,60	126,35	159,60
Platin Koala		730,34		1428,42		751,10		1469,02
Platin Koala 1/4		194,65		380,70		200,10		391,36
Barrengold 1kg	9615,00	10094,00	18805,31	19742,15	9658,00	10137,00	18889,41	19826,25
Barrengold 10g	96,13	111,00	188,01	217,10	96,53	111,50	188,80	218,08
Barrensilber 1kg		226,43		442,86		227,36		444,68
Stand 11.30 Uhr								Quelle: Deutsche Bank

Abb. 23: Goldpreise

Zudem wird Gold immer in Dollar gehandelt. Damit ist ein Gold-Anleger auch immer ein Währungsspekulant – mit allen damit verbundenen Risiken. Außerdem gilt: Sinkt der Dollar, steigt entsprechend der Goldpreis und umgekehrt. Nur wenn Goldpreis und amerikanische Währung steigen, hat dies positive Auswirkungen für die Spekulation auf Gold.

Hin und wieder wird empfohlen, Gold als Beimischung oder zu 5 Prozent ins Portfolio zu nehmen. In Anbetracht des Preisverfalls kann dies nicht sinnvoll sein.

Bis 1968 war der Preis einer 31,1035 Gramm schweren Feinunze auf 35 Dollar fixiert. Danach stieg der Preis in den 70ern kontinuierlich. 1980 war der Höhepunkt, die Feinunze kostete 850 Dollar.

Danach brach der Preis dramatisch ein. 1985 lag der Tiefstand bei 285 Dollar. Der Wert war um zwei Drittel gefallen. Ab 1993 pendelte der Preis zwischen 320 und 430 Dollar. Den tiefsten Stand seit 20 Jahren hatte die Feinunze Gold im August 1999: Sie kostete nur noch 250 Dollar.

Im Herbst danach konnten die Goldhändler einen kräftigen Anstieg verzeichnen. Der Grund: Am 26. September wurden die Beschlüsse der 15 westeuropäischen Notenbanken – die elf in der Europäischen Zentralbank vereinten Notenbanken, die EZB selbst, die Bank of England und die schweizerischen und schwedischen Notenbanken – bekannt gegeben. Sie hatten sich darauf geeinigt, in den nächsten fünf Jahren jeweils höchstens 400 Tonnen, im Zeitraum insgesamt nicht mehr als 7000 Tonnen, aus ihren Reserven abzugeben.

Abgezogen werden müssen von diesen Mengen 375 Tonnen oder 1 300 Tonnen, da diese Verkäufe schon zuvor von der Bank of England und der Schweizerischen Nationalbank angekündigt worden waren. Den Notenbanken war bewusst geworden, dass anhaltende Verkäufe eine Preisspirale nach unten zum eigenen Nachteil auslösen würden.

Der Goldpreis reagierte darauf kräftig. Bis Anfang Oktober stieg er auf 335 Dollar. Doch das Gold-Hoch währte nicht lange. Schon bei der nächsten Auktion der Bank of England im November, der dritten nach Juli und September, brach der Goldpreis um 20 Dollar je Feinunze ein. Die vierte Auktion dann, im Januar 2000 von 25 Tonnen Gold (804 000 Unzen), ließ den Kurs allerdings stabil um 289 Dollar. Damit reduzierte nun die Bank of England die Goldreserven Großbritanniens um 58 Prozent.

Das zeigt: Die Geldanlage Gold ist derzeit ein Spielball verschiedener nicht vom Anleger zu beeinflussender Faktoren. Und längst hat das Edelmetall seine historisch gewachsene Rolle als Inflationsschutz oder Wertaufbewahrungsmittel in Zeiten steigender Teuerung verloren. Dazu passt das Ergebnis einer Studie des US-Brokerhauses Morgan Stanley zur Rendite-Risiko-Struktur amerikanischer Investments für die Zeit von 1976 bis 1995. Das Ergebnis dürfte beim ersten Blick überraschen: Als die mit Abstand riskanteste und am wenigsten rentable Geldanlage erwies sich in diesem Zeitraum das Edelmetall Gold. Und auch aktuell sind Preissteigerungen eher unwahrscheinlich.

Banken machen nur noch zweimal im Jahr nennenswerte Geschäfte mit Gold: vor Weihnachten und vor Ostern. Dann werden noch immer Goldmünzen oder Barren verschenkt.

Goldbarren gibt es in verschiedenen Gewichtsklassen von 12,5 kg bis 10 g. Je leichter der Baren, desto relativ teurer durch den Verarbeitungsaufschlag wird er.

Goldmünzen: Die wichtigsten Anlegermünzen in Gold sind der australische Nugget, der südafrikanische Krügerrand, der amerikanische Eagle, der Britannia und der kanadische Maple Leaf. Sie haben einen Goldwert von 22 Karat. Es gibt sie in Stücken von $1^1/_{10}$, $1/_4$, $1/_2$ und 1 Unze.

Empfehlenswert: Pfandbriefe

Pfandbriefe sind eine typische preußische Erfindung von Friedrich dem Großen aus dem Jahr 1771: traditionell, grundsolide und langweilig. Ihnen eilt kein schillernder Ruf voraus. Dabei zählen sie zu den bevorzugten mündelsicheren Anlagepapieren.

Im Vergleich zu Bundesanleihen schneiden sie besser ab: Sie bieten meist bessere Zinsen. Der Zinsvorteil gegenüber den Bundesanleihen beträgt in der Regel zwischen 0,25 und 0,4 Prozentpunkten. Und sie sind genauso sicher wie die Bundespapiere: In diesem Jahrhundert ist noch kein deutscher Pfandbrief ausgefallen.

Pfandbriefe sind – wie der Name schon sagt – durch ein Pfand gesichert. Das Pfand ist ein verbrieftes Recht an Grund und Boden (Hypothek). Pfandbriefe werden nur von Realkreditinstituten, wie privaten Hypothekenbanken und öffentlich-rechtlichen Grundkreditanstalten, ausgegeben. Mit dem geliehenen Geld werden Hypothekenkredite an Immobilienkäufer und Kredite an Kommunen vergeben. Für Gläubiger bieten Pfandbriefe die höchste Sicherheit:

Die Papiere sind durch die vorgeschriebene erstklassige Sicherheit der Kreditnehmer gedeckt, der Wert der ausgegebenen Pfandbriefe muss durch Hypotheken gedeckt sein. Außerdem haften die Banken mit ihrem gesamten Vermögen.

Nach Angaben des VDH, des Verbands deutscher Hypothekenbanken, entwickelte sich am Anleihemarkt der Pfandbrief am dynamischsten und fand »zur alten Stärke der 80er Jahre« zurück. Und diese Informationen sind zutreffend. Sind doch mittlerweile vier von zehn gehandelten festverzinslichen Wertpapieren Pfandbriefe – somit also Favoritenpapiere der Anleger.

Pfandbriefe werden an der Börse gehandelt mit täglich festgelegtem Kurswert, wobei dieser aufgrund von Angebot und Nachfrage, der allgemeinen Zinsentwicklung des Kapitalmarkts und von Inflationserwartungen schwankt. Anleger können die Entwicklung börsentäglich am PEX ablesen, dem Index für alle Pfandbriefe. Die Zinsen eines Pfandbriefs liegen wie bei allen festverzinslichen Wertpapieren für die gesamte Laufzeit fest und werden jährlich ausgezahlt. Und trotzdem kommt man immer an sein Geld, denn der Verkauf ist börsentäglich möglich. Allerdings kann sich die Verzinsung durch Kursverluste und Gebühren verringern. Prinzipiell ist aber für Privatanleger die so genannte Buy-and-Hold-Strategie empfehlenswert: kaufen, liegen lassen, zurückbekommen.

Anleger können zwischen unterschiedlichen Laufzeiten wählen – von einem bis zu zehn Jahren. Die richtige Anlagestrategie bei Pfandbriefen ist abhängig von der Zinsentwicklung. Sinken die Zinsen, sollte man lang laufende Pfandbriefe kaufen. Steigen dagegen die Zinsen – das ist die momentane Marktsituation –, sind einzig kurz laufende Varianten sinnvoll.

Pfandbriefe eignen sich als Einmalanlage eines größeren Betrags (ab 5000 Mark) oder auch zum Ansparen (Mindestbetrag 100 Mark). Damit erhält man Anteile eines so genannten Jumbo-Pfandbriefs mit Volumina von mindestens 500 Millionen Euro. Diese Wertpapiere sind seit nun fünf Jahren fester Bestandteil des deutschen Rentenmarkts. Davor betrug das durchschnittliche Emissionsvolumen eines Pfandbriefs 50 bis 100 Millionen Mark.

Marktbeobachter glauben, dass sich die Tendenz zu großvolumigen Emissionen fortsetzt und sogar verstärken wird. Aktuell werden knapp 300 solcher Jumbos gehandelt. Dies zeigt, dass diese Anleihen den internationalen Durchbruch geschafft haben, sie genießen weltweite Akzeptanz und werden so zu den Gegenspielern der Hauptkonkurrenten, den Staatsanleihen.

Zu beziehen sind Pfandbriefe bei Hypothekenbanken, Pfandbriefanstalten, jeder Bank und Sparkasse – jedoch zu unterschiedlichen Gebührensätzen. Deswegen gilt: Kosten vergleichen. Tipp: Es gibt auch kostenfreie Depots, bei denen aber zum Teil eine Mindestsumme verlangt wird.

Index- und Discountzertifikate: die attraktiven Alternativen

Sie heißen Beteiligungsscheine, Stars, Baskets, Perles, Bull-Zertifikate, Partizipationsscheine oder einfach Zertifikate. Die ersten kamen Anfang der 90er Jahre auf den Markt, doch erst seit wenigen Jahren machen sie Furore – bei Bankern und Anlegern. Mittlerweile sind über 200 Zertifikate auf dem Markt. Sie sind eine echte Alternative zur kostspieligen und risikoreichen Direktanlage in Aktien und zu den vergleichsweise billigeren Investmentfonds, die aber Ausgabeaufschläge verlangen: Mit einem Indexzertifikat kann man tatsächlich günstig die Wertentwicklung eines gesamten Markts kaufen.

Indexzertifikate: geringes Risiko

Indexzertifikate sind Schuldverschreibungen der Banken, also Anleihen. Wie bei den anderen börsennotierten Wertpapieren dieser Art ist der Käufer Gläubiger und überlässt dem Emittenten sein Geld nur leihweise, um es nach Ablauf einer bestimmten Frist zurückzuverlangen. Allerdings erfolgen im Gegensatz zu den üblichen Anleihen keine Zins-, sondern lediglich Rückzahlungen am Ende der Laufzeit. Und deren Höhe richtet sich nach dem Wert der Aktien, die dem Zertifikat zugrunde liegen. Dies ist bei Indexzertifikaten der jeweilige Stand des entsprechenden Index. Damit sind Zertifikate auch Derivate, aber im Vergleich zu Futures, Optionen und Optionsscheinen mit einem sehr viel geringeren Risiko behaftet.

Indexzertifikate orientieren sich am DAX®, am Dow Jones, Dow Jones Euro Stoxx 50, Nikkei oder S&P, wodurch sie sehr transparent sind – jeder Anleger weiß, was er einkauft, und kann die Entwicklung leicht in der Tageszeitung verfolgen. Durch die breite Streuung ist das Risiko der Geldanlage relativ gering. Das Risiko eines Indexzertifikats ist mit dem eines Indexfonds vergleichbar – es ist allerdings viel billiger zu haben. Angenehm ist auch, dass bei Zertifikaten kein Managementrisiko besteht. Damit sind sie sowohl für den Einsteiger geeignet, der einfach und preisgünstig einen Index »kaufen« will, als auch als strategisches Finanzinstrument für Fortgeschrittene.

Der Käufer eines Zertifikats partizipiert an Gewinn und Verlust eines bestimmten Börsenbarometers. Indexzertifikate haben in der Regel ein einfaches Bezugsverhältnis, meist 1:10 oder 1:100. Das bedeutet: Bei einem Stand des DAX® von 7800 Punkten kostet ein entsprechendes Zertifikat also 78 oder 780 Euro. Je nachdem, wie die Aktien und der entsprechende Index dann steigen, so steigen auch die Zertifikate im Wert. Klettert der DAX® nun auf 8400 Punkte, ist das Zertifikat 84 oder 840 Euro wert. Sinkt er dagegen auf 7300, dann hat man schnell 5 oder 50 Euro verloren.

Indexzertifikate haben im Gegensatz zu Direktanlagen in Aktien oder zu Fondsinvestments einen Nachteil: die stets begrenzte Laufzeit – meist mehrere Jahre. Längerfristig orientierte Anleger sollten deshalb darauf achten, dass die Fälligkeit möglichst spät ist. Manche Zertifikate werden mit einer Laufzeitverlängerungsklausel angeboten: Eine mehrmalige Verlängerung um drei oder fünf Jahre ist dann möglich. Der Langzeitanleger kann so Kosten sparen.

Kein Anleger ist jedoch gezwungen, ein Zertifikat bis zum Schluss zu halten. Denn die Emittenten bieten ihre eigenen, bereits herausgegebenen Zertifikate permanent zum Kauf an und verpflichten sich außerdem, die eigenen Produkte jederzeit und nicht nur am Laufzeitende zurückzunehmen. Die Zertifikate können auch jederzeit vor Ablauf der Laufzeit an der Börse veräußert werden. Das ist in der Baisse notwendig. Hier hilft dann nur die Notbremse Verkauf, denn tief greifende Kursverluste lassen sich bei Zertifikaten nicht so einfach wie bei Aktien aussitzen. Umgekehrt hat man bei diesen Derivaten ein Problem in der Hausse: Mehr als die Indexsteigerung gibt es nicht.

Vorteilhaft und ein echtes Argument für Zertifikate ist die steuerliche Behandlung. Zertifikate sind steuerrechtlich gesehen keine Zinsanlagen – das ist gut für Anleger, die ihren Sparerfreibetrag vollständig ausgeschöpft haben –, sondern gelten als Aktiengeschäfte. Und hierbei sind etwaige Kursgewinne steuerfrei, wenn die zwölfmonatige Spekulationsfrist eingehalten wird. Außerdem gibt es bei Zertifikaten keine Einnahmen aus Dividenden wie beim traditionellen Aktienbesitz und somit müssen sie auch nicht als Einkünfte aus Kapitalvermögen versteuert werden.

Beachten sollte der Anleger bei der Auswahl des Indexzertifikats drei Aspekte:
- Währung. Bei in beispielsweise Dollar herausgegebenen Zertifikaten trägt der Anleger zusätzlich zum Kursrisiko noch das Währungsrisiko.
- Cap (Kappung der Gewinne). Einige Indexzertifikate haben eine Obergrenze, über die der Wert des Zertifikats nicht hinauswachsen kann. Um keine Gewinnchancen auszulassen, sollte man Zertifikate ohne Cap wählen.
- Index-Art. Investoren sollten nur in Zertifikate auf Performance-Indizes gehen. Dann lässt sich die Wertentwicklung des Zertifikats am leichtesten beurteilen: 1:1. Manche Banken verkaufen deswegen Zertifikate auf Kurs-Indizes mit einem Abschlag. Praktisch ist dies der Ersatz für die entgangenen Dividenden.

Viele Emittenten bieten Zertifikate an, die sich hinsichtlich ihrer Ausstattungsmerkmale unterscheiden: Bezugsverhältnis, Laufzeit, Währung. Das wichtigste Merkmal für ein Zertifikat ist aber das so genannte Underlying, also die Aktien, die dem Index zugrunde liegen. Es kann auch auf einzelne Marktsegmente wie den Neuen Markt, auf bestimmte Regionen oder auf bestimmte Branchen wie Internet oder Telekommunikation gesetzt werden.

Manche Bankinstitute legen auch Zertifikate auf, bei denen sie die Zusammensetzung des Aktienkorbs (»Baskets«) selbst festlegen. Dabei ist die Wertentwicklung der individuell zusammengesetzten Aktienkörbe entscheidend von der Auswahl abhängig. Zudem gibt es passiv und semi-passiv gemanagte Aktienkorb-Zertifikate. Passiv heißt: Hier wird die Zusammensetzung des Aktienkorbs bei der Emission festgelegt und nur bei Übernahmen, Konkursen oder Zusammenschlüssen verändert. Bei semi-passiv gemanagten Zertifikaten ist die Zusammensetzung des Aktienkorbs in regelmäßigen Abständen zu überprüfen und gegebenenfalls anzupassen. Bei diesen Produkten entfällt allerdings die Transparenz. Somit sind diese Angebote mit Investmentfonds vergleichbar.

Discountzertifikate: Rabatt, Risikopuffer und Gewinnbremse

Statt ganzer Märkte oder voller Körbe: Mit Discountzertifikaten setzt man auf die Wertentwicklung einzelner Aktien. Der Käufer eines solchen börsennotierten Wertpapiers erwirbt das Anrecht auf eine bestimmte Aktie. Bei Fälligkeit des Discountzertifikats erhält der Anleger die Aktie, die dem Zertifikat zugrunde liegt, wenn der Kurs unter der vorher vereinbarten Obergrenze liegt. Liegt der Aktienkurs über dem Cap, wird der vereinbarte maximale Rückzahlungsbetrag in bar ausgezahlt.

Das Geschäft ist ein Aktieninvestment mit Preisabschlag, denn wie der Name schon sagt, gibt es für den Anleger Rabatt auf den aktuellen Börsenwert. Meist 10 bis 20 Prozent. Aber die Bankenstrategen verschenken nichts. Die Preisreduktion macht sich in begrenzten Gewinnchancen bemerkbar. Bei einem Discountzertifikat ist der Wertzuwachs von vornherein begrenzt. Die maximal zu erzielenden Renditen sind verschieden und können zwischen 45 Prozent und 75 Prozent erreichen. Spitzengewinne mit einem Börsenüberflieger sind mit den Aktien zum Sonderangebot nicht möglich. Der Grund ist der eingebaute Cap, Cap-Level oder Strike. Damit geht der Gewinn nur bis zu einer vorher definierten Obergrenze –

darüber hinaus wird er gekappt. Das ist zwar nicht mit Risiko behaftet, aber ärgerlich.

Beispiel: Ein Anleger erwirbt ein Zertifikat auf die y-Aktie mit einer vereinbarten Obergrenze von 48 Euro. Das Bezugsverhältnis ist 1 : 10, der Preis für ein Zertifikat 4,14 Euro. Bei einem aktuellen Aktienkurs von 53,69 Euro erwirbt er also den Gegenwert einer Aktie mit einem Rabatt von 12,29 Euro.

Sinkt der Kurs der Aktie innerhalb der vereinbarten Laufzeit unter die vereinbarte Grenze von 48 Euro, so erhält der Anleger genau den Gegenwert der Aktie. Durch seinen Rabatt macht der Anleger noch Gewinne bis zu einem Kurs von 41,50 Euro. Den größten Gewinn erzielt der Besitzer des Zertifikats, wenn der Kurs der Aktie exakt der vereinbarten Obergrenze von 48 Euro entspricht.

Steigt der Kurs der Aktie über die vereinbarte Obergrenze, so erhält der Anleger anstatt des Gegenwerts der Aktie nur den Wert entsprechend der Obergrenze ausgezahlt. Dennoch kann er aufgrund des Rabatts, zu dem er die Aktie in Form des Zertifikats erworben hat, einen höheren Ertrag erwirtschaften als ein Direktanleger der Aktie. Erst wenn der Kurs der Aktie über einen bestimmten Wert steigt – hier über 62,24 Euro – hätte ein direkter Erwerb der Aktie einen höheren Ertrag erbracht. Diese Begrenzung der Kursgewinne nach oben ist der Preis, den der Anleger für den Rabatt, zu dem er die Aktie erworben hat, zahlt. Erreicht nun der Aktienkurs bis zum Bewertungstag kurz vor der Fälligkeit die Höchstgrenze nicht, bekommt der Anleger für seine Zertifikate die entsprechenden Aktien. Dabei ist der ursprünglich erhaltene Discount zunächst ein gewisser Puffer. Steht die entsprechende Aktie allerdings am Bewertungstag noch tiefer als der Discountpreis, dann wird das Rabattgeschäft zum Verlustgeschäft – immerhin mit hoffnungsvollem Ende: Schließlich hat der frisch gebackene Aktionär die Chance, dass seine Aktie eines Tages wieder steigt. Und genau das macht Discountzertifikate interessant. Gibt es doch Schlimmeres, als Besitzer einer guten Aktie zu werden – und nur Zertifikate guter Unternehmen kommen als Underlying in Frage.

Es wurde im Beispiel deutlich – ein Discountzertifikat ist ein zusammengesetztes Finanzprodukt. Es besteht aus einer Aktie und einem auf die Aktie verkauften Call – also einer Kaufoption. Dabei handelt es sich um die Stillhalterposition.

Die richtige Strategie für Discountzertifikate ist die Erwartung einer Seitwärtsbewegung ohne große Kursausschläge. Wenn also der Kurs der entsprechenden Aktie eine Verschnaufpause einlegt, leicht fällt, konstant bleibt oder nur leicht zulegt. In Zeiten solch geringer Kursbewegungen lässt sich mit diesen Zertifikaten eine überdurchschnittliche Rendite erzielen. Optimal ist, wenn die zugrunde liegende Aktie steigt und möglichst nah an die vorher festgelegte Höchstgrenze herankommt. In diesem Fall wird am Fälligkeitstag nahezu der Höchstbetrag ausgezahlt und man sollte verkaufen. Discountzertifikate sind jeden Tag über die Börse zu kaufen oder verkaufen – wenn der Höchstwert erreicht ist. Ist die Laufzeit der Zertifikate, meist zwei Jahre, zu diesem Zeitpunkt noch nicht beendet, nimmt die Bank die Papiere dennoch zurück. Sie nimmt dann aber einen Abschlag auf den rechnerischen Kurs vor. Die Höhe hängt von der verbleibenden Laufzeit des Zertifikats ab.

Bei fallenden Kursen machen Anleger mit Discountzertifikaten so lange Gewinn, bis der reduzierte Wert erreicht ist, den sie bezahlen mussten. Dann ist nur noch Abstoßen sinnvoll, da nach Kurseinbrüchen wegen der kurzen Laufzeit keine Erholung mehr zu erwarten ist.

4 So funktioniert die Börse

Kauf und Verkauf von Börsenprodukten und die Kosten

> Das Geheimnis meines Erfolges? Ich habe immer zu früh verkauft!
> *Bernard Baruch, berühmter Spekulant und persönlicher Finanzberater vier amerikanischer Präsidenten*

Der übliche Weg der Teilnahme an der Börse geht über eine Bank oder Sparkasse. Hier geben Sie die Order ab, die dann an einer der deutschen Wertpapierbörsen ausgeführt wird. Sie geben an, welche Wertpapiere Sie zu kaufen oder verkaufen wünschen. Und das kann auch telefonisch passieren. Weiterhin muss der Auftrag enthalten:
- Auftraggeber
- Depotnummer
- Kontonummer
- Kauf/Verkauf
- Name des Wertpapiers mit Kennnummer
- Zusätze wie Stämme oder Vorzüge
- Evtl. Emittent
- Stückzahl
- Ggf. Börse (beispielsweise Frankfurt)
- Limit
- Dauer des limitierten Auftrags

Die Kundenberater der Bank können dem Anleger schon bei Auftragserteilung den aktuellen Preis in Xetra nennen und die Order sofort ausführen. Zum Börsenbeginn sollte man allerdings den Eröffnungskurs abwarten. Bei größeren Aufträgen sollten Sie an die Börse mit dem größten Umsatz gehen, denn sonst kann es sein, dass der Auftrag nicht vollständig abgewickelt werden kann oder dass Sie den Kurs selbst hoch treiben. Gewöhnlich geben die Banken den Auftrag an die Börse, mit der sie den besten Kontakt haben. Auch zum Handel mit festverzinslichen Wertpapieren wenden Sie sich an Ihre Bank oder Sparkasse. Öffentliche Papiere können Sie dagegen seit Sommer 2000 über die Bundesschuldenverwaltung – und das kostenfrei – erwerben und Ihre Dispositionen direkt abwickeln, per Überweisung oder Lastschrift.

Wer Investmentfonds kaufen will, sollte sich direkt an die jeweilige Fondsgesellschaft wenden. Diese sendet Ihnen einen Kaufauftrag zu, in dem Sie ankreuzen können, ob Sie regelmäßig einen bestimmten Betrag anlegen oder einmalig einzahlen wollen. Gerne ziehen die Fondsgesellschaften den jeweiligen Betrag per Lastschrift ein. Dazu muss der Anleger sein Girokonto angeben. Möglich sind auch die Wege über Verrechnungsscheck und Überweisung.

Der Verkauf von Börsenprodukten funktioniert genauso wie ein Kauf – nur andersherum. Für Börsenkenner und Fortgeschrittene empfiehlt sich aus Kostengründen und wegen der Schnelligkeit die Abwicklung über Direktbanken und Discountbroker.

Ordnungshalber: Wertpapier-Kennnummer

Wo Tausende verschiedenartiger Wertpapiere gehandelt werden, muss man schnell identifizierbare Merkmale festlegen. In Deutschland haben sich Banken und Börsen auf ein spezielles Zahlensystem geeinigt. Jedem Wertpapier wird eine so genannte Wertpapier-Kennnummer, kurz WKN, – ein sechsstelliger Kode – zugeordnet. Diese Nummer ist einmalig, so dass es in keinem Fall zu einer Verwechslung kommen kann. Alle gattungsgleichen Wertpapiere eines bestimmten Emittenten, beispielsweise sämtliche VW-Stammaktien, werden unter einer einheitlichen Nummer zusammengefasst. An der Nummer kann man also bereits erkennen, um was für einen Wertpapiertyp es sich handelt. Und seltene Papiere können so leichter im Börsenhandelssystem gefunden werden.

Anleihen

100 000–199 999	Schuldverschreibungen des Bundes, der Länder, der Gemeinden und öffentlichen Verbände
200 000–349 999	Schuldverschreibungen der öffentlich-rechtlichen und privaten Emissionsinstitute
350 000–379 999	Industrieobligationen
380 000–399 999	Bankschuldverschreibungen
400 000–489 999	Auslandsanleihen

Aktien

500 000–789 999	Industrieaktien
800 000–819 999	Bankaktien
820 000–839 999	Verkehrsaktien
840 000–846 999	Versicherungsaktien
850 000–879 999	Ausländische Aktien und aktienähnliche Werte
880 000–909 999	Bezugsrechte
910 000–939 999	Junge Aktien

Investmentanteile

847 000–849 999	Inländische Investmentanteile
970 000–979 999	Ausländische Investmentanteile
980 000–984 999	Inländische Immobilienfonds
985 000–989 999	Ausländische Immobilienfonds

Abb. 24: Wertpapier-Kennnummern

Strategisch: Limit setzen

Grundsätzlich führen Geldhäuser Kundenaufträge zum aktuellen Börsenkurs aus. Der Anleger ist dann mit dem sich ergebenden Börsenkurs einverstanden. Er kauft in der Sprache der Börse »billigst«

und verkauft »bestens«. Dies nennen die Börsenprofis Market Order: Die Aktien werden einfach zum nächsten an der Börse ermittelten Kurs ge- oder verkauft.

Einen Kaufauftrag ohne Limit zu geben ist nicht ganz ohne Risiko. Damit erhält der Käufer zwar die Aktien in jedem Fall, doch weiß er nie genau zu welchem Preis. Vor allem bei marktengen Titeln – mit geringen Umsätzen – kann bereits eine kleine Häufung der Menge von Aufträgen den Kurs stark verändern.

Wer aber Aktien günstig kaufen oder gut verkaufen will, hat ein Problem: Die Aktienkurse ändern sich oft minütlich an der Börse. Daher weiß der Anleger im schlechtesten Falle gar nicht, zu welchem Kurs sein Auftrag ausgeführt wird. Zwischen der Auftragsvergabe und der Durchführung verstreicht Zeit, in der die Aktie steigen oder fallen kann.

Wer Pannen beim Aktienhandel vermeiden will, muss seiner Bank präzise Vorgaben beim Auftrag machen. Mit einem Kauf- oder Verkaufslimit kann man vermeiden, mehr für ein Wertpapier zu bezahlen oder weniger zu bekommen als beabsichtigt. Als Kunde legen Sie damit den maximalen Kaufpreis (welchen Kurs Sie höchstens bereit sind zu zahlen – sinnvoll bei stark steigenden Kursen) oder den minimalen Verkaufspreis (welcher Mindestpreis erzielt werden soll) eines Papiers fest.

Wichtig beim Limit ist die Gültigkeit der Aufträge. Üblich sind hierbei »tagesgültig« und »ultimogültig« – also bis zum Monatsende. Meist ist ein tagesgültiger Auftrag besser, da bei Nichterhalten der Aktien der Auftrag leicht verändert werden kann. Oft ist auch eine Anpassung an eine veränderte Kurssituation notwendig – davor sollte man auch nicht bei ultimogültigen Aufträgen zurückschrecken. Prinzipiell verlangen die Banken eine Limitgebühr – meist 10 Mark. Und auch eine Limitierung ohne Erfolg – es kam kein Kauf oder Verkauf zustande – kostet. Bevor man allerdings ein Limit setzt, sollte man sich so aktuell wie möglich informieren, zu welchem Kurs die Aktie zuletzt gehandelt wurde – etwa über Videotext, Internet oder die Bank.

Mit Limits sollten Anleger sparsam umgehen. Bei marktbreiten, also bei viel gehandelten Papieren, wie etwa den DAX®-Werten, lohnt sich ein Limit nicht unbedingt. Wer sich hier aber gegen Ausreißer absichern will, setzt Kauflimits, die über dem aktuellen Kurs liegen. Hier ist es empfehlenswert, das Limit wenige Prozent über dem zuletzt bekannten Kurs festzusetzen. Das Limit kann aber dazu führen, dass der Auftrag nicht ausgeführt werden kann und der Anleger somit keine Papiere erhält.

Ein Limit ist jedoch in engen Märkten ratsam, um nicht großen Kursschwankungen anheim zu fallen, sowie bei stark schwankender Börse und somit beispielsweise bei allen Titeln des Neuen Markts.

> **Bei Erreichen, streichen**
>
> So spottet man auf dem Parkett. Das passiert vielen Anlegern: Ein Kauflimit, das man gesetzt hat, wird, wenn der Kurs dann tatsächlich bis auf dieses Limit gefallen ist, storniert.

Die höhere Schule des Limitsetzens sind Stop-loss- oder Stop-buy-Orders. Damit kann man einen erreichten Gewinn sichern oder einen möglichen Verlust begrenzen, ohne den Markt ständig beobachten zu müssen. Der Auftrag wird nur dann ausgeführt, wenn die Aktie das Kursziel – die Stop-Marke erreicht hat. Diese Variante der Limitierung nach amerikanischem Vorbild wird von den Banken seit 1989 angeboten.

Stop-loss-Aufträge sind limitierte Verkaufsaufträge, die bestens ausgeführt werden, wenn der Aktienkurs das vorher festgelegte Mindestniveau erreicht hat. Dadurch wird ein erzielter Gewinn gesichert oder – vor allem – ein Verlust beschränkt.

Beispiel: Sie setzen ein Stop-Loss bei 40 Euro. Bei einem Kursverlauf von: 42 – 41 – 40,5 – 39,5 – 38 Euro ist diese Order zum Kurs von 38 auszuführen. Grund: Beim Kurs von 39,50 Euro ist das Stop-Limit von 40 Euro unterschritten und die Order wird zur Bestens-Order – und damit zum nächsten Kurs – ausgeführt.

Stop-buy-Aufträge dagegen sind limitierte Kaufaufträge, die billigst ausgeführt werden, sobald der Aktienkurs ein gesetztes Limit erreicht hat. Dieses Limit kann zum Beispiel eine bestimmte Widerstandslinie sein, bei deren Erreichen mit weiteren Kurssteigerungen zu rechnen ist.

Wertpapiere: Sammelverwahrung

Haben Sie nun glücklich Ihre Wertpapiere günstig erstanden, bekommen Sie diese – so hart das auch klingen mag – nie zu Gesicht. Der Grund ist die üblicherweise praktizierte so genannte Girosammelverwahrung. Dabei besitzt der Aktionär keinen Anspruch auf ganz bestimmte Urkunden, sondern nur auf eine bestimmte Anzahl von Stücken. Er besitzt also nur einen »anonymen« Bruchteil eines großen Aktienpakets. Dafür kümmert sich die Bank darum, dass der Anleger seine jährliche Dividende erhält.

Der Grund für die zentrale Verwahrung ist: Sie ist günstiger. Aktien müssen nicht hin- und hertransportiert werden, wenn sie den Besitzer wechseln. Es reicht eine einfache Umbuchung vom Konto des Verkäufers auf das Konto des Käufers. Und auf dem Depotauszug oder der Kaufabrechnung steht das Kürzel GS für Girosammelverwahrung.

Allerdings ist es durchaus möglich, sich Wertpapiere als effektive Stücke aushändigen zu lassen. Dann bekommt man neben der eigentlichen Aktienurkunde noch ein zweites Stück Papier, den so genannten Bogen. Darauf befinden sich die Dividendenscheine (meistens 20), die zum Bezug der jährlichen Gewinnausschüttung berechtigen. Doch diese Freude an Tafelgeschäften – so heißen die Geschäfte, bei denen die Papiere dem Anleger ausgehändigt werden – kommt teuer zu stehen: Weil die Erträge derartiger Geschäfte in der Vergangenheit dem Finanzamt häufig verschwiegen wurden, wurde eine erhöhte Abschlagsteuer von 35 Prozent eingeführt, die bei der Einlösung der Kupons fällig wird. Zum Hintergrund: Bei Tafelgeschäften kümmern sich die Anleger selbst um die Aufbewahrung der Stücke und lösen einmal im Jahr die Kupons gegen Zinsen oder Dividenden ein. Die Steuer auf Tafelgeschäfte muss jeder zahlen. Eventuelle Freistellungsaufträge gelten hier nicht.

Kosten: beachtenswert

Die Aufbewahrung der Wertpapiere während der Laufzeit übernimmt Ihr Kreditinstitut gerne – und verlangt von Ihnen Depotgebühren. Als Grundpreis berechnen die Banken üblicherweise jährlich 1 Promille des Kurswerts der Aktien. Orientierung geben dabei der Kurswert am Jahresende oder an bestimmten Stichtagen.

Für die Aktienanlage benötigen Sie zudem zwei Konten, für die Kosten anfallen: eines, beispielsweise Ihr Girokonto, auf dem der Kaufpreis belastet wird, und ein Depotkonto, dem die Papiere gutgeschrieben werden. Und auch für die Transaktionen müssen Sie Kosten einberechnen. Das von Ihnen beauftragte Kreditinstitut will für die Abwicklung Provision. Die Kosten für An- und Verkauf von Wertpapieren an der Börse betragen meist pro Auftrag 1 Prozent vom Kurswert. Dies kann gerade bei kleineren Aufträgen bis 5000 Mark die Erträge kräftig reduzieren, denn die Mindestgebühr ist meist happig – zwischen 25 und 60 Mark. Dazu kommen können noch eine Maklercourtage – meist 0,05 Prozent – und eventuell weitere Spesen bis 10 Mark.

Bei den Kosten ist die Geldanlage in Anleihen anders strukturiert: Die Depotgebühren kosten zwischen 1,25 und 1,5 Promille vom Depotwert im Jahr. Dafür kassieren die Banken bei der Provision weniger: meist 0,5 Prozent. Beim Fondskauf zahlt man gleich am Anfang der Geschäftsbeziehung eine Zugangsgebühr: den Ausgabeaufschlag von 1 bis 8 Prozent.

Günstiger ist allerdings das Deponieren und Kaufen oder Verkaufen bei Discountbrokern oder Direktbanken, hier liegen die Preise etwa 50 Prozent unter den sonst üblichen. Allerdings bieten diese keine Beratung. Der Anleger muss also selbst wissen, was er will. Nach einer Depoteröffnung kann er dann bequem online oder per Telefon und Fax ordern. Die neuen Bankformen sind auch bei Investmentfonds interessant, da einige Rabatte auf Ausgabeaufschläge bieten.

Aktienkurse – ein ständiges Auf und Ab

Privatanleger, Banken, Pensions- und Investmentfonds, Versicherungsgesellschaften und andere Marktteilnehmer aus dem In- und Ausland geben Kauf- und Verkaufsaufträge an die Börse und beeinflussen mit ihren Orders, somit mit ihren Einzelentscheidungen, die Kurse. Dabei ist ein Kurs der aktuelle Preis einer Aktie oder eines anderen Wertpapiers. Er demonstriert den Wert, der dem Papier von Käufer- und Verkäuferseite zugebilligt wird. Hat man Vertrauen in die Zukunft eines Unternehmens, kauft man das Papier. Befürchtet man für die nächste Zeit Gewinneinbrüche oder fehlt das Vertrauen ins Management, steigt man in eine bestimmte Aktie nicht ein – oder eben aus. Letztlich bestimmt also die persönliche Einschätzung der Anleger den Kurs – das Angebot und die Nachfrage der Marktteilnehmer. Die täglichen Kurse ergeben in der grafischen Darstellung eine Kurve, aus der die Grundrichtung der Kursentwicklung abgelesen werden kann.

Steigt also die Nachfrage nach der Aktie eines ausgesprochen erfolgreichen Unternehmens, so steigt deren Kurs so lange, bis der gestiegene Kurs Verkaufswünsche weckt (so genannte Gewinnmitnahmen). Und umgekehrt: Sehen immer weniger Anleger einen Sinn im Halten einer bestimmten Aktie, sinkt der Kurs so lange, bis das Papier so billig ist, dass sich andere wiederum damit eindecken.

In den Aktienkursen spiegeln sich also die Erwartungen der Käufer und Verkäufer wider. Doch niemand kann voraussahnen, welche kursbeeinflussenden Dinge passieren werden. Positive oder negative Nachrichten über das Unternehmen, wie Veränderungen des Vermögens und des Gewinns, über die entsprechende Branche, die Gesamtwirtschaft oder das politische Umfeld und seine Rahmenbedingungen beeinflussen die Einschätzung der Anleger und wirken so auf den Kursverlauf. Auch auf Spannungen in der Weltwirtschaft, eine prekäre politische Lage oder besondere aktuelle Ereignisse reagieren die Kurse. Ein solches Ereignis kann die Veränderung der Leitzinsen durch die entsprechende Notenbank sein. Auch viele externe Geschehnisse beeinflussen den Aktienmarkt und die Kurse und bestimmen die Ertragslage der Unternehmen. Und da

> **Tierische Gegenspieler auf dem Börsenparkett:
> Bulle und Bär**
>
> Abhängig ist der Kursverlauf jeder Aktie auch vom allgemeinen Börsentrend. Hier sind Bulle und Bär die Gegenspieler auf dem Parkett.
> Der vorwärts stürmende Bulle symbolisiert in der Börsenwelt die steigenden Kurse bei einem allgemeinen Aufwärtstrend. Er ist das Zeichen für die Optimisten, denn er stößt mit seinen Hörnern immer von unten nach oben.
> Der schwerfällige Bär dagegen steht für sinkende Kurse oder für einen langen Abwärtstrend und damit stellvertretend für die Börsenpessimisten. Der Grund: Sein Kopf ist nach unten gerichtet und mit seiner Pranke schlägt er von oben nach unten.
> Wenn demnach also ein Börsianer glaubt, dass die Kurse steigen werden, ist er bullish – also optimistisch. Rechnet er dagegen mit einer breiten Abschwächung der Kurse, ist er bearish.

sich solche Veränderungen auf die Rahmendaten der Unternehmen auswirken, werden sie von der Börse stark beachtet.

Bis zu einem gewissen Grad bildet der Börsenzyklus auch den Konjunkturzyklus ab, dem er aber regelmäßig um Monate vorauseilt. Insbesondere die Erwartungen über die Konjunkturentwicklung – und damit über die Gewinnentwicklung der Unternehmen – bestimmen die Anlageentscheidungen der Marktteilnehmer. Die Anleger treffen Kauf- und Verkaufsentscheidungen entsprechend der von ihnen erwarteten Konjunkturentwicklung. Die Börse antizipiert damit die konjunkturelle Entwicklung.

Den Trend nutzen

Jeder Kursverlauf ist individuell. Doch gibt es bestimmte Grundmuster und Standardsituationen für alle Aktien. Einer davon ist der Trend. Dabei wird zwischen einer Aufwärts- und einer Abwärtsbewegung unterschieden. Lässt sich keine klare Richtung ausmachen, wird von einer Seitwärtsbewegung gesprochen. Natürlich folgen nicht alle Aktien einem generellen Börsentrend. Es zeigt sich aber immer wieder, dass die Mehrheit der Marktteilnehmer mit dem Trend geht – nach der Börsendevise: The trend is your friend. Das bedeutet: Die Anleger kaufen weiterhin bei steigenden Kursen, bei fallenden Kursen dagegen verkaufen sie. Daraus resultiert ein anderer typischer Börsenspruch: Die Hausse nährt die Hausse, die Baisse nährt die Baisse.

Auch im Trend gibt es kurzfristige Schwankungen – sie gehören zum Erscheinungsbild, weil immer wieder Übertreibungen nach oben oder unten korrigiert werden. Doch bleibt ein Aufwärtstrend so lange intakt, wie jeder Höchststand eines Kurses über dem vorangegangenen Höchststand liegt. Umgekehrt bleibt es bei einem Abwärtstrend, wenn jeder Tiefpunkt den vorangegangenen unterschreitet. Welche Kraft ein Kurstrend hat, zeigt sich auch im jeweiligen Marktvolumen. Steigt zum Beispiel im Aufwärtstrend der Börsenumsatz, so kann man den Trend als vorerst stabil betrachten. Ein Trend läuft dann aus oder kippt um, wenn die Marktteilnehmer glauben, dass die Hausse oder Baisse nun übertrieben worden sei und eine glänzende oder auch eine deprimierende Zukunft in den Kursen nur vorweggenommen worden war.

Die hohe Kunst der Kursfestsetzung

Mitunter gehen im Laufe eines Handelstages mehrere tausend Kauf- und Verkauforders für ein bestimmtes Wertpapier ein. Bei solch großen Werten muss trotz dieser Fülle immer ein marktgerechter Preis ermittelt werden. Das ist die Aufgabe der Kursmakler. Sie ermitteln den Kurs anhand der vorliegenden Kauf- und Verkaufsaufträge. Dabei errechnen sie den Kurs nicht schematisch, sondern bemühen sich auch, Sprünge zu vermeiden, die bei wenig gehandelten Werten sogar schon einzelne Orders auslösen können. Nach dem Auktionsprinzip stellen die Kursmakler bei großen Titeln fortlaufend, bei engeren Werten nur einmal täglich den Kurs fest. Diesen setzt der zuständige Makler anhand der vorliegenden Kauf- und Verkaufsaufträge so fest, dass möglichst alle vorliegenden Aufträge ausgeführt werden können. Ziel ist es, möglichst viele Orders abzuwickeln und damit den größtmöglichen Umsatz zu schaffen.

Angenommen, es sind neun Käufer und neun Verkäufer da, die sich jeder für ein Stück der gleichen Aktie interessieren, aber unterschiedliche Preisvorstellungen haben.

Käufer ist bereit, für eine Aktie höchstens zu zahlen	Verkäufer möchte für eine Aktie mindestens erzielen
A : 200	K : 208
B : 201	L : 207
C : 202	M : 206
D : 203	N : 205
E : 204	**O : 204**
F : 205	P : 203
G : 206	Q : 202
H : 207	R : 201
J : 208	S : 200

In diesem Fall bildet der Kursmakler einen Einheitskurs von 204 Euro. Zu diesem Preis kommen die Käufer E bis J und die Verkäufer O bis S zum Zuge. Die Käufer A bis D und die Verkäufer von K bis N scheiden aus, weil sie für die Aktie entweder weniger als 204 Euro ausgeben oder mehr erzielen möchten. Der Kurs bildet sich bei dem Preis, zu dem der höchste Umsatz – im Beispiel 5 Aktien – möglich ist.

Abb. 25: Beispiel für die Kursfestsetzung

Kurszettel – die schnelle Informationsquelle

Die nur auf den ersten Blick trockenen Zahlenkolonnen in Ihrer Tages- oder den Finanzzeitungen enthalten viele wichtige Informationen über den Kursverlauf des Börsentages. Hier können Sie – richtig interpretiert – Trends und Anlagechancen herauslesen.

Kurszettel						
Amtlicher Handel						
	WKN	Div.	15.8.00	14.8.00	Höchst	Tiefst
Frankfurter Bank	840410	12,00 F	145,00-b	147,00-b	160	130
Bay. Leben	519507	0 M	30,00-B	29,00-B	23	26

WKN
Wertpapier-Kennnummer zur Identifizierung des Wertpapiers

Div.: Dividende
Hier ist vermerkt, was die Aktiengesellschaft zuletzt pro Aktie als Dividende ausgeschüttet hat.

Börsenplatz
Die Kürzel stehen für den Börsenplatz, an dem der Aktienkurs ermittelt wurde. F = Frankfurt, M = München

Kurszusätze
Die Buchstaben hinter den Kursen verraten Angebot und Nachfrage. b = bezahlt, alle Aufträge sind ausgeführt; B = Brief, nur Angebot, keine Nachfrage
Weitere Kurszusätze: bG = bezahlt Geld (mehr Nachfrage als

Angebote); bB = bezahlt Brief (mehr Angebote als Nachfrage) (Brief = Verkäufer; Geld = Käufer)

Weitere wichtige Kurszusätze
G = Geld, Nachfrage vorhanden, aber keine Verkaufsangebote.
– = gestrichen, ein Kurs konnte nicht festgestellt werden
exDiv. = ohne Dividende, erste Notiz nach Abschlag der Dividende

Höchst/Tiefstkurse
Gibt Einblick in den Kursverlauf, es werden die besten und schlechtesten Kurse des laufenden Jahres gelistet.

Abb. 26: Was die Kürzel auf dem Kurszettel bedeuten

Amtliches Kursblatt nun im Internet

Das amtliche Kursblatt der Börse stellt nach 146 Jahren das Erscheinen ein – allerdings nur in gedruckter Form auf Papier. Denn die Schlusskurse jedes Handelstages und alle anderen Kursangaben sind nun über das Internet zu bekommen. Seit Anfang 2000 werden sie von der Deutschen Börse AG bereitgestellt (www.ip.exchange.de/kursblatt).

Aufgabe des Kursblatts war es, den Marktteilnehmern täglich Informationen über alle Kurse und Notierungen aus dem Amtlichen Handel zur Verfügung zu stellen. Mit dem Aufkommen elektronischer Medien verlor es allerdings für die Händler an Bedeutung und diente stattdessen fast ausschließlich nur noch zur Dokumentation und als Nachschlagewerk.

Diese Dokumentation und damit die Archivierung des Börsengeschehens übernahm nun die Deutsche Börse AG. Die Kurse werden nach Auskunft der Deutschen Börse AG nach Handelsschluss in das Netz eingespeist.

Das »Oeffentliche Börsen-Coursblatt des Wechselmakler-Syndicats zu Frankfurt am Main« wurde erstmals am 2. Januar 1851 von den vereidigten Sensalen – so der damalige Name des Wechselmaklersyndikats – verlegt. Anlass für die Herausgabe eines offiziellen Kursblatts waren die bis zu diesem Zeitpunkt zu beobachtenden Missstände bei den Kursnotierungen. Denn oftmals wichen die Notierungen auf den Kurszetteln der verschiedenen Makler deutlich voneinander ab. Ein weiteres Ärgernis war die Veröffentlichung der Kurse in den Zeitungen, so dass auch diskutiert wurde, den Zeitungen die Aufnahme von Börsenkursen zu untersagen. Deshalb drängten die Behörden der Stadt darauf, dass sich die Makler selbst auf eine Ordnung der Notierungen einigen sollten. Das Ergebnis war dann die Syndikatsordnung von 1850 – nach dem Vorbild der Pariser Börse, die auch die Kursfeststellung regelte.

Preisermittlung für neue Aktien: durch Bookbuilding

Seit dem Börsengang der Telekom im Herbst 1996 kennt der deutsche Aktienmarkt neben dem Festpreisverfahren eine neue Art, den Emissionspreis neuer Aktien zu ermitteln: das Bookbuilding. Seitdem ist das angelsächsische Verfahren – trotz aller Kritik – zum etablierten Verfahren und zum internationalen Standard zur Preisermittlung junger Aktien geworden.

Bookbuilding verläuft in mehreren Abschnitten: In der Marketing-Phase wird versucht, potentielle Investoren auf das Unternehmen und die Emission mit Research-Berichten, Gesprächen mit der Presse und institutionellen Investoren, so genannten Road-Shows, Zeitungsanzeigen oder Fernsehspots aufmerksam zu machen. Da es sich beim Bookbuilding um ein Platzierungsverfahren handelt, das die Anleger in die Preisgestaltung der Aktie mit einbezieht, ist ein Ziel der Unternehmenspräsentation, Hinweise auf Preisvorstellungen der Investoren zu erhalten.

Danach spricht der Konsortialführer mit institutionellen Anlegern wie Fonds oder Versicherungen und erkundet den möglichen Preis. Dabei wird hart diskutiert, denn die Anleger-Profis wollen das Papier möglichst billig kaufen, Bank und Unternehmen dagegen möglichst teuer verkaufen. Die Preisindikationen bilden schließlich die Grundlage für die anschließende Festlegung der Preisspanne, innerhalb der die Anleger für die neuen Aktien ihre Zeichnungsgebote abgeben können. Dann schließt sich das eigentliche Bookbuilding an. Institutionelle wie private Anleger haben meist zwei Wochen Zeit, ihre Orderwünsche abzugeben. Hier lassen die Anleger bei dem Konsortialführer der Emission in einer Art »elektronischem Zeichnungsbuch« eintragen, zu welchem Preis sie welche Anzahl der Aktien ordern. Die abgegebenen Zeichnungen beeinflussen – auch durch entsprechende Limitierung – die Preisgestaltung der neu zu emittierenden Aktien. So ergibt sich eine Schichtung der Aktiennachfrage in verschiedenen Preisstufen mit den unterschiedlichen Mengen.

Nach Abschluss der Bookbuilding-Phase werden alle eingehenden Kaufaufträge gesammelt und analysiert. Schließlich wird der endgültige Emissionspreis bestimmt. Dabei bewegt sich der Preisrahmen in engen Grenzen. Meist betragen die Spannen bei mittleren Preisen zwischen 12 und 20 Prozent. Aus den eingegangenen Orders wird dann mit Blick auf die aktuellen Marktverhältnisse der endgültige Ausgabepreis aus der Preisspanne gemittelt.

Früher wurden neue Aktien ausschließlich nach dem Festpreisverfahren an die Börse gebracht. Der Börsenkandidat und das emissionsbegleitende Kreditinstitut oder ein Bankenkonsortium vereinbarten einen festen Platzierungspreis. Dieser wurde aufgrund einer Unternehmensbewertung ermittelt, Markteinflüsse spielten eine eher untergeordnete Rolle. Da die tatsächlich vorhandene Investorennachfrage erst nach der Verkaufsfrist ermittelt wurde, war der Emissionskurs nicht immer marktgerecht. Oftmals lag der Ausgabepreis zu hoch. Die Zeche zahlten dann die Anleger: Der Börsenkurs neuer Aktien rutschte oft schon unmittelbar nach der Emission deutlich unter den Ausgabepreis. Zunehmende Kursschwankungen und die Fehleinschätzungen des besten Neuemissionspreises in der Vergangenheit machten ein neues Verfahren überfällig.

Dagegen werden beim Bookbuilding die Preisvorstellungen der Investoren – hier: sinnvollerweise der institutionellen Börsenprofis – in den Preis integriert. Damit bestimmen die Aktienkäufer mit über den Emissionspreis der Papiere. Und ähnlich einer Auktion definieren die Konsortialbanken eine Preisspanne, innerhalb der die Anleger ihre Gebote zum Kauf neuer Aktien abgeben können. Dies soll zu stabileren Kursen führen.

Durch das Bookbuilding kommt es nach der Börseneinführung der Aktie seltener zu einem sofortigen Kursrutsch. Beim Festpreisverfahren schaffte nur die Hälfte der Unternehmen einen positiven Kursverlauf, bei den Bookbuilding-Kandidaten immerhin drei Viertel.

Für den Börsenkandidaten bedeutet das Bookbuilding im Vergleich zum Festpreisverfahren einen erheblich höheren Aufwand: Die Investor-Relations-Aktivitäten verursachen zusätzliche Kosten. Personelle Kapazitäten für die Unternehmenspräsentation und Einzelgespräche mit Analysten und Anlageberatern müssen geschaffen werden. Für die Anleger schmälert das Bookbuilding das Risiko, Neuemissionen zu einem überhöhten Kurs zu zeichnen. Trotzdem steht das Verfahren durch die häufigen hohen Kurssprünge bei Neuemissionen am ersten Handelstag in der Kritik. Ein flexibles Heraufsetzen des Ausgabepreises bei hoher Nachfrage, wie es in den USA üblich ist, wurde in Deutschland bislang nur selten durchgeführt.

Hausse und Baisse oder Boom und Crash: Geschichte(n)

Die Börse ist keine Einbahnstraße. Nach dem Anstieg geht es auch wieder nach unten. Die Börsenwelt hat dafür verschiedene Begriffe: Befindet sich die gesamte Börse im steilen Aufschwung, nennen dies die Börsianer Hausse. Das Wort kommt vom französischen »haut« (hoch). Eine lang anhaltende Talfahrt der Kurse heißt dagegen Baisse. Auch hier stand die französische Sprache Pate: »bas« heißt tief. Und ein Börsencrash ist ein dramatischer Verfall der Börsenkurse um 10 oder 20 Prozent innerhalb kurzer Zeit. Über das Warum streiten die Gelehrten. Für die einen sind die Gründe wirtschaftliche Schwächezeichen oder Kursdellen, andere nennen die kollektive Angst vor Verlusten. Nur selten sind Gründe wie Spannungen in der Weltwirtschaft oder eine besondere politische Lage tatsächlich auszumachen. Typisch ist auch, dass Erklärungen immer erst hinterher überzeugen. Aber eines ist sicher: Der nächste Crash kommt – und für die meisten aus heiterem Himmel.

Die Börsensprache hat viele Worte für die Beschreibung der jeweiligen Markttendenz. Das Spektrum zwischen Hausse und Baisse wird mit vielen Abstufungen ausgedrückt.

Hausse	Sehr starke Kurssteigerungen, anhaltender Kursanstieg
Fest	Gewinne bis etwa 5 Prozent des Kurswerts
Anziehend	Kleine Gewinne
Freundlich	Kursgewinne mit zunehmender Nachfrage
Erholt	Steigende Kurse nach einem Rückgang
Gehalten, behauptet	Trotz starkem Angebot nur kleine Verluste
Lustlos	Kaum Nachfrage, geringe Umsätze
Abbröckelnd	Stetig leicht zurückgehende Kurse
Leichter, nachgebend	Geringe Kursverluste
Schwächer	Gewisse Kursverluste
Schwach	Kursrückgänge bis zu 5 Prozent
Baisse	Anhaltender Kursrückgang

Abb. 27: Die wichtigsten Begriffe der Börsensprache

Berühmte Crashs: Schwarze Tage in der Börsengeschichte

Der Inbegriff eines verheerenden Börsencrashs ist das Börsengeschehen Ende Oktober 1929. Er begann mit einem Kurssturz von 12 Prozent an der New Yorker Börse. Dies war ebenso der Auftakt einer langen Baisse, in deren Verlauf sich der Dow Jones zehntelte, wie auch der Beginn der Weltwirtschaftskrise von 1929 bis 1933.

In Erinnerung dürfte dagegen vielen noch der Crash am

Schwarzen Montag, dem 19. Oktober 1987, sein. Der Dow-Jones-Index verzeichnete 22 Prozent Verlust – ein Sturz von 508 Punkten. Dies ist der höchste Tagesverlust in der Geschichte des Dow Jones. Bei einzelnen Werten gab es einen Kurseinbruch von bis zu 30 Prozent. In Frankfurt ließ der Sturz der Wall Street die Kurse um 9,4 Prozent sinken. Und innerhalb zehn Wochen verloren sie 40 Prozent. Die Katastrophe war von Zinserhöhungen ausgelöst worden.

Dazu der Untersuchungsbericht, den der damalige amerikanische Präsident in Auftrag gegeben hatte: »Vom Börsenschluss am Dienstag, dem 13. Oktober 1987, bis zum Börsenschluss am 19. Oktober fiel der Dow Jones Industrial Average um 769 Punkte, das sind 31 Prozent. An diesen vier Börsentagen sank der Wert sämtlicher im Umlauf befindlicher amerikanischer Aktien um nahezu 1 Billion Dollar.«

Zum Ausbruch des Golfkriegs am 6. August 1990 fielen in Frankfurt die Aktienkurse um 5,4 Prozent. Insgesamt sanken sie in diesem Vierteljahr um 20 Prozent. Und die Regierungskrise in Moskau beim Putsch gegen Gorbatschow bescherte den deutschen Anlegern 1991 ein Minus von 9,4 Prozent. Den letzten großen Crash gab es 1997. Durch die Wirtschaftsprobleme der asiatischen Tigerstaaten verlor der DAX® in vier Börsentagen Ende Oktober 20 Prozent.

Ein Wochentag wurde zum Krisenbegriff

Die Börsensprache beschreibt bestimmte Wochentage als schwarze Tage. Schwarz assoziiert das Dunkle und Ungewisse, das Unglück. Schwere Zeiten nannte man schon früher dunkel. In der zupackenden und unmissverständlichen Sprache der Börse wurde daraus schwarz.

Und wenn es kracht, dann ist es meistens Oktober. Zumindest ist die zweite Jahreshälfte »crashanfälliger« als die erste. Der erste Schwarze Freitag war 1869, als am Freitag, dem 24. September, viele Anleger durch Manipulationen amerikanischer Spekulanten auf dem Goldmarkt ruiniert wurden.

> Doch seitdem hat sich der Begriff »Schwarzer Freitag« längst von seinem angestammten Platz im Kalender gelöst. Jeder Tag, an dem die Aktienkurse an der Börse zerbröseln, wird mittlerweile zum Schwarzen Freitag gekürt – auch wenn er eigentlich ein Donnerstag ist – wie zum Beispiel der 24. Oktober 1929.
> Am 9. Mai 1873, einem Freitag, folgte der Wiener Börsenkrach, der Beginn der Großen Depression des vergangenen Jahrhunderts. Auch der 10. Juli 1931 gilt als Schwarzer Freitag. Damals verweigerte die Deutsche Reichsbank, Schecks der Danat Bank (Darmstädter und Nationalbank) einzulösen. Als Folge kam es zu einer allgemeinen Bankenkrise.

Aktienanalysen und Kurstheorien: mit Zahlen und Charts

Anleger werden überschwemmt von Informationen zur Börsenanlage – von Unternehmen, den Medien, Analysten, Wertpapierhäusern und Banken. Dabei ist es schwierig, die Spreu vom Weizen zu trennen. So sind beispielsweise nicht alle Unternehmensinformationen wichtig, bei manchen handelt es sich um reines Blendwerk, um die Aufmerksamkeit von Wesentlichem abzulenken. Und auch bei Anlagetipps muss man genau hinschauen – wer weiß denn schon, warum eine Aktie wie saures Bier angepriesen wird.

»Nimm dir so viel Zeit für die Analyse einer Aktie wie für den Kauf eines Kühlschranks.« Peter Lynch, der bekannte amerikanische Fondsmanager, wusste, wovon er sprach. Denn vor der Geldanlage oder Spekulation gibt es nur eines: sich informieren! Geeignet ist hierfür zuerst der Geschäftsbericht eines Unternehmens, aus dessen Angaben sich – mit etwas Übung und dem Blick für das Wesentliche – ein Bild des Unternehmens formt. Beispielsweise sollte man auf eine hohe Eigenkapitalquote achten. Diese ist umso höher, je geringer die Schulden sind. Eine gute Quote macht die Gesellschaft krisenfest und verschafft ihr Spielräume.

Man sollte die Analysen der Börsenprofis lesen, verstehen und nutzen können, aber nicht blind den Analystenempfehlungen »kaufen – halten – verkaufen« folgen, sondern hinterfragen, warum die Experten zu diesen Einschätzungen kommen. Um verlässliche Kursprognosen für die Zukunft abgeben zu können, haben Anlageexperten ein umfangreiches Instrumentarium entwickelt. Hier gibt es grundsätzlich zwei Ansätze: zum einen die fundamentale und zum anderen die technische Methode.

Fundamentalanalysten machen sich in ihrer quantitativen Analyse anhand von Jahresabschlüssen und Bilanzen ein Bild vom Gewinn und der Ertragskraft des jeweiligen Unternehmens. Dabei werden mit den Unternehmensdaten auch jene Renditekennzahlen ermittelt, aus denen Börsianer Rückschlüsse auf die Qualität und die Gewinnchancen der einzelnen Aktien ziehen.

Neben dieser klassischen Analyse von Bilanz- und Erfolgsrechnung des jeweiligen Unternehmens fließen zudem qualitative Faktoren in die Unternehmensbewertung ein. So werden die Stellung des Unternehmens am Markt und in der Branche, das technische Know-how, die Managementleistung bis hin zur Angebotspalette, Auftragslage und Zukunftserwartung beurteilt und bewertet. Das Ergebnis sind jene spezifischen Unternehmensanalysen, die Sie als Anleger auf Anfrage von Ihrer Bank erhalten, wenn Sie sich für einzelne Aktien interessieren.

Die Fundamentalanalyse wird ergänzt durch die technische Analyse, die sich mit der Markt- und Börsenverfassung beschäftigt. Verspricht eine Aktie laut Fundamentalanalyse Gewinn, ist ein Blick auf die Gesamtverfassung der Börse oder eine Trendanalyse angesagt. Die technische – auch Chartanalyse genannt – filtert aus dem Kursverlauf eines aussichtsreichen Papiers Hinweise für den besten Zeitpunkt zum Kauf und Verkauf heraus.

Renditekennzahlen der Aktienanalyse

Dividendenrendite. Kaum jemand dürfte eine Aktie wegen der Dividende kaufen, den meisten sind die Kursgewinne lieber. Dennoch ist die jährliche Ausschüttung ein gern genommenes Zubrot.

Zur Berechnung der Dividendenrendite setzt man die zuletzt gezahlte Dividende ins Verhältnis zum aktuellen Kurs.

$$\text{Dividendenrendite} = \frac{\text{Dividende} \times 100}{\text{Aktienkurs}}$$

Beispiel: Ein Unternehmen schüttet eine Dividende von 5 Euro aus. Der Kurs liegt bei 150 Euro. Damit ist eine Dividendenrendite von 3,3 Prozent festzustellen.

Generell gilt: Je höher die Dividendenrendite, desto besser – weil risikoloser – ist ein Papier zu beurteilen. Man sollte dieser Zahl aber nicht blind vertrauen. Eine hohe oder steigende Dividendenrendite kann auch ein Warnsignal sein. Denn ein permanent fallender Aktienkurs führt zwangsläufig zu einer immer höheren Dividendenrendite.

Gewinn je Aktie. Diese Kennzahl dient als Grundlage zur Berechnung des Kurs-Gewinn-Verhältnisses. Aus dem Jahresabschluss errechnet der Analyst den Gewinn des Unternehmens. Dieser kann erheblich von dem ausgewiesenen Gewinn abweichen, da in den Bilanzgewinn auch außerordentliche Erträge, beispielsweise durch Verkäufe von Immobilien oder Auflösung von Rücklagen, einfließen. Die Informationen des Unternehmens können verwässert sein, etwa durch eine geschönte Bilanz oder besondere Vorkommnisse.

Den Analysten aber interessieren nur die laufenden Erträge. Die Gewinne werden nach der DVFA-Formel berechnet, einer von der Deutschen Vereinigung für Finanzanalyse und Anlageberatung (DVFA), der Vereinigung deutscher Analysten, entwickelten Formel, die die Schätzungen vergleichbar machen soll.

Ergebnis nach DVFA = Jahresüberschuss
- außerordentliche und aperiodische Erträge
+ außerordentliche und aperiodische Aufwendungen
+/– sonstige bereinigende Posten

Den Gewinn teilt man dann durch die Zahl der ausgegebenen Aktien des Unternehmens. Das ergibt den Gewinn je Aktie.

$$\text{Gewinn je Aktie} = \frac{\text{Jahresüberschuss}}{\text{Anzahl der Aktien}}$$

Beispiel: Der Gewinn einer Aktiengesellschaft wird auf 600 000 Euro geschätzt. Es sind 40 000 Aktien auf dem Markt. Das Ergebnis je Aktie ist also 15 Euro.

Kurs-Gewinn-Verhältnis (KGV). Das Kurs-Gewinn-Verhältnis ist mittlerweile die bekannteste Aktienkennzahl. Mit dem KGV kann verglichen werden, wie teuer oder billig eine nationale oder internationale Aktie ist. Das KGV nimmt den aktuellen Börsenkurs und teilt ihn durch den Gewinn je Aktie.

$$\text{KGV} = \frac{\text{Aktienkurs}}{\text{Gewinn je Aktie}}$$

Die Kennzahl gibt also an, wie oft der Gewinn pro Aktie im aktuellen Börsenkurs enthalten ist. Daraus ergibt sich der Faktor, mit dem die Börse bereit ist, den erwarteten Ertrag im laufenden Jahr zu bezahlen. Oder: Die Aktie kostet das x-fache des Gewinns, den sie erwirtschaftet. Oder: Das Kurs-Gewinn-Verhältnis gibt an, mit dem Wievielfachen des Jahresgewinns die Aktie zur Zeit an der Börse bewertet wird. Oder noch anders ausgedrückt: Wie viele Jahre muss ein Aktionär warten, bis er seinen Kapitaleinsatz durch Gewinnausschüttungen zurückerhält?

Beispiel: Der aktuelle Aktienkurs liegt bei 300 Euro. Der Gewinn je Aktie wurde mit 15 Euro ermittelt. Die Aktie hat ein KGV von 20. Steigt der Gewinn je Aktie auf 20 Euro, kann der Aktienkurs bei gleichem KGV auf 400 Euro steigen. Dann verfügt die Aktie über ein Kurspotential von 100 Euro.

Ein isoliertes Ergebnis aus der KGV-Berechnung sagt wenig aus. Erst im Vergleich zu anderen Aktien oder dem Gesamtmarkt wird die Zahl aussagekräftig. Prinzipiell gilt: Je niedriger das KGV, desto billiger ist die Aktie. Und je höher, desto teurer. Aktuell haben DAX®-Werte meist ein KGV zwischen 21 und 23. Kleinere Werte liegen bei 12 bis 14. Im langjährigen Durchschnitt haben deutsche Aktien ein KGV von rund 15. Bei deutlich höherem KGV sollten

Anleger vorsichtig disponieren: Dann könnten die Aktien, gemessen am Gewinn, teuer gehandelt werden.

Generell wird wachstumsstarken Unternehmen ein höheres KGV zugestanden als Unternehmen mit geringerem Wachstumspotenzial. Aus diesem Grund sind beispielsweise Telekommunikationstitel in letzter Zeit höher bewertet als andere Papiere.

Bei Internettiteln (siehe Kapitel 7) dagegen gibt es häufig nur rote Zahlen und keinen Gewinn – und deswegen eigentlich keine übliche KGV-Berechnung. Bei solchen Werten bedienen sich die Analysten eines Tricks: Sie betrachten nicht nur den Gewinn des laufenden, sondern auch den der kommenden Geschäftsjahre. Ein Unternehmen, dessen Erträge von Jahr zu Jahr stark steigen, kann zum Beispiel auf Basis der aktuellen Gewinnschätzung teuer, auf Sicht von ein oder zwei Jahren aber billig oder angemessen bewertet sein, wenn sich der Gewinn von Geschäftsjahr zu Geschäftsjahr verdoppelt. Und wegen der stark gestiegenen Kurse ergeben sich dann utopisch hohe KGVs von 100 oder höher. Dabei gilt als Faustregel: Das KGV sollte nicht höher als das Gewinnwachstum sein. International ist das KGV übrigens nur selten vergleichbar. In Japan ist es doppelt so hoch wie in Deutschland. Man sollte sich also nie allein auf diese Kennzahl verlassen.

Kurs-Cashflow-Verhältnis (KCV). Der Cashflow, also die »fließenden« Barmittel, eines Unternehmens erfasst die von einem Unternehmen innerhalb eines bestimmten Zeitraums erwirtschafteten Mittel. Am Cashflow lassen sich die Finanzkraft und Liquidität einer Aktiengesellschaft ablesen. Das sind vor allem der Gewinn plus Abschreibungen und Pensionsrückstellungen. Der Cashflow wird zur Zahlung von Dividenden, für Investitionen oder zur Schuldentilgung verwendet. Hinter dieser Vorgehensweise steht die Überlegung, dass besonders Abschreibungen den Gewinn drücken. Tatsächlich sind diese aber ein Zeichen dafür, dass sich die Firma neue Anschaffungen leisten konnte, sich somit konkurrenzfähiger machte. Bei sehr hohen Abschreibungen dürfte der Investitionsgrad des Unternehmens hoch sein. Dies kann auf eine moderne und innovative Technik hinweisen.

Cashflow = Jahresgewinn/-verlust (Dividende + Rücklagenzuführung − Rücklagenauflösung)
+ AfA Sachanlagen (Abschreibung für Abnutzung)
+ AfA Finanzanlagen
+ Zinsen für Fremdkapital
+ Erhöhung der langfristigen Rückstellungen
+ außerordentliche Aufwendungen
− außerordentliche Erträge

Wenn man den Kurs einer Aktie durch den Cashflow je Papier teilt, erhält man das Kurs-Cashflow-Verhältnis. Die Kennziffer KCV zeigt, mit dem Wievielfachen des bereinigten Gewinns die Aktie gehandelt wird. Je kleiner das KCV, umso attraktiver ist eine Aktie.

$$KCV = \frac{Aktienkurs}{Cashflow\ je\ Aktie}$$

Ein KCV von 2 zum Beispiel bedeutet, dass der aktuelle Aktienkurs innerhalb von zwei Jahren aus dem Finanzmittelfluss gedeckt ist. Je höher das KCV, desto teurer ist eine Aktie.

$$Dividendenrendite = \frac{Dividende \times 100}{Aktienkurs}$$

Gibt an, wie sich das eingesetzte Kapital verzinst. Vergleichbar mit der laufenden Verzinsung von Anleihen.

$$Gewinn\ je\ Aktie = \frac{Jahresüberschuss}{Anzahl\ der\ Aktien}$$

Gibt jenen Teil des Unternehmensgewinns an, der rechnerisch auf eine einzelne Aktie entfällt.

$$Kurs\text{-}Gewinn\text{-}Verhältnis\ (KGV) = \frac{Aktienkurs}{Gewinn\ je\ Aktie}$$

Preis-Leistungs-Verhältnis der Aktienanlage: Gibt an, zum Wievielfachen des Gewinns die Aktie an der Börse gehandelt wird.

> Kurs-Cashflow-Verhältnis (KCV) = $\dfrac{\text{Börsenkurs}}{\text{Cashflow je Aktie}}$
> Gibt an, zum Wievielfachen der liquiden Mittel je Aktie das Papier an der Börse notiert wird.
>
> Cashflow = Jahresgewinn/-verlust (Dividende + Rücklagenzuführung − Rücklagenauflösung)
> + Afa Sachanlagen (Abschreibung für Abnutzung)
> + Afa Finanzanlagen
> + Zinsen für Fremdkapital
> + Erhöhung der langfristigen Rückstellungen
> + außerordentliche Aufwendungen
> − außerordentliche Erträge
> Ein Unternehmen kann Jahr für Jahr Gewinne ausweisen, seine liquiden Mittel können aber trotzdem versiegen, wenn sie beispielsweise in neue Investitionen fließen. Das kann bis zum Liquiditätskollaps führen. Der Cashflow misst daher jene Geldmenge, die im Jahresverlauf dem Unternehmen zufließt.

Abb. 28: Die Renditekennzahlen der Aktienanalyse auf einen Blick

Beta-Faktor. Der Beta-Faktor ist ein viel benutzter Indikator für Aktienanalysen. Er zeigt den Zusammenhang zwischen der Kursentwicklung der Einzelaktie und dem Aktienindex an. Der Beta-Faktor sagt aus, wie volatil eine Aktie ist, wie stark also ihr Kurs schwankt. Allerdings macht der Faktor keine Angabe über die Richtung des Kursausschlags.

Ermittelt wird der Anzeiger höchst kompliziert, wurde er doch von William Shappe erdacht, der 1990 zusammen mit zwei weiteren Ökonomen mit dem Nobelpreis für Wirtschaftswissenschaften ausgezeichnet wurde. Ausgehend von Ein-, Zwei- und Vierwochenrenditen wird eine Durchschnittsrendite ermittelt, danach die Streuung der einzelnen Renditewerte gegenüber der Durchschnittsrendite, um die Standardabweichung zu erlangen. Schließlich wird der Streuungswert der entsprechenden Aktie durch den des Index geteilt. Das ist dann der Beta-Faktor.

Beta-Faktor > 1 ⇒ Die Aktie schwankt stärker als der Gesamtmarkt.
Beta-Faktor = 1 ⇒ Die Aktie bewegt sich wie der Gesamtmarkt.
Beta-Faktor < 1 ⇒ Die Aktie schwankt nicht so stark wie der Gesamtmarkt.

Abb. 29: Der Beta-Faktor

Hat eine Aktie einen Beta-Faktor von 1,4, dann steigt und fällt die Aktie 1,4-mal so stark wie der Gesamtmarkt. Der Beta-Faktor gibt wichtige Hinweise für die richtige Risikozusammensetzung des Portfolios. Bei der Erwartung einer Hausse konzentriert man sich auf Werte mit einem hohen Beta-Faktor, bei einem befürchteten Kursrückgang sollte man Aktien nahe 0 favorisieren. In Zeiten der Ungewissheit werden Titel mit dem Faktor von etwa 1 bevorzugt. Grundsätzlich ist es wichtig, von aktuellen Beta-Faktoren auszugehen.

Korrelationskoeffizient. Die Frankfurter Wertpapierbörse ermittelt den Korrelationskoeffizienten für jeden der 30 Werte im Deutschen Aktienindex im Verhältnis zum DAX®. Damit wird ein Maß für die Stärke und Richtung der Kursbewegung einer Aktie mit der Bewegung des Index angezeigt.

Bei einem Wert von 1 entwickelt sich die Aktie wie der Index – beide schwanken gleich. Ist der Wert 0, gibt es keinen Zusammenhang. Bewegen sich die beiden Kurse genau entgegengesetzt, ist der Korrelationskoeffizient –1. Allerdings sind die beiden Extremwerte 1 und –1 selten.

Technische Analyse

In Deutschland startete das Kurvenfieber mit den ersten Hoppenstedt-Charts im Jahre 1967. Noch immer finden regelrechte Glaubenskriege an der Börse um die technische Analyse statt. Die einen witzeln darüber, die anderen beten sie an – und handeln danach.

Den Grundstein für die technische Analyse legte Dow Jones um 1900. Seine Theorie wurde in der Folgezeit erweitert und vertieft. Dabei handeln die so genannten Techniker nach drei Grundannahmen. Erstens sind in den Kursen alle verfügbaren Informationen enthalten. Zweitens bewegen sich die Kurse in Trends. Drittens: Die Geschichte wiederholt sich. Deswegen versucht der technische Analyst bei einer Chartanalyse, aus den Kursen der Vergangenheit Vorhersagen für die Zukunft zu treffen. Er legt Trendlinien an den Kursverlauf, sucht nach Unterstützungen und Widerständen auf dem Weg nach unten oder oben und leitet aus bestimmten Kursmustern, so genannten Formationen, Kursrichtungen und Kursziele ab. Die Charttechniker wollen den Trend eines Wertpapiers frühzeitig erkennen, ihm dann so lange wie möglich folgen und wieder rechtzeitig aussteigen, bevor der Trend dreht. Entscheidend sind die daraus resultierenden Kauf- und Verkaufssignale.

Beispielsweise ist es bei einem tendenziell steigenden Aktienkurs nach der technischen Analyse sinnvoll, auf einen weiterhin steigenden Trend zu setzen. Wenn die Trendlinie von der aktuellen Kursentwicklung durchbrochen wird, kann eine Änderung des Trendverlaufs bevorstehen. Allerdings werten die Techniker nicht jede Verletzung der Trendlinie als Trendumkehr. Ist der Trend nur geringfügig oder kurzfristig verletzt, ist dies ohne größere Bedeutung, wenn sich der Kurs danach wieder trendkonform verhält. Die Nachhaltigkeit der Kursentwicklung auf dem Chart ist eine wichtige Bedingung für den Chartisten: Durch- oder Ausbrüche werden nur beachtet, wenn sie mindestens drei Tage lang halten und einen Unterschied von 3 Prozent zur Trendlinie ausmachen.

Wie auch immer man selbst zur Chartanalyse stehen mag: Sie beeinflusst die Börse und die Kurse. Ein viel gehegter Einwand gegen die technische Analyse ist, dass die Kurvendeutung nur deshalb

Quelle: ASP

Abb. 30: So arbeitet die technische Analyse

funktioniert, weil sich genügend Anleger daran halten. Trotzdem oder deswegen kann die allgemeine Regel für alle Anleger nur lauten: Kaufen oder verkaufen Sie nie vollkommen gegen den Kurs- oder den allgemeinen Markttrend.

Charts. Ein Chart (engl. eigentlich Seekarte oder Tabelle) stellt in einer Grafik die Kursentwicklung dar, die in ein Koordinatenkreuz eingetragen wird. Senkrecht: Preisachse. Waagerecht: Zeitachse

Liniencharts sind die meistgebrauchten Charts. Die täglichen Schlusskurse werden einfach zu Linien verbunden. Der Vorteil: Sie sind übersichtlich. Allerdings sind kleine Veränderungen nicht erkennbar.

Balkencharts bestehen aus senkrechten Strichen. Das obere Ende ist der Höchst-, das untere Ende der Tiefstkurs der täg-

> lichen Kurse. Zudem sind Eröffnungs- und Schlusskurs auf
> dem Balken markiert. Balkencharts sind weniger übersicht-
> lich, enthalten aber mehr Informationen.

Trendlinie. Bei aufwärts zeigendem Trend legen die Technik-Analysten eine Trendlinie an die ersten beiden Zwischentiefs, auch Böden genannt. Diese Tangenten zeigen die Intensität des vorhandenen Trends. Bewegt sich der Kurs weiter oberhalb der Linie, ist der Aufwärtstrend intakt. Wird sie jedoch nachhaltig nach unten durchbrochen, ist dies ein Verkaufssignal. Bei sinkendem Kurs wird umgekehrt verfahren. Die Linie wird an den ersten beiden Zwischenhochs gezogen und zeigt den Abwärtstrend. Durchbricht der Kurs die Linie nachhaltig nach oben, ist dies ein Kaufsignal.

Trendkanal. Einen Trendkanal erhalten die Techniker, indem sie neben der Trendlinie eine zweite Gerade durch die oberen Kurspunkte ziehen und die Linien in etwa parallel laufen. Solange sich die Kurskurve innerhalb der beiden Geraden bewegt, ist keine Richtungsänderung des Trends zu erwarten. Ausbrüche aus dem Kanal dagegen werden als Signale für einen verstärkten Aufwärtstrend oder für ein Ende des bestehenden Aufwärtstrends verstanden.

Widerstands- und Unterstützungslinien orientieren sich an früheren Höchst- und Tiefstkursen. Ein Widerstand liegt vor, wenn der Kurs nach mehreren Aufwärtsbewegungen eine bestimmte Marke nicht überwinden kann. Eine Unterstützung ist das Niveau, das der Kurs bei mehreren Abwärtsbewegungen nicht unterschritten hat.

Bei den Widerstandslinien steht die Annahme dahinter, dass viele Marktteilnehmer, die einmal zu solchen Höchstkursen eingestiegen sind, verkaufen, wenn die Kurse das alte Niveau erreicht haben. Deshalb entsteht nach Auffassung der Techniker an solchen Punkten immer wieder ein erhöhtes Angebot, und die Börse benötigt mehrere Anläufe, um dieses Niveau zu überschreiten. Eine Widerstandslinie steht also einem Kursaufschwung entgegen und stellt eine vorläufige Obergrenze für die Kursentwicklung dar. Das Kaufsignal ist hierbei die Überwindung des Widerstands.

Wenn die Kurse auf einen alten Tiefpunkt gesunken sind, glauben andererseits viele technisch orientierte Börsianer, dass nun der Boden erreicht sei. Es kommt an diesen Punkten zu nachlassender Verkaufsbereitschaft und parallel zu erneuter Nachfrage, so dass sich eine Unterstützungslinie bildet, die einen weiteren Kursrückgang zumindest zeitweise verhindert. Anleger sollten also nicht verkaufen, solange eine Unterstützungslinie hält.

Gleitende Durchschnitte. Durch die Unterstützungslinien werden wenig aussagefähige Tagesschwankungen ausgeschaltet und stattdessen Durchschnitte für 38, 80, 100 oder 200 Börsentage in das Kurschart eingetragen. Damit sind uneinheitliche Kursbewegungen geglättet und der Kurstrend wird klarer ersichtlich. Beim gleitenden Durchschnitt für beispielsweise 200 Tage wird für jeden Börsentag ein Durchschnittskurs aus den letzten 200 Börsentagen – inklusive des aktuellen Tageskurses – gebildet. An jedem folgenden Börsentag wird der älteste Kurs weggelassen, der aktuelle Tageskurs kommt hinzu – daher der Name: gleitender Durchschnitt.

Die Analytiker sehen ein Kaufsignal, wenn die Chartlinie den GD von unten nach oben schneidet. Sinkt die Chartlinie unter die Durchschnittslinie, ist dies ein Verkaufssignal. Die Gefahr von Fehlsignalen ist allerdings umso größer, je geringer die Zahl der Werte des gleitenden Durchschnitts. Das heißt: Die 200-Tage-Linie ist aussagekräftiger als die für 38 Tage. Andererseits kann die 200-Tage-Linie auf plötzliche Veränderungen des Kursniveaus auch nur sehr träge reagieren.

Formationen: Wimpel, Rechtecke und Untertassen. Zur Interpretation des Chartbilds werden typische geometrische Figuren benutzt. Dabei unterscheidet man trendbestätigende von Trendumkehrformationen, die eine Änderung des bisher vorherrschenden Trends signalisieren.

Zu den trendbestätigenden Formationen gehören Wimpel oder Keile. Sie bilden sich meist nach einem starken Kursanstieg oder

Kursrückgang bei hohen Umsätzen. Der eigentliche Trend wird zunächst von einer gegenläufigen Kursbewegung unterbrochen, wobei die Kursschwankungen sich kontinuierlich vermindern.

Rechtecke und Dreiecke können sowohl einen Trend bestätigen wie auch eine Trendumkehr anzeigen. Beim Rechteck stellt die untere Begrenzung eine Unterstützungslinie, die obere eine Widerstandslinie dar. Zeitweise demonstriert die Formation allein die Seitwärtsentwicklung des Kurses in einem unterschiedlich stabilen Korridor. Erst nach einem abschließenden Ausbruch nach oben oder unten zeigt es sich, ob es sich um eine Trendumkehr- oder Trendbestätigungsformation handelt.

Eindeutig Trendumkehr signalisiert die Kopf-Schulter-Formation, die sich am Ende einer Baisse und einer Hausse bilden kann. Die Ausbildung einer solchen Formation kann Monate dauern. Varianten davon sind die M- und W-Formation mit Doppelboden oder Doppelspitze. Einen allmählichen Trendwechsel zeigt die Suppenschüssel- oder auch Untertassen-Formation. Dabei erstreckt sich die Entstehung über mehrere Monate mit einer starken Seitwärtsbewegung.

Kurstheorien: Zyklen von Kondratieff und Elliot. Kondratieff-Wellen, genannt nach dem russischen Wissenschaftler Nikolai Kondratieff, werden definiert als weitläufige Konjunkturwellen von 40 bis 60 Jahren Dauer, deren Auslöser jeweils eine spezifische Basisinnovation ist. Und in diesem langfristigen Abstand von etwa 50 Jahren hatte es stets einen Aufschwung gegeben.

Die erste der langen Wellen baute sich Ende des 18. Jahrhunderts auf. Damals brachte die Dampfmaschine den Übergang von der Agrar- zur Industriegesellschaft, die sich inzwischen zur Informationsgesellschaft gewandelt hat. Dazwischen lagen drei weitere Wellenkämme: Die große Zeit des Stahls, die in der Eisenbahn ihren Ausdruck fand, die Hochphase der Entwicklung von Chemie und Elektrotechnik sowie schließlich die Ära des Automobils und der Petrochemie. Der fünfte, noch laufende Kondratieff, ist unzweifelhaft die Informationstechnik.

Nun theoretisieren Anlageberater über das Wachstumsgebiet der

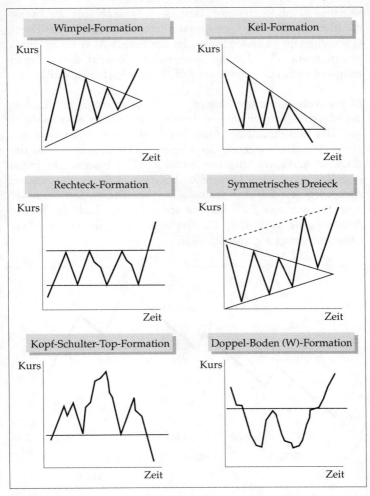

Abb. 31: Formationen zur Interpretation von Chartbildern

sechsten Kondratieff-Welle. Das Asset Management der Investmentfondsgesellschaft Union-Investment nennt hierbei das Thema Gesundheit im weitesten Sinne, das den Branchen Medizintechnik, pharmazeutische Industrie, Sportartikel, Umwelttechnik, Ernährungsindustrie einen enormen Aufschwung verleihen würde.

Elliot-Wellen. Sie berücksichtigen den psychologischen Einfluss der Marktteilnehmer und die daraus entstehenden Kursbewegungen. Das Idealmodell des Amerikaners Ralph N. Elliot sieht eine große Aufwärtsbewegung der Kursentwicklung vor, die aus drei längeren und zwei kürzeren Antriebswellen besteht. Ihr folgen zwei längere und eine kürzere Reaktionswelle, die die Entwicklung zurücknehmen. Für Anleger bedeutet dies: Die Wellen des jeweiligen Kursverlaufs abzählen und spätestens am Ende der fünften Antriebswelle verkaufen. Die Techniker analysieren ein Elliot-Chart bevorzugt mit Trendkanälen.

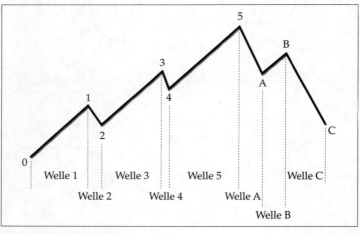

Abb. 32: Das Elliot-Idealmodell

Die Börse – am Beispiel ausgewählter Aktiengesellschaften

Gold-Zack – einst Gummibänder, jetzt Börseneinführungen

Der goldene Zickzackfaden im Gummiband war das Markenzeichen der Gummiband-, Litzen- und Kordelfabrik, gegründet am 1. März 1868. Und der Erfolg der Marke war nicht zu stoppen. Gummiband und Hosenträger wurden zum tragenden Utensil des neuen Wirtschaftswunders in den 50er Jahren – und Gold-Zack (www.goldzack.de) in Mettmann zum Konsumklassiker. Das Unternehmen expandierte, fusionierte schließlich 1969 mit Hüssy & Künzli im badischen Murg und wurde so zum größten selbständigen Unternehmen der Branche weltweit. Doch der Niedergang der Textilindustrie in den 70ern traf auch Gold-Zack schwer. Erst Ende der 80er Jahre verbesserte sich die Situation, so dass Gold-Zack 1990 an die Börse ging. Schließlich war die Krise nicht mehr in den Griff zu bekommen und der Großaktionär, die Schickedanz-Holding, ordnete für Anfang 1996 die Schließung der Produktion an.

Wider Erwarten fand sich ein Käufer. Der auf Börseneinführungen spezialisierte Unternehmensberater Dietrich Walther aus Iserlohn, dessen Familie knapp 60 Prozent des Kapitals hält, erwarb die Mehrheit und baute in dreieinhalb Jahren die marode und fast wertlose Textilfirma zu einem Emissionsberatungshaus mit 2 Milliarden Mark Börsenkapitalisierung um. Gold-Zack war nun Dienstleister für Unternehmen beim Börsengang.

Das Unternehmen mit dem traditionsreichen Namen begann also eine zweite Erfolgsgeschichte. Von 1997 bis Mitte Februar 2000 begleitet das Emissionshaus 29 Unternehmen an die Börse.

Im Jahr des 130-jährigen Firmenjubiläums konnte Walther ein erfolgreiches Geschäftsjahr feiern. Vorläufiger Höhepunkt war die Aufnahme der Gold-Zack-Aktie in den Aktienindex MDAX. Damit gehört sie zu den wichtigsten 100 Werten in Deutschland.

Aber so ganz vergessen sind die Gummibänder noch nicht. Es gibt auch weiterhin Gummilitze unter der Gold-Zack – allerdings in Lizenz hergestellt.

Walther baute sich eine umfangreiche Unternehmensstruktur

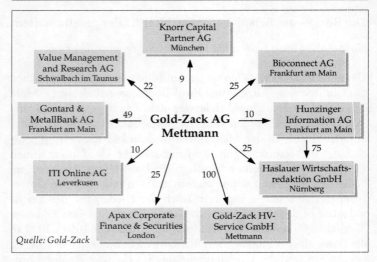

Abb. 33: Struktur der Gold-Zack-Gruppe

auf. 1996 kaufte er sich nicht nur Gold-Zack, sondern auch das Bankhaus Gontard, das über die für Börseneinführungen nötige Vollbank-Lizenz verfügt. Ferner erwarb er 1998 die Metallbank, die im April 1999 mit seiner früheren Beteiligung zur Gontard-Metallbank fusionierte. Und schon Anfang 1997 sicherte er sich einen strategischen Anteil am Finanzdienstleister Value Management & Research AG (VMR).

Außerdem legte Walther einen listigen Köder: Mit seiner APN-Methode – Aktie plus Neuemission – machte er die Gold-Zack-Aktie attraktiv. Denn wer diese kaufte, erhielt damit gleichzeitig das Recht, bei allen Neuemissionen der Gold-Zack berücksichtigt zu werden. Der Hintergrund: Viele Neuemissionen brachten ihren Zeichnern hohe Gewinne, weil die Aktien an der Börse deutlich über dem Ausgabekurs starteten. Solche Zeichnungsgewinne waren aber nur wenigen vergönnt, weil die Nachfrage nach Börsenneulingen meist größer war als das Angebot. Das Emissionshaus Gold-Zack garantiert eine bestimmte Anzahl neuer Aktien. Für jede

Emission werden die Relationen neu festgesetzt. Dabei kann es sein, dass der Zeichner erst einmal eine Aktie kaufen muss, die er eigentlich gar nicht will: die des Emittenten. Gold-Zack führte das APN-Programm Ende 1997 ein und setzte es erstmals im März 1998 beim Going public der Hunziger AG um.

Im Sommer 1999, als die Gold-Zack-Aktie in Börsenhöhen schwebte, holte Walther zum nächsten Coup aus. Er plante eine Finanz-Service-Gruppe durch die Zusammenführung von zunächst drei seiner Beteiligungsgesellschaften: dem Analysehaus VMR, der Gontard & Metallbank und dem Marketingunternehmen Hunziger. Später sollte noch die Beteiligungsfirma Knorr Capital Partner dazu stoßen. Die neue Gruppe sollte sich auf Eigenkapitalbeschaffung, Aktienhandel, Vermögensverwaltung, Beteiligungsfonds und das Sanierungsgeschäft konzentrieren. Es sollte ein Konzern mit einem Börsenwert von mehr als 4 Milliarden Mark entstehen, und die neue Gold-Zack AG eine der ganz großen in der deutschen Finanzszene werden.

Doch der Börsenkurs der Aktie fiel und fiel. Walther beugte sich dem Druck des Kapitalmarkts und vollzog eine Kehrtwende. Der Vorstandsvorsitzende lockerte die strategischen Verbindungen innerhalb des Gold-Zack-Verbunds und gab seine Pläne, die strategischen Beteiligungen in eine Gold-Zack-Finanzholding zu integrieren, auf.

Er verkaufte im Frühjahr 2000 17,9 Prozent seiner Anteile an der Value Management & Research AG (VMR) und hält nunmehr 22 Prozent der Anteile an dem auf Unternehmensanalysen spezialisierten Finanzdienstleister. Die Beteiligung an Knorr Capital Partner hatte er schon im Dezember 1999 von 20 Prozent auf 9 Prozent reduziert. Und die Beteiligung an der Gontard & Metallbank, Frankfurt, soll von 49 Prozent der Anteile auf zwischen 45 und 40 Prozent verringert werden.

Dagegen wird nun die internationale Ausrichtung des Gold-Zack-Verbunds gestärkt. Nach Hinterlegung von Gold-Zack-Aktien durch Gold-Zack bei der Bank of New York soll die Bank ein American-Depository-Receipts-Programm (ADR) ausgeben. Die Papiere sollen an der amerikanischen Börse Nasdaq gehandelt werden. Zudem erwarb Gold-Zack im Oktober 1999 25 Prozent der Anteile an der Finanzgesellschaft Apax Partners & Co, London, mit der sich Walther nun an großen internationalen Emissionen beteiligen will.

Die Zahlen der Gold-Zack AG können sich sehen lassen: Das Emissionshaus hat im Geschäftsjahr 1999 Umsatz und Ertrag deutlich gesteigert und auch die eigenen Prognosen übertroffen. Die Einnahmen aus Beratertätigkeit, Provisionen und Wertpapierverkäufen wurden fast vervierfacht, und zwar auf rund 266 Millionen Mark, die Dividende verdoppelte sich auf 1,3 Euro.

Ist Walther ein Genie oder ein abgebrühter Finanzjongleur? Der Meister des Aktienmarketings darf sicher als schillernde Persönlichkeit beschrieben werden. Sein Spitzname in der Branche: Eigenkapital-Walther. Denn er kauft sich für vergleichsweise wenig Geld in börsenreife Firmen ein, organisiert den Gang ans Parkett und verkauft dann Teile seiner Pakete für ein Vielfaches des Einsatzes. Schlagzeilen macht er auch immer wieder durch die Ring-Geschäfte innerhalb des Finanzimperiums.

Vor allem die negativen Berichte über Gold-Zack und das punktuelle nicht florierende Neuemissionsgeschäft dürften die Gründe für den Kurssturz sein. Innerhalb eines halben Jahres verlor die Aktie zwei Drittel ihres Werts: Höchststand 218 Euro April 1999, 73 Euro Januar 2000. Insgesamt kann die Aktie als sehr volatil bezeichnet werden.

DaimlerChrysler – sinkender Kurs nach Fusion

Jeder kennt das Unternehmen aus Stuttgart. Doch es geht abwärts mit dem Aktienkurs – und das seit 1998. Die Daimler-Benz AG und die amerikanische Chrysler Corporation fusionierten 1998 zu DaimlerChrysler (www.daimlerchrysler.com). In nur fünf Monaten wurde die bis zu diesem Zeitpunkt größte Industrie-Merger realisiert, nachdem die Absicht Anfang Mai 1998 angedeutet worden war. Der erzielte Synergieeffekt durch die Fusion soll bei 1,3 Milliarden Euro liegen. Doch die Schwierigkeiten bei Smart und Ad-

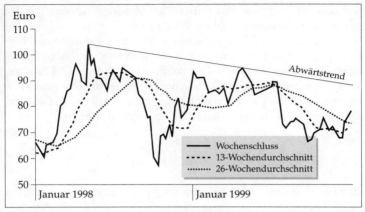

Quelle: DG-Bank

Abb. 34: Die Entwicklung der Daimler-Aktie (seit 29. Oktober 1998 DaimlerChrysler-Aktie) 1998 und 1999

trans, der Bahnsysteme-Tochtergesellschaft, produzierten Kosten. Allein der Verlust beim Kleinwagen Smart wird für 1999 mit 250 Millionen Euro beziffert.

1998 kam es zu einem starken Gewinneinbruch – auf 4 820 Millionen Mark. In seinem ersten vollen Geschäftsjahr nach der Fusion (1999) übertraf der Konzern dagegen die Vorgaben. Der Gewinn verbesserte sich um 20 Prozent auf 5 746 Millionen Mark, erreichte aber noch nicht das Niveau von 1997.

1999 und 2000 zahlt DaimlerChrysler den Aktionären jeweils eine Dividende von 2,35 Euro – damit zahlt der Automobilhersteller die höchste Dividende unter den DAX®-Werten. Stützend auf den Kurs könnte sich eine andere Entscheidung der Hauptversammlung auswirken: Bis Oktober 2001 sollen eigene Aktien im Volumen bis zu 258 Millionen Euro zurückgekauft werden. Das entspricht einem Anteil von knapp 10 Prozent des Grundkapitals.

Die Daimler-Aktie lag vor dem Bekanntwerden der Fusion bei 103 Euro. Sie stürzte bis Oktober 1998 ab auf 57 Euro, kam dann in den ersten Monaten 1999 wieder an die 90-Euro-Marke heran und verfolgt seitdem eine kontinuierliche Abwärtsbewegung. In den ersten drei Monaten des Jahres 2000 gab es beim Aktienkurs keine Trendwende. Er pendelte zwischen 80 und 60 Euro mit einer Tendenz nach unten. Das dürfte auch den beiden Großaktionären Deutsche Bank (besitzt knapp 12 Prozent) und Kuwait (7,4 Prozent) wenig gefallen. Ob die neue Beteiligung mit 34 Prozent am Personenwagengeschäft von Mitsubishi die Negativkurve des Daimler-Chrysler-Papiers beenden kann, darf bezweifelt werden.

Telekom – Volksaktie wurde zur Erfolgsaktie

Zur Popularisierung der Anlageform Aktie hat der Börsengang der Telekom (www.telekom.de) im November 1996 mit Sicherheit beigetragen. Damals schuf man mit einem enormen Werbeaufwand große öffentliche Aufmerksamkeit. Die Privatisierung der ehemaligen Bundesbehörde wurde zum Mega-Thema: Das Börsendebüt war 1996 das Ereignis schlechthin am deutschen Aktienmarkt. Die Emission brachte dem Unternehmen 20 Milliarden; die Anleger zahlten für die Aktie einen Ausgabekurs von 28,50 Mark. Und Ron Sommer, der Vorstandsvorsitzende, brachte auch die zweite Aktientranche im Juni 1999 gut an den Markt.

Die Deutsche Telekom ist der größte Anbieter im Bereich Telekommunikation in Europa und der drittgrößte weltweit. Nachdem 1994 mit der Umwandlung zur Aktiengesellschaft die Weichen für die Privatisierung gestellt worden waren, hatte die Telekom für das zweitgrößte Going public aller Zeiten gesorgt. Seit Anfang 1998 steht der Konzern auch im Festnetz voll im Wettbewerb.

Das hatten nur wenige Optimisten in der Bonner Zentrale der Deutschen Telekom erwartet: Nach stark schwankendem Kurs in 1997 war seit April 1998 ein stetiger Anstieg bis zur 100-Euro-Marke zu verzeichnen und das trotz all der Probleme, die die Telekom hat: sinkende Festnetzpreise und Margenrückgang im Stammgeschäft. Und die Notwendigkeit – um nicht selbst zum Übernahmekandidaten zu werden –, zu einem großen internationalen Telekommunikationskonzern zu wachsen. Dabei glückten

Quelle: www.brockerage24.de
Abb. 35: Kursverlauf der Telekom-Aktie 1998 bis 2000

nur die wenigsten Anläufe. Es gab einen Flop mit der Telecom Italia und die Auflösung des Jointventures mit der France Télécom bei der Global-One-Allianz. Der Kauf des britischen Mobilfunkanbieters One-to-One im August 1999 für 20,7 Milliarden Mark war ein erster Schritt in der notwendigen Internationalisierungsstrategie – auch wenn dies fast den gesamten Erlös des zweiten Börsengangs kostete. Da kommen die geplanten Börsengänge der Tochtergesellschaften T-Mobil und T-Online gerade recht. Mit diesen Geldern soll die Kriegskasse aufgefüllt werden, um weitere Unternehmen zu kaufen und tatsächlich zum Global Player zu werden.

Die Telekom-Aktie ist ein Liebling der Börse: Selbst der im Januar 2000 eingestandene Gewinneinbruch um 45 Prozent ließ die Börsianer kalt. Die Aktie kam kaum ins Minus. Grund war auch, dass die Zahlen für die Börsenprofis keine Überraschung waren, hatte der Vorstand doch schon Anfang Dezember 1999 eine Verlustwarnung herausgegeben. Die Dividende blieb für die Aktionäre auch in 2000 stabil, was allerdings nur durch einen Griff in die Rücklagen gelang. Doch wie schnell die Stimmung der Börsianer umschlagen kann, zeigen die rapide fallenden Telekom-Aktienkurse im Sommer 2000. Daran konnte selbst der Kauf des US-Unternehmens Voicestream nichts ändern.

Kling, Jelko, Dr. Dehmel – aktuell gegen den Trend

Makleraktien sind etwas für Menschen mit starken Nerven. Steigen die Notierungen an der Börse, können sie um ein Vielfaches klettern. In die andere Richtung geht es jedoch genauso schnell. Jede Kurstendenz zeigt sich übertrieben in diesen Brokeraktien. Deswegen formuliert man an der Börse: Makleraktien sind wie Optionsscheine auf den DAX® – wie ein Hebel verstärken sie den jeweiligen Trend.

Es kann aber auch genau andersherum laufen. Ein Beispiel dafür ist die Kling Jelko Dr. Dehmel Wertpapierdienstleistungs AG (KJD) (www.kjd.de), die mit inzwischen 25 Mitarbeitern zu den größten und umsatzstärksten Freimaklerfirmen an der Frankfurter Wertpapierbörse zählt. Im April 1994 als Kling & Jelko Börsenmakler gegründet, ging man im März 1998 an die Börse.

Aktienhandel ist das Stammgeschäft. Hier ist die Gesellschaft zuständig für die Preisfeststellung 120 nationaler und internationaler Werte in den Marktsegmenten Neuer Markt, Geregelter Markt Frankfurt, inländische Werte und ausländische Werte im Freiverkehr Frankfurt, Freiverkehr Berlin. Zudem ist KJD als Designated Sponsor im Xetra-Handel tätig. Schließlich wird, basierend auf eigenem Research, der Eigenhandel betrieben.

1997 erweiterte KJD das Leistungsprofil des klassischen Freimaklers durch die Geschäftsfelder Emissionsbegleitung und Vermögensverwaltung. Sozusagen als Versuchskaninchen für den Start als Emissionshaus brachte sich der Broker als Selbstemission – also ohne die Einschaltung eines Bankenkonsortiums mit entsprechendem Kundenstamm – selbst an die Börse. Danach war KJD für fünf Unternehmen als Emissionsbank tätig. Hierfür war die Maklergesellschaft im April 1999 als Wertpapierhandelsbank zugelassen worden. Davor hatte man, im Oktober 1998, eine offene Emissionsplattform im Internet installiert. Mit der Gründung der KJD.aktien.online AG verfügte man als erstes Unternehmen in Deutschland über eine Plattform zur Durchführung von Neuemissionen über das Internet, bei dem sich derzeit ca. 8 500 Privatinvestoren angemeldet haben und die auch anderen Emissionskonsortien zur Verfügung steht.

Beim Beteiligungsmanagement beteiligt sich die Gesellschaft im Vorfeld der Börseneinführung an innovativen Wachstumsunternehmen. Aus diesen Engagements sind bereits mehrere Börsengänge hervorgegangen. Das Beteiligungsportfolio umfasst neun Positionen.

Ein weiteres Geschäftsfeld ist die Vermögensverwaltung. Ein Baustein ist der seit August 1998 bei Universal-Investment geführte Kling, Jelko, Dr. Dehmel UI-Fonds, der sein Vermögen in Wachstumsfirmen mit nachhaltigen Ertragsaussichten investiert. Der Anteil der Neuen Märkte in Europa liegt bei 50 Prozent, die andere Hälfte verteilt sich auf ausgesuchte DAX®- und MDAX/SDAX-Titel.

Trotz der guten Marktpositionierung sieht man bei KJD den Zwang zu größeren Betriebseinheiten, um nicht den Platz in der ersten Reihe zu verlieren. Bereits in der Vergangenheit sind Fusionsgespräche geführt worden, jedoch ohne Erfolg. Prinzipiell steht man aber einer Fusion oder Kooperation mit einem anderen Wertpapierdienstleister auf nationaler wie internationaler Ebene aufgeschlossen gegenüber.

Die KJD-Aktie kam im März 1998 zum fixen Preis von 100 Mark an den Geregelten Markt in Frankfurt. Im Laufe des ersten Handelstags zog der Kurs von der ersten Notierung bis über 220 Mark. Höchststand war 540 Mark. Die Aktie war zu diesem Zeitpunkt mit dem 90fachen des Gewinns je Aktie für das Geschäftsjahr 1997/98 bewertet. Im April 1999 kam die Aktie gleich in den neu eröffneten SMAX.

Trotzdem ging es seit 1998 nur bergab. Grund dafür waren neben dem Negativtrend der Branche auch unternehmensspezifische Umstände, die zu der schlechten Kursentwicklung beigetragen haben. So hat das KJD-»plus«-Programm die Volatilität der Aktie erhöht. Bei diesem Programm handelt es sich um die bevorzugte Berücksichtigung von Zeichnungen der eigenen Aktionäre bei durch KJD durchgeführten Neuemissionen.

Doch besonders die Performance des SMAX-Werts in der zweiten Jahreshälfte 1998 war ein Trauerspiel. Anfang Mai notierte der Broker noch über 120 Euro, Anfang Dezember unter 30 Euro. Nach eigenen Angaben waren die geringere als erwartete Anzahl an begleiteten Neuemissionen, das nach unten korrigierte Neunmonatsergebnis und das allgemein schlechte Marktumfeld für Wertpapierdienstleister die Gründe.

Im März 2000 präsentierte KJD dagegen eine deutliche Ergebnisverbesserung. Besonders beim Aktienhandel war eine Steigerung um 91 Prozent auf 3,06 Millionen Euro zu verzeichnen.

Über 30 Prozent der 1,48 Millionen Inhaberaktien von KJD halten das frühere Vorstandsmitglied und jetziger Aufsichtsratsvorsitzende Bruno Kling und dessen Familie, die Vorstände Joachim Jelko und Alexander Dehmel kontrollieren 21 und 17 Prozent. Weitere Mitarbeiter halten 5 Prozent des Kapitals. Der Rest befindet sich im Streubesitz.

Mobilcom

Zu den Werten der ersten Stunde am Neuen Markt zählt die Aktie der Mobilcom (www.mobilcom.de). Das Unternehmen der zukunftsträchtigen Telekommunikationsbranche wurde 1991 von Gerhard Schmid als Mobilfunk-Dienstleister gegründet. Unabhängig von dem zweifellos vorhandenen Unternehmenserfolg hat das Unternehmen Börsengeschichte geschrieben: durch einen außergewöhnlichen Kursverlauf.

Zum Start des Neuen Markts am 10. März 1997 war die Aktie 113fach überzeichnet. Das Bookbuilding ergab einen Preis von 6,25 Mark. Die erste Notierung lag bei 95 Mark. Nach Kursbewegungen zwischen 50 und 150 Euro fiel der Wert im Herbst 1999 auf 41 Euro. Im März 2000 berührte die Kursgrafik die 200-Euro-Marke: Das entspricht einer Steigerung von 7843,13 Prozent!

Kein Wunder, dass die Analysten der renommierten Privatbank Sal. Oppenheim im Januar 2000 die Mobilcom-Aktie zur »Telekommunikationsaktie des Jahres« kürten. Der Grund waren die vielfältigen Aktivitäten Schmids im Jahre 1999 und der anhaltende Erfolg von Mobilcom. Schmid bewies beim Firmenkauf eine glückliche Hand, er positionierte sein Unternehmen als Komplettanbieter von Festnetztelefonie, Mobilfunk und Internetdienst strategisch gut. Ende 1999 war Mobilcom die Nummer 3 im Festnetz mit 600 000 Vertragskunden – auch durch den Einkauf der Erfurter Telepassport. Durch den Erwerb von D-plus lag die norddeutsche Firma beim Mobilfunk an fünfter Stelle, mit 1,86 Millionen Kunden. Die Übernahme des Elektronikhändlers Comtech ergänzte die 180 Mobilcom-Shops um weitere 123 Verkaufsstellen. Dadurch entstand die größte Handelskette in Deutschland mit komplettem Serviceangebot rund um Internet, Computer und Telekommunikation. Auch kaufte Schmid den führenden deutschsprachigen Web-Katalog Dino-online und den Online-Dienst Topnet, der das Geschäftskundensegment bedient. Die Zahl der aktiven Internetnutzer liegt bei 820 000. Mittlerweile hat das Aushängeschild des Neuen Markts zehn Tochtergesellschaften. Schließlich brachte Mobilcom die Tochtergesellschaft Freenet, eine Internet-Firma, Anfang Dezember an die Börse.

Gerhard Schmid ist das Wunderkind und der Störenfried der Branche. Erst seit acht Jahren ist er Unternehmer. In dieser Zeit machte er sich zum Milliardär. Er ist Vorstandsvorsitzender und größter Aktionär bei Mobilcom mit 40 Prozent und fädelte auch im März 2000 die Beteiligung der France Télécom von 28,5 Prozent im Rahmen einer Kapitalerhöhung ein. Eine Option vereinbart, weitere Mobilcom-Aktien zu erwerben, allerdings kann die Option erst ab 2003 ausgeübt werden.

Zukunftsweisend sind auch weitere Aktivitäten Schmids. Mit Best Energy, einem Gemeinschaftsunternehmen mit der Berliner Bewag, tritt er im Stromgeschäft als Händler auf.

Zudem gibt es ein Jointventure im Mobilfunk mit der Stuttgarter Debitel, mit der Mobilcom zusammen um den zukünftigen Mobilfunk-Standard (UMTS – Unites Mobile Telecommunication System) bietet. Das zeigt, wohin Schmid will: Nach eigenen Angaben visiert er die Aufnahme in den DAX® an.

Die Mobilcom-Aktie 1999	
12-Monats-Stände	Hoch: 199 22.3.1999 Tief: 42 17.9.1999
Ergebnis/Aktie	8,50
KGV	10,00
Cashflow/Aktie	3,32
KCV	25,60
Dividende/Aktie	0,74
Dividendenrendite in %	0,87
Beta/250 Tage	1,25
Korrelation/250 Tage	0,55
Volatilität in %	78,14
Quelle: Consors; alle Angaben in Euro	

Abb. 36: Aktienanalyse Mobilcom – WKN 662 240

5 Börse und Euro

Die neue Währung an der Börse

Der Euro ist längst da. Nirgends ist die neue Währung präsenter als an den Börsen. Alle Aktien, Anleihen und Investmentfonds werden seit dem 4. Januar 1999, dem ersten Handelstag der 32 europäischen Börsen, nur noch in Euro notiert. Auch Neuemissionen erfolgen nun nur noch in Euro. Ecu-Papiere – ursprünglich sollte die neue europäische Währung Ecu für European Currency Unit heißen – wurden 1:1 getauscht. Auch börsennotierte Bundesanleihen, Bundesobligationen und Schatzanweisungen, deren Rückzahlung später als zum 19. Januar 1999 erfolgte, wurden auf Euro umgestellt. Nur Bundesschatzbriefe und Finanzierungsschätze werden, weil nicht an der Börse gehandelt, erst 2002 auf Euro lauten.

Die Währungsumstellung auf eine gemeinsame europäische Währung – nicht zu verwechseln mit einer Währungsreform – ist längst Realität. Der 1. Januar 1999 gilt als Start der Europäischen Währungsunion. Und mit der gemeinsamen Währung soll Europa zusammenrücken. Der Euro ist damit Teil der Entwicklung und soll aus der Währungsvielfalt eine Einheit machen. Grundlage dafür sind die Maastrichter Beschlüsse zur Errichtung der Europäischen Wirtschafts-, Währungs- und Sozialunion.

Die zwölf Teilnehmerstaaten sind: Belgien, Deutschland, Finnland, Frankreich, Griechenland, Irland, Italien, Luxemburg, Niederlande, Österreich, Portugal und Spanien. Später kommen eventuell Dänemark, Großbritannien und Schweden hinzu.

Was als sinnvolle Ergänzung zum Europäischen Binnenmarkt mit 290 Millionen Europäern begann, hat weit reichende Konsequenzen. Immerhin entsteht dadurch der zweitgrößte Wirtschafts- und Finanzraum der Welt. Der Euro hebt die Währungsgrenzen zwischen den Teilnehmerstaaten auf und führt die bislang begrenzten Kapitalmärkte zu einem Riesenmarkt zusammen: dem Euro-Kapitalmarkt. Die Kapitalmärkte der elf Teilnehmerstaaten wachsen zusammen, so dass dieser einheitliche europäische Markt im Welthandel als zweitgrößter Kapitalmarkt eine wichtige Rolle spielt – direkt hinter dem amerikanischen und noch vor den asiatischen Wertpapiermärkten.

Auf diesem zweitgrößten Aktienmarkt der Welt können Anleger nun in europäischen Aktien investieren, ohne Währungsrisiken einzugehen. Und auf der Nummer 2 der Rentenmärkte wählen die deutschen Anleger genauso selbstverständlich unter heimischen 141 Zinspapieren wie unter französischen, österreichischen oder italienischen Anleihen. Es gilt nun europäisch zu denken. Kaufen Sie Aktien, die vom Euro profitieren – das sind die multinationalen Konzerne und Exportwerte – oder europäische Aktienfonds, die sich an neuen europaweiten Indizes orientieren. Denn nicht länger steht der DAX®, der Deutsche Aktienindex, im Vordergrund. Heute sind es die Börsenlatten mit europäischen Dimensionen – allen voran der Dow Jones Euro Stoxx 50.

Für die europäischen Börsen konnte die Umstellung auf den Euro nur positiv sein. Niemand dürfte mehr der Währungsvielfalt nachtrauern. Zudem sind Anleger und Unternehmen in Euroland vor Währungsverlusten geschützt. Und innerhalb des Euroraums ist die Währung auch nicht durch hohe Preissteigerungen bedroht.

Eine Schwäche gibt es nur beim Außenwert: Im Zenit der Aufmerksamkeit steht seit seiner Einführung der einzige nun in Euroland zählende Wechselkurs: der vom Euro zum Dollar. Die zweite internationale Großwährung muss sich an der ersten messen lassen. Am Silvestertag 1998 bestimmte die EU-Kommission ihren Start: Der Euro wurde bei einem Dollar-Kurs von 1,166 75 festgesetzt.

Doch nach kurzer anfänglicher Euphorie fiel der Außenwert stetig, erreichte im Mai 2000 einen Tiefststand von 0,89 Cent. Damit ließ der Euro die Parität zum Dollar weit über sich. Die Schwäche des Euro wird auch mit einer Stärke des Dollars begründet. Dieser stand – wie schon seit mehr als zehn Jahren nicht mehr – über 2,04 Mark. Auch schwächelte der Euro gegenüber der US-Leitwährung durch die bestehenden Zinsdifferenzen beider Währungsräume.

Seit dem 1. Januar 1999 befinden wir uns in der dreijährigen Umstellungsphase der Währungsunion. Sie soll den Übergang für Verbraucher und Wirtschaft erleichtern. Zu diesem Datum übernahm die Europäische Zentralbank mit Sitz in Frankfurt am Main die geldpolitischen Aufgaben der nationalen Zentralbanken und damit die Verantwortung für die europäische Geldpolitik. Ihr vorrangiges Ziel ist, die Preisstabilität zu wahren.

Der Euro ist außerhalb der Börse nur virtuell als reines Buchgeld vorhanden. Aber er begegnet den Bürgern als unbares Zahlungsmittel auf Schritt und Tritt. Die Mark behält in Deutschland als offizielles Zahlungsmittel ihre Gültigkeit – bis Ende Februar 2002.

Der Euro als Zahlungsmittel

Beim Reisen in Ländern der Währungsunion ist von nun an das Risiko von Währungsschwankungen ausgeschlossen. Der Grund: Am 1. Januar 1999 wurde der rechtlich verbindliche und unwiderrufliche amtliche Umrechnungskurs für elf Währungen zum Euro festgelegt. Der Tauschkurs in Euro wurde so gewählt, dass er den realen wirtschaftlichen Verhältnissen in den teilnehmenden Ländern entspricht. Dadurch ist sichergestellt, dass jeder mit dem Euro genauso viel kaufen kann wie zuvor in seiner Landeswährung.

Belgische Franc	bfr	40,3399
Deutsche Mark	DM	1,95583
Spanische Peseta	Pta	166,386
Französische Franc	FF	6,55957
Irisches Pfund	Irf	0,787564
Italienische Lira	Lit	1 936,27
Luxemburgische Franc	lfr	40,3399

Niederländische Gulden	hfl	2,20371
Österreichische Schilling	öS	13,7603
Portugiesische Escudo	Esc	200,482
Finnmark	Fmk	5,94573

Abb. 37: Die EURO-Umstellungskurse

Für die Mark wurde ein Umrechnungskurs von 1,95583 fixiert. Das bedeutet grob gerechnet: 1 Euro entspricht knapp 2 Mark. Das Verhältnis ist also in etwa 1:2 und lässt sich im Vergleich zu den anderen Währungen günstig rechnen.

<u>Wie viel Euro sind 100 Mark?</u>
Faustregel: den Mark-Betrag durch den Umrechnungskurs teilen
Beispiel: 100 Mark geteilt durch 1,95583 = 51,12918 Euro

<u>Wie viel Mark sind 100 Euro?</u>
Faustregel: den Euro-Betrag mit dem Umrechnungskurs multiplizieren
Beispiel: 100 Euro multipliziert mit 1,95583 = 195,583 Mark

Umrechnungstabelle

Euro/Mark		Mark/Euro	
0,10	0,20	0,10	0,05
0,50	0,98	0,50	0,26
1,00	1,96	1,00	0,51
2,00	3,91	2,00	1,02
5,00	9,78	5,00	2,56
10,00	19,56	10,00	5,11
20,00	39,12	20,00	10,23
25,00	48,90	25,00	12,79
50,00	97,79	50,00	25,56
75,00	146,69	75,00	38,34

Euro/Mark		Mark/Euro	
100,00	195,58	100,00	51,13
200,00	391,17	200,00	102,26
500,00	977,92	500,00	255,65
1000,00	1955,83	1000,00	511,30

Abb. 38: Keine höhere Mathematik – Euro/Mark-Umrechnungen

Um Rundungsabweichungen zu verhindern, müssen Umrechnungen auf fünf Stellen hinter dem Komma genau sein. Prinzipiell dürfen Umrechnungskurse weder gerundet noch um eine oder mehrere Stellen gekürzt werden. Auch eine Multiplikation mit dem Kehrwert ist nicht gestattet. Erst nach der Umrechnung werden die Beträge nach kaufmännischen Regeln gerundet. Abgerundet wird, wenn die dritte Stelle nach dem Komma eine 4 oder eine kleinere Zahl ist, aufgerundet wird, wenn die Zahl 5 oder eine höhere Zahl ist. Der Grundsatz lautet: Kursrundung – nein, Betragsrundung – ja.

Durch die so festgelegten Umrechnungskurse gibt es keinen Wechselkurs der Mark zu anderen Währungen mehr. Bei der Umrechnung in Mark in eine andere Landeswährung muss der Betrag zunächst in Euro und dann in die gewünschte Währung umgerechnet werden. Es gibt in der Übergangsphase bis 2002 also keine direkten Umtauschkurse zwischen den Euro-Ländern mehr. Alles läuft über die Zwischenstation Euro. Auch existiert kein Wechselkurs mehr zwischen Mark und Drittwährungen. Die Umrechnung – beispielsweise in Dollar – erfolgt über den Euro.

Auch wenn man nicht an der neuen Währung interessiert ist: Sie wird jedem ständig begegnen. In den Geschäften sind die Preise doppelt ausgezeichnet, die Endsummen auf den Kassenbons in Mark und in Euro ausgewiesen. Banken und Sparkassen rechnen untereinander längst mit dem Euro ab – kein Wunder also, dass sie zumindest die Kontosalden doppelt bringen, auch wenn das betreffende Kundenkonto keine Euro-Buchungen aufweist. Euro-Enthusiasten können schon in der Übergangsphase in den Bundesländern, Hessen, Rheinland-Pfalz und Thüringen ihre Steuererklärung in Euro abgeben.

Stichtag 1. 1. 2002

Der Euro rollt. Jetzt bekommen ihn die Europäer tatsächlich bar in die Hand. Und der Einzug in die Portemonnaies wird mit einem Big Bang statt einer längeren Doppelwährungsphase vor sich gehen: Die Mark wird auf einen Schlag vom Euro abgelöst – ursprünglich waren dafür sechs Monate vorgesehen. Doch im Mai 1999 beschloss das Kabinett das »Dritte Euro-Einführungsgesetz«, das die Einführung von Euro-Bargeld zum 1. Januar 2002 regelt. In Absprache mit der Kreditwirtschaft und dem Handel wird der Euro ab diesem Zeitpunkt alleiniges Zahlungsmittel sein. Die Mark dankt ab, mit ihr kann aber noch bis zum 28. Februar 2002 bezahlt werden. Als Wechselgeld erhält man dann allerdings Euro oder Cent. Ab März 2002 müssen dann alle Transaktionen ausschließlich in Euro abgewickelt werden. In dieser Zeitphase müssen beispielsweise Automatenhersteller ihre Geräte auf die neue Währungseinheit umstellen. Hier dürfte auch noch nach dem 1. Februar die alte Währung im Umlauf sein. Restliche Münzen und Scheine können dann bei der Bundesbank oder bei den Landeszentralbanken zum festen Umtauschkurs eingetauscht werden – und das zunächst unbefristet und kostenfrei. Das alte Geld wird von den Zentralbanken vernichtet.

Das neue Geld: Das Gesicht des Euro

Das Euro-Signet ist eine Symbolkombination aus dem Buchstaben E für Europa und dem griechischen Epsilon (Griechenland als Wiege der europäischen Zivilisation) sowie dem waagrechten Doppelstrich als Zeichen für Stabilität.

Es wird sieben Euro-Banknoten geben. Ihre Werte: 5, 10, 20, 50, 100, 200 und 500 Euro. Die Banknoten sehen einheitlich aus, auf der Vorderseite Baustilelemente aus sieben Epochen, auf der Rückseite Brücken, Tore und Fenster.

Vorgesehen sind acht Münzen. Ihre Einheiten: 1, 2, 5, 10, 20 und 50 Cent, 1 und 2 Euro. Die Münzen haben mit dem Euro-Motiv eine einheitliche Vorderseite, auf den Rückseiten sollen Landesmotive abgebildet werden.

> **Vorzeitige Münzausgabe 2001: Starter Kits**
> Die Deutsche Bundesbank gibt schon ab dem 17. Dezember 2001 Euro-Münzen in Haushaltsmischungen – so genannten Starter Kits – gebührenfrei aus. Jeder Starter Kit enthält 20 Euro- und Cent-Münzen im Gesamtwert von 10,23 Euro – das sind 20 Mark. 53 Millionen Münzmischungen werden über die Kreditinstitute bereitgestellt.

Neben dem neuen Bargeld aber geschieht das eigentlich umwälzend Neue: Alle Geldwerte werden in Euro ausgedrückt. Guthaben, Schulden, Mieten, Einkommen und Preise. Auch vieles andere wird auf Euro umgestellt: Bankkonten, Verträge, Guthaben und Schulden, die Auszahlungen der Sozialversicherung, Renten, Löhne, Gehälter bis hin zu Briefmarken. Und ab 2002 sind die Steuererklärungen in Euro abzugeben.

Bei der Umrechnung von der alten in die neue Währung verliert aber niemand Geld. Denn alle bisher in Mark ausgedrückten Größen werden mit dem gleichen Schlüssel – dem offiziellen Umrechnungskurs – umgestellt. Damit werden durch die Währungsumstellung weder Kaufkraft noch Geldwert geschmälert.

Bei allen Verträgen gilt absolute Vertragskontinuität. Diesen Grundsatz hat die Europäische Union festgestellt und damit Rechtssicherheit geschaffen. Die Einführung des Euro hat folglich keinen Einfluss auf die Gültigkeit bestehender Verträge wie Darlehens- oder Sparverträge. Alle in einem Vertrag getroffenen Vereinbarungen wie Festschreibungszeitraum, Zinssatz, Tilgung, Nebenkosten oder Fälligkeitstermin bleiben unverändert bestehen. Die Umstellung der Geldbeträge muss übrigens kostenlos erfolgen! Um ganz sicher zu sein, dass alle Daten gleich bleiben, sollte man neu erhaltene Verträge nachprüfen. Es empfiehlt sich zudem, mit dem Taschenrechner die Euro-Beträge nachzurechnen, da kleine Differenzen um wenige Prozent zunächst nicht ins Auge fallen.

6 Aktuelle Trends rund um die Börse

Aktie der Zukunft: die Namensaktie

> Das Vergnügen, Geld zu verdienen, ist mit dem Vergnügen, Geld zu besitzen, nicht zu vergleichen.
> *Colonel Vanderbilt*

In der letztjährigen Hauptversammlungssaison gab es bei vielen Aktiengesellschaften ein großes Thema: den Wechsel von Inhaber- zu Namensaktien. Neben den traditionell Namensaktien ausgebenden Unternehmen der Versicherungsbranche, wie Allianz und Münchener Rück, setzen immer mehr Aktiengesellschaften darauf: Deutsche und Dresdner Bank, Siemens, Epcos. Lufthansa stellte schon vor drei, DaimlerChrysler vor zwei Jahren und die Telekom im Januar um. Somit verfügen zehn DAX®-Werte, also genau ein Drittel der Titel im wichtigsten deutschen Börsenbarometer, über Namensaktien. Aber auch kleinere Werte, wie Celanese oder Deutsche Wohnen, machen diesen Trend mit. Jürgen Blitz, Vorstandschef der Deutschen Börse Clearing, erwartet in zwei Jahren 80 Prozent der DAX®-Titel als Namensaktie. In fünf Jahren seien diese bei deutschen Aktiengesellschaften Standard wie in der angelsächsischen Finanzwelt.

Die Vorteile der Namensaktien für die Unternehmen: Ihre Aktien können weltweit an Börsen gehandelt werden. Allen voran ist diese Aktienform in Amerika so genannter Registered-Shares-Standard – eine Forderung der amerikanischen Börsenaufsicht SEC. Deutsche Aktiengesellschaften, die mit Inhaberpapieren an die Wall Street gingen, wie etwa Daimler-Benz oder SAP, mussten damals mit ADR (American Depositary Receipts) einen mühsamen juristischen Umweg wählen. Mit Namensaktien wird nun das Listing vor allem an der Nyse erleichtert. Zudem ist die Aktie weltweit unter der gleichen Wertpapier-Kennnummer an der Börse handelbar. Damit dürfte die globale Namensaktie die Aktie der Zukunft sein.

Dr. Rüdiger von Rosen vom Deutschen Aktieninstitut sieht in Namensaktien die Voraussetzung für eine effektive Investor-Relations-Arbeit. Denn mit Namensaktien sind die Aktionäre nun direkt ansprechbar – im Gegensatz zu der bislang üblichen Inhaberaktie, bei der Besitzer namentlich nicht bekannt sind. Eine Namensaktie ist auf den Namen einer bestimmten natürlichen oder juristischen Person ausgestellt. Zudem muss bei Namensaktien nach deutschem Recht ein Aktienbuch mit Angaben über Name, Wohnort und Beruf geführt werden, mit dem die Aktiengesellschaften ein wichtiges Informationsmedium an der Hand haben. Das Verzeichnis klärt über die Aktionäre auf, zeigt Veränderungen in der Aktionärsstruktur und bietet damit auch Schutz vor feindlichen Übernahmen.

Neben der weltweiten Handelbarkeit ermöglichen Namensaktien den Aktiengesellschaften somit auch eine neue Qualität der Investor-Relations-Arbeit. Namentlich bekannte Aktionäre können direkt zur Hauptversammlung eingeladen werden, direkter Kontakt und Information mit Geschäfts-, Quartalsberichten und Aktionärsbriefen ist möglich. Anlegergruppen – wie aus dem Aktienbuch ersichtlich – können mit unterschiedlichen Intentionen und Kommunikationsformen direkt angesprochen werden. Den Unternehmen ist wichtig, dass sie bestimmte unternehmenspolitische Entscheidungen den Anteilseignern selbst erklären können. Fraglich ist aber, ob die Anleger wirklich einen Nutzen haben. Oft dürften mit Selbstdarstellungen des Managements oder – bei sinkenden Kursen – mit Durchhalteparolen eingedeckt werden.

Inhaberaktien sind nur noch in wenigen Ländern Standard: beispielsweise in Deutschland und in den Niederlanden. Bei Inhaberaktien bleiben die Anteilsbesitzer anonym, die Aktiengesellschaft kennt ihre privaten Eigentümer nicht.

Namensaktien sind Anteilsscheine, die auf den Namen des Besitzers – einer natürlichen oder juristischen Person – lauten. Außerdem sind Wohnort und Beruf genannt. Um seine Aktionärsrechte, etwa auf der Hauptversammlung, wahrnehmen zu können, muss der Aktionär ins Aktienbuch eingetragen sein. Unternehmen, die ihre Aktien international platzieren wollen, brauchen Namensaktien.

Anders als die umstellenden Aktiengesellschaften sehen es die Kritiker. Sie beschreiben Aktienbücher als »offene Bücher«. Die Deutsche Schutzvereinigung für Wertpapierbesitz warnt vor dem »gläsernen Aktionär«, denn nach Paragraph 67 Abs. 5 des Aktiengesetzes ist »jedem Aktionär auf Verlangen Einsicht in das Aktienbuch zu gewähren«. Diese Einsicht erstreckt sich sogar auf die Angaben aller Mitgesellschafter. Aus diesem Grund verweisen die Kritiker immer wieder auf die Möglichkeit, dass gewerbliche Interessenten jeweils nur eine Aktie erwerben müssen, um Namen und weitere Informationen potentieller Kunden zu erhalten.

Trotzdem scheint die Einsicht in das Verzeichnis begrenzt. Unternehmen wie DaimlerChrysler machen darauf aufmerksam, dass sie den Aktionären immer nur Einblicke in bestimmte Teile des Aktienbuchs geben. An entsprechende Informationen über den eigenen Nachbarn, die Erbtante oder Prominente ist somit nur schwer zu kommen. Für Aktionäre, die ihren Namen nicht im Aktienbuch wissen wollen, gibt es allerdings einen Ausweg: Wer anonym bleiben will, lässt einen Dritten – beispielsweise die Depotbank – registrieren. Das ist eine in den USA übliche Praxis. Der Haken: Für den Besuch jeder Hauptversammlung muss man sich dann allerdings eine mit Kosten verbundene Vollmacht geben lassen, und zwar jedes Jahr aufs Neue.

Die Renaissance der Namensaktie hat auch technische Gründe. Bislang waren die Fungibilität, also die Handelbarkeit gleichartiger Stücke, und die Synchronisierung von Aktiendepot und Aktienbuch problematisch. Die neue Cascade-VNA-Software des Zentralverwalters Deutsche Börse Clearing AG ermöglicht nun eine Vernetzung des Systems mit den elektronisch geführten Aktienbüchern. Namensaktien werden in die Girosammelverwahrung genommen und Daten über Kauf und Verkauf dieser Aktien mit Depotbanken und Emittenten ausgetauscht. Vergangenheit ist deswegen die aufwendige Übertragung per Indossament – einer in der Vergangenheit höchst umständliche Prozedur. Realität ist stattdessen eine übliche Umbuchung des Miteigentumsanteils. Heute ist ein Besitzerwechsel binnen weniger Minuten automatisch eingetragen. So ist eine Aktiengesellschaft jederzeit über den aktuellen Aktionärsbestand informiert.

Doch durch den Datentausch zwischen Banken, Börsen und Aktiengesellschaften stellt sich die Frage des Datenschutzes. Auch ist der Einblick ins Aktienbuch unter Datenschützern umstritten. Joachim Jacob, der Bundesbeauftragte für den Datenschutz, befürchtet einen Missbrauch der Aktionärsdaten für Werbung und Marketing. So könnten beispielsweise Adresshändler Einsicht nehmen. Für ihn wäre es sinnvoll, wenn sich das Recht auf Einsicht ins Aktienbuch für jeden Aktionär auf seine eigene Position beschränken würde. Er fordert eine Revision des teilweise noch aus dem vorigen Jahrhundert stammenden Aktiengesetzes. Rücksicht auf die Persönlichkeitsrechte nimmt der im November 1999 an maßgebliche Verbände und die Länder gegangene Referentenentwurf aus dem Bundesjustizministerium. Dieser Entwurf eines Gesetzes zur Namensaktie und zur Erleichterung der Stimmrechtsausübung – Namensaktiengesetz (NaStraG) – des Ministeriums in Berlin sieht als wichtigste Änderungen für Aktienbesitzer vor, dass Paragraph 67 Absatz 5, der zuließ, dass »jedem Aktionär auf Verlangen Einsicht in das Aktienbuch zu gewähren ist«, gestrichen wird. Allerdings hat nun durch Absatz 7 jeder »Aktionär das Recht, von der Gesellschaft Auskunft über die zu seiner Person in das Aktienregister eingetragenen Daten zu erhalten«. Damit beschränkt das angestrebte Gesetz das Einsichtsrecht der Aktionäre ins Aktienbuch auf die eigenen Aktien – und käme damit den Forderungen der Aktienschützer entgegen. Es ist davon auszugehen, dass das Gesetz auf jeden Fall vor der nächsten Hauptversammlungssaison 2001 in Kraft treten wird.

Das Deutsche Aktieninstitut befürwortet die Namensaktie prinzipiell, so bekämen Aktionäre mehr und schnellere Informationen über ihr Unternehmen. Und für die Unternehmen schafft die neue Regelung Rechtssicherheit. »Wir haben viele Anfragen zu diesem Thema. Viele Aktiengesellschaften warten noch ab, bis die gesetzlichen Rahmenbedingungen fixiert sind.« Bislang verfügen keine 10 Prozent der Gesellschaften über Namensaktien. Aber ihre Zahl wird zunehmen, auch bei kleineren und mittleren Unternehmen. Zudem wählen derzeit viele Aktiengesellschaften gleich bei Gründung die Namensaktie.

Aktienrückkauf eröffnet Möglichkeiten

Ein neues Instrument bringt frischen Wind in den deutschen Aktienmarkt. Durch den Rückkauf eigener Anteile können Unternehmen gestalten: ihren Aktienkurs pflegen, Gewinne ausschütten und die Rendite erhöhen.

Seit Mai 1998 erlaubt das Gesetz zur Kontrolle und Transparenz im Unternehmensbereich (KonTraG) deutschen Unternehmen, einen Teil ihrer eigenen Aktien zurückzukaufen. Davor war der Rückkauf durch Paragraph 71 des Aktiengesetzes grundsätzlich verboten und nur in wenigen Ausnahmefällen zugelassen. Nun dürfen Aktiengesellschaften für bis zu 10 Prozent des Grundkapitals Anteilscheine zurückkaufen. Voraussetzung ist ein Hauptversammlungsbeschluss, der nicht länger als 18 Monate gilt. In den Vereinigten Staaten sind Aktienrückkäufe als Firmeninstrument weit verbreitet, während sie in Europa vor allem in Großbritannien genutzt werden.

Mittlerweile wird der Aktienrückkauf als Mittel für nahezu alle Fälle eingesetzt. Unternehmen können so geschickt überschüssige Liquidität abbauen, für die sich keine anderen renditeträchtigen Investitionsmöglichkeiten bieten. Das ist besonders dann interessant, wenn Akquisitionen oder Beteiligungen nicht rentierlich sind. Mehr Aktien selbst zu besitzen schützt zudem vor unwillkommenen Übernahmen. Wichtig dürfte für alle Aktiengesellschaften die Kurspflege sein. Denn meist reicht allein die Ankündigung eines Aktienrückkaufprogramms durch ein Unternehmen, um Kursgewinne zu erzielen. Tatsächlich steigern Aktienrückkäufe, nach Erfahrungen aus den Vereinigten Staaten, die Kurse im Durchschnitt um 10 Prozent. Und da weniger Aktien im Umlauf sind, verbessert sich gleichzeitig das Ergebnis oder die Dividende je Aktie. Dies ist hochwillkommen bei den Aktionären. Aus diesem Grund können Aktienrückkäufe auch zum Shareholder Value eingesetzt werden, ist dies doch eine Möglichkeit, einen außerordentlichen Gewinn an die Aktionäre auszuschütten.

Doch das Gestaltungsinstrument kann noch mehr: Durch Aktienrückkäufe lässt sich die Eigentümerstruktur beeinflussen. So ist beispielsweise eine Erweiterung des Aktionärskreises durch ein direktes Anbieten der eigenen Aktien an institutionelle Anleger im In- und Ausland möglich. Oder: Die Aktien werden nach dem Kauf eingezogen. So kann ein Hauptaktionär zum Mehrheitsaktionär werden. Dadurch ergibt sich auch ein weites Feld für Mitarbeiter-Beteiligungsmodelle. Ferner sind Aktienrückkäufe ein wirksames Instrument zur Finanzierung und Bilanzgestaltung. Eigene Aktien stellen wegen steuerlicher Vorteile eine beliebte Transaktionswährung für Firmenkäufe dar. Durch die Käufe ergibt sich zudem eine Bilanzkonsolidierung, Grund- und Eigenkapital verringern sich. Weniger Aktien ergeben bei gleicher Ertragslage rechnerisch einen höheren Gewinn pro Aktie, und die Eigenkapitalrendite verbessert sich.

Trotz all dieser Vorteile standen viele Unternehmen in der Vergangenheit einem Aktienrückkauf noch zurückhaltend gegenüber. Der Grund war die ungeklärte Steuerproblematik. Erst mit dem im Dezember 1998 ergangenen Verwaltungserlass des Bundesfinanzministeriums über die »Steuerrechtliche Behandlung des Erwerbs eigener Aktie«, der mit den obersten Finanzbehörden der Länder abgestimmt ist, wurden die letzten Hindernisse aus dem Weg geräumt. Danach wird der Aktienrückkauf beim Anleger wie ein normales Anschaffungs- oder Veräußerungsgeschäft behandelt, das nur dann versteuert werden muss, wenn es innerhalb der Spekulationsfrist von nun zwölf Monaten anfällt. Einzige Ausnahme: Ein überhöhter Kaufpreis lässt auf eine verdeckte Gewinnausschüttung schließen. In diesem Fall ist vorgesehen, dem Aktionär einen Kapitalertrag anzurechnen und zu versteuern. Üblicherweise erwerben die Firmen allerdings ihre Aktien über die Börse oder eine öffentliche Offerte, so dass von einem überhöhten Kaufpreis nicht auszugehen ist.

In den USA nutzen viele Aktiengesellschaften den Rückkauf eigener Aktien. IBM erwarb 1988 für 3,5 Milliarden Dollar Anteile zurück. General Electric kaufte für 17 Milliarden Aktien zurück und AT&T für 4 Milliarden. Hierzulande startete als einer der ersten der Pharmakonzern Schering sein Rückkaufprogramm. Über zwei Jahre wurden in mehreren Tranchen Aktien für 250 Millionen Euro zurückgekauft. Um kurzfristige Kursausschläge zu vermeiden, wurden nur 10 bis 20 Prozent des jeweiligen Tagesumsatzes gekauft.

Andere Firmen wiederum sind sogar derartig auf den Rückkauf ihrer Aktien erpicht, dass sie dafür Aufschläge von bis zu 15 Prozent auf den Börsenkurs akzeptieren. Ähnlich die Kögel Fahrzeugwerke – sie offerierten ein öffentliches Rückkaufangebot mit Preisspanne. Zugrunde lag diesem ein so genanntes »Reverse Bookbuilding«-Verfahren. Das ist die umgekehrte Variante des üblichen Bookbuilding, bei dem der Kaufpreis in einem Bieterverfahren ermittelt wird. Beim Reverse Bookbuilding sammelt eine Bank oder ein Bankenkonsortium innerhalb einer bestimmten Frist alle Aufträge in einem »Buch« und ermittelt auf dieser Basis mit dem Unternehmen zusammen den einheitlichen Preis.

Nach Rüdiger von Rosen, dem geschäftsführenden Vorstand des Deutschen Aktieninstituts (DAI) e. V., machen die deutschen Unternehmen Fortschritte bei der Annäherung an die internationalen Standards auf den Kapitalmärkten, wie auch beim Instrument Aktienrückkauf. Etwa 200 Unternehmen haben bereits Aktien zurückgekauft oder planen, dies in Kürze zu tun.

Run auf Neuemissionen

Neuemissionen oder IPOs – für Initial Public Offering – schwimmen zur Zeit in Deutschland auf einer beispiellosen Welle der Popularität. Getragen durch eine gute Börsenkonjunktur und zahlreiche erfolgreiche Aktienplatzierungen werden die Aktien den Emittenten praktisch aus den Händen gerissen. Hundertfache Überzeichnungen und stark steigende Kurse bei Neuemissionen sind Ausdruck dieser Euphorie. Und so mancher Debütant hat Anlegern, die bei der Zeichnung zum Zug gekommen sind, fabelhafte Gewinne beschert. 168 Unternehmen gingen 1999 an die Börse – ein Rekord, der in 2000 gebrochen werden könnte.

Bei einer Neuemission bringt ein bis dahin nicht börsennotiertes Unternehmen seine Firmenwerte an die Börse. Die Neuemission wird von einer Bankengruppe, dem so genannten Konsortium, durchgeführt. Das Hauptmotiv für eine Aktiengesellschaft, an den Kapitalmarkt zu gehen – für ein Going Public oder den Börsengang – ist, die Eigenkapitalbasis zur Investition und Expansion zu verstärken. Auch das Sichern der Unternehmernachfolge oder Trennen von einer Muttergesellschaft spielen eine Rolle bei der Entscheidung. Positiver Nebeneffekt eines Going Public – so das Ergebnis einer Neuemittenten-Befragung des Deutschen Aktieninstituts – war für die Unternehmen vor allem die Steigerung ihres Bekanntheitsgrads sowie eine erleichterte Akquisition qualifizierter Arbeitskräfte. Dabei gehört das investierte Vermögen der Aktionäre zum Eigenkapital des Unternehmens. Diesem fließt das Geld, das bei der Erstausgabe für die Aktien bezahlt wird – der so genannten Emission –, zu. Beim späteren Handel an der Börse wandert Geld lediglich von Anleger zu Anleger, vom Aktienkäufer zum Aktienverkäufer.

Die massive Werbekampagne der Deutschen Telekom mit dem Schauspieler Manfred Krug als Sympathieträger hatte Millionen Deutsche zum ersten Mal in ihrem Leben für die Börse interessiert. Mittlerweile darf von »IphOria« gesprochen werden. Das Kunstwort steht für Euphorie und IPO – erfunden von Morgan Greenfell (als Titel einer Studie über Parkettdebütanten).

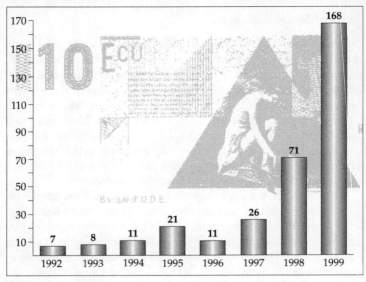

'Quelle: Deutsche Börse

Abb. 39: Boom bei Neuemissionen

Die Kursentwicklung der Börsendebütanten hat sich nach einer Untersuchung der Deutschen Bank sehr unterschiedlich entwickelt. Die Bank errechnete, dass die besten 10 Prozent der Neuemissionen 87 Prozent des Wertzuwachses erzielt haben. Vor allem kleine Unternehmen seien erfolgreich gewesen. In den ersten 30 Tagen haben sich die Kurse der Neuemissionen 1999 kaum besser als der CDAX entwickelt. Der Sprung der Durchschnittskurse nach 35 Tagen ist durch die Aktie der VCL Film und Medien verursacht worden, die ihre Überrendite innerhalb von sieben Tagen von 370 auf 1000 Prozent steigerte. In den beiden Jahren zuvor hatten die neuen Werte in den ersten 50 Tagen durchschnittlich besser als der CDAX abgeschnitten. Dafür macht die Deutsche Bank die Tatsache verantwortlich, dass 1997 und 1998 noch jeder Börsengang am Markt mit großem Interesse wahrgenommen wurde, weil die Zahl der Börsengänge niedriger war.

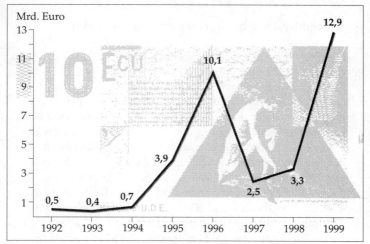

Quelle: Deutsche Bank

Abb. 40: Emissionsvolumina stark gestiegen

Grund für die Neuemissionshysterie sind die möglichen Zeichnungsgewinne, also die Differenz zwischen Ausgabepreis und erstem Kurs. Hier sind über 100 Prozent Gewinn keine Seltenheit. Bei der Telekom-Aktie lag dieser 1996 bei 25 Prozent. Im ersten Quartal 2000 sind die Gewinne in andere Dimensionen gestiegen: Netzwerkspezialist Biodata 400 Prozent, Internetdienstleister Popnet 340 Prozent, Softwarevertreiber Softline 322 Prozent. Und: Es gab keinen Wert im ersten Vierteljahr 2000, der nicht überzeichnet gewesen wäre. Der Preis wurde deswegen immer am oberen Rand der Bieterspanne festgelegt. Doch die Börse ist keine Einbahnstraße und Zeichnungsgewinne sind keinesfalls garantiert. Kurse können auch in die umgekehrte Richtung ausschlagen und dann kommt es zu Zeichnungsverlusten.

> **Anlegerhysterie bei Börsenpremiere von Palm**
>
> Die Palm Inc. hat am Nasdaq Stock Market im Februar 2000 eine der spektakulärsten Börsenpremieren in der Geschichte der Wall Street absolviert. Den Preis für die Aktie des Herstellers der Kleincomputer im Westentaschenformat hatten die Konsortialführer zunächst zwischen 14 und 16 Dollar festgesetzt, dann aufgrund der enormen Zeichnungen die Spanne auf 30 bis 32 Dollar hochgeschraubt. Schließlich lag der Ausgabepreis bei 38 Dollar. Der Handel eröffnete dann mit 145 Dollar um gut 280 Prozent über dem Ausgabepreis. Binnen 60 Sekunden schoss der Preis auf 165 Dollar, gab dann aber im Tagesverlauf auf 95 Dollar nach. Und obwohl nur 23 Millionen Aktien ausgegeben worden waren, ergab sich am ersten Handelstag ein Umsatz von 37,9 Millionen Aktien. Auf Basis dieses Kurses errechnet sich für das gerade einmal gut 650 Mitarbeiter zählende Unternehmen ein Marktwert von 62 Milliarden Dollar. Selbst Compaq, der größte PC-Hersteller der Welt, bringt es nur auf eine Börsenkapitalisierung von 44 Milliarden Dollar.

Früher kamen Unternehmen aus traditionellen Branchen an die Börse, wie Maschinenbau, Bau, Konsum. Heute dagegen sind es Unternehmen aus der so genannten New Economy: Internet, Telekommunikation, Unterhaltung, Biotechnologie. Dabei drängen so viele Firmen an die Börse und speziell an den Neuen Markt, dass Fondsmanager und Anleger keine Zeit haben, sich mit allen Kandidaten zu beschäftigen. Sie sind schlicht und einfach von der Masse neuer Aktien überfordert. Die Zahl der Analysten hält mit der Zahl der Neuemissionen nicht mit.

Unternehmen	Erster Handelstag	Emissionsbetrag in Mio. Euro	Platzierte Akienzahl in Mio.	Emissionspreis in Euro	Erste Notiz in Euro	Aktueller Kurs in Euro Ende 3/00
Agfa-Gevaert	1.6.99	1540	70,0	22,00	22,00	20,20
Epcos	15.10.99	1320	42,587	31,00	32,50	155,50
Charles Vögele Holding	7.6.99	815	4,0	141,71	141,80	173,00
Debitel	29.3.99	552	17,8	31,00	32,00	42,20
Software AG	26.4.99	436	14,55	30,00	29,60	129,00
Consors	26.4.99	363	11,0	33,00	76,00	145,00
Stinnes	14.6.99	331	22,8	14,50	15,00	20,00
Maxdata	9.6.99	284	9,15	31,00	31,00	27,40
MVV Energie	2.3.99	203	12,68	16,00	16,10	15,50
Medion	26.2.99	196	2,3	85,00	150,00	115,00

Quelle: Deutsche Börse, FAZ-Archiv, Consors

Es kann sich lohnen, Neuemissionen zu zeichnen. Von den größten zehn Emissionen des Jahres 1999 haben nur die Anleger von Agfa-Gevaert, Maxdata und MVV Energie Verluste hinnehmen müssen. Bei den anderen IPOs – wie beispielsweise Consors – konnten die Investoren dreistellige Kursgewinne für sich verbuchen.

Abb. 41: Die zehn größten Neuemissionen in 1999

Überzeichnung und Losverfahren

Überzeichnungen kommen aktuell ständig vor. Sie treten dann ein, wenn die Nachfrage das Angebot an Aktien übersteigt. Und dies führt zu echten Problemen: Die Banken sind der Zeichnungslust der Anleger kaum gewachsen. Viele haben personell und technisch aufgerüstet, um mit dem Ansturm der Kunden fertig zu werden. Bei vielen Filialen ist man dazu übergegangen, Zeichnungswünsche nur noch nach Terminabsprache entgegenzunehmen. Auch die Direktbanken haben mit dem erhöhten Andrang der Kunden zu kämpfen. Das ging sogar Anfang des Jahres 2000 so weit, dass das Bundesaufsichtsamt für den Wertpapierhandel die Direktbanken rügte und diese auf ihre Verpflichtung der ordnungsgemäßen Durchführung der von ihnen angebotenen Wertpapierdienstleistungen und zur Bereithaltung der dafür notwendigen Mittel und Verfahren hinwies. Hintergrund des Schreibens waren laut Auskunft des Amtes zunehmende Beschwerden von Direktbankkunden, dass die telefonische und die elektronische Erreichbarkeit einzelner Direktbanken in den ersten beiden Monaten des Jahres 2000 unzureichend gewesen sei.

Bei überzeichneten Kaufwünschen müssen nun in irgendeiner Weise Aktien zugeteilt werden. Üblich ist dabei das Losverfahren, das eigentlich die Fairness bei der Aktienplatzierung garantieren sollte. Doch es funktioniert wie im richtigen Leben: Alle sind gleich, manche aber ein bisschen gleicher. Nach diesem Muster scheint die Verteilung von Neuemissionen unter Zeichnungsinteressierten häufig zu funktionieren.

Die Schutzgemeinschaft der Kleinaktionäre (SdK) kritisiert das Losverfahren als zu intransparent. Die SdK fordert, alle Aktionäre gleich zu behandeln. Die Aktionärsschützer halten das Verfahren, das die Deutsche Telekom bei ihrem Börsengang gewählt hatte, für das beste und fairste. Jeder Order sollte also ein fester Prozentsatz zugeteilt werden, wobei gegebenenfalls bestimmte Mindest- oder Höchststückzahlen berücksichtigt werden könnten. Bei einer mehrstelligen Überzeichnung sei es sinnvoll, das so genannte Windhundverfahren anzuhängen, bei dem diejenigen Aufträge vorrangig behandelt werden, die schon zu Beginn der Zeichnungsfrist eingehen. Damit ist die Praktikabilität des Verfahrens auch bei einer x-fachen Überzeichnung gewährleistet.

Prinzipiell schreibt das Wertpapierhandelsgesetz kein bestimmtes Verfahren vor. Trotzdem müssen die Banken im Emissionsgeschäft zukünftig ihre Glaubwürdigkeit verteidigen oder zurückgewinnen. Zudem sollte man sich um »gläserne Emissionen« bemühen, die nachvollziehbar für alle Anleger gestaltet sind.

So kommt man an neue Aktien

Viele Anleger verfolgen bei Neuemissionen nur eine Strategie: blind zeichnen, sich also bei einer Bank eintragen lassen. Bei der blinden Jagd auf neue Aktien lassen sie sich von Hoffnungen blenden, dabei werden bei vielen Emissionen nur noch 10 bis 30 Prozent der Aktien an Kleinanleger ausgegeben.

Nicht die Quantität ist entscheidend, sondern die Qualität der Newcomer. Wer ein sicheres Engagement sucht, somit also für seine Kapitalbildung oder gar Altersvorsorge arbeiten will, sollte sich über das Unternehmen und seine Absichten mit Hilfe der Emissionsprospekte informieren. Machen Sie sich schlau über das Unternehmen und die fundamentalen Daten, um die Marktposition, die zukünftige Geschäftsentwicklung, die Unternehmensstrategie und die Zukunftsaussichten der Branche einschätzen zu können.

Zeichnen sollten Sie dann bei Konsortialbanken. Dies sind die Banken, die das Unternehmen an die Börse bringen – einige Institute bringen häufig Neuemissionen an die Börse. Am häufigsten in den Konsortien vertreten sind die Dresdner Bank, die Deutsche Bank, die Commerzbank und die DG Bank. Konsortialbanken bedienen ihre eigenen Kunden bei der Emission am besten. Sie müssen lediglich ein Depot eröffnen. Ein Girokonto ist nicht nötig. Als Verrechnungskonto für das Depot dient meistens ein Sparbuch. Bei außerordentlich gefragten Neuemissionen kann es besser sein, bei mehreren Banken zu zeichnen. Einberechnen muss man dann allerdings die Gebühren für mehrere Depots.

Bei Emissionen sollten Sie mehr zeichnen, als Sie eigentlich haben wollen, da bei vielen Going Publics die Orders gekürzt werden. Bedenken Sie aber: viele Banken verlangen die Einzahlung des Geldes als Sicherheit. Und: Läuft eine Emission schlecht, bleiben Sie auf allen gezeichneten Stücken sitzen.

Aktien zeichnen im Internet ist der neue Weg. Das Medium impliziert Schnelligkeit, bringt jedoch nicht unbedingt bessere Zuteilungschancen. Die Web-Seiten mancher virtueller Emissionshäuser waren schon wegen Überlastung geschlossen. Trotzdem ist der Trend ungebrochen. Ab April 2000 bietet auch die DG Bank Aktienzeichnen über das Internet.

Die Emissionshäuser und ihre Internet-Adressen:
- KJD-online kling-jelko.de (wer zuerst zeichnet, hat größere Chancen)
- VEW (virtuelles Emissionshaus) going-public.de
- Net-Ipo netIPO.de (Marktführer – testet Kunden vor Zeichnung)
- Deutsche Bank IPO@db.com (nur für Kunden)
- Dresdner Bank www.dresdner-ipo.de (seit April 2000)
- DG Bank www.dgbank.de

Wertpapier-Brokerage über das Internet

Es wurde schon angedeutet: Das Internet verändert die Börsenwelt, und das auch im Bereich von Internet-Banking und -Brokerage. Mehrere deutsche Discountbroker bieten Wertpapiergeschäfte per Internet an. Internet-Broker bieten gegenüber der klassischen Bankbeziehung über eine Filialbank einen starken Kostenvorteil: Ersparnisse bis zu 70 Prozent. Sie haben sich auf die Direktvermittlung von Wertpapieren ohne Beratung, dafür aber zu ermäßigten Preisen per Telefon, Fax oder Internet spezialisiert. Auf ihren Internet-Seiten werben sie für ihre Produkte, veröffentlichen Wertpapierkurse und -charts. Häufig lässt sich gleich das Formular zur Kontoeröffnung abrufen.

Seit Anfang der 80er Jahre boomt in den USA das Geschäft der so genannten Discountbroker. Im Mai 1994 kam hierzulande als erster spezialisierter Broker die Direkt Anlage Bank auf den Markt. Heute ist Consors aus Nürnberg mit 226 000 Depots (Ende 1999) Marktführer in Deutschland und Europa, die im April 1999 an den Neuen Markt gegangen sind.

Der Wertpapierhändler verzeichnete 1999 7,2 Millionen Aufträge – ein Zuwachs zum Vorjahr von 157 Prozent. Consors hat zudem den höchsten Umsatz je Kunde unter den deutschen Anbietern und zeichnet sich immer wieder als Innovationsführer aus. Die anderen großen Broker mit mehr als 100 000 Kunden sind die schon erwähnte Direkt Anlage Bank, Comdirect und die Deutsche Bank 24.

Die Marktforscher sagen der Branche glänzende Zuwachszahlen voraus: Für das Jahr 2002 erwarten die Analysten von Datamonitor 2,85 Millionen Private beim Online-Wertpapierhandel. Die Experten von Forrester Research sagen für 2004 3,5 Millionen Kunden voraus, dagegen geht das Marktforschungsinstitut Forit von 3,95 Millionen aus. Trotzdem werden die Zeiten für Online-Broker härter, immer mehr Konkurrenten drängen in den Markt. Beispielsweise will die Postbank in den Wertpapierhandel über Internet und Telefon ab Herbst 2000 einsteigen. Und seit Ende Januar bietet EQ Online – das sich auf den Handel mit Xetra-Aktien konzentriert – seine Dienste ausschließlich über das günstige Internet an. So ist EQ Online zusammen mit der Netbank und Fimatex einer der preisgünstigsten Anbieter in Deutschland. Ein Wertpapierauftrag kostet 0,2 Prozent des Umsatzes, mindestens 8 Euro. Die Depotführung ist gebührenfrei, es muss aber eine Grundgebühr von 25 Euro, bei der Bereitstellung von Echtzeitkursen von 50 Euro im Halbjahr bezahlt werden. Die Erteilung eines limitierten Auftrags ist gebührenfrei. Der Zahlungsverkehr der Transaktionen kann über ein bestehendes Girokonto einer anderen Bank abgewickelt werden.

Die Angebote der Broker sind ähnlich. Sie bieten alle den Handel an sämtlichen deutschen Wertpapierbörsen, aber nur teilweise an der Nyse. Deswegen dürfte der Konkurrenzkampf auch über die Gebühren laufen. Beispielsweise verlangt die Direkt Anlage Bank seit März 2000 keine Depotgebühren mehr.

Wie immer dürfte der Wettbewerb auch über Größe und Internationalität entschieden werden. Dabei gilt Deutschland als der größte Markt für den Online-Aktienhandel. Anfang 1999 war allein Fimatex grenzüberschreitend tätig: in Frankreich und Deutschland. 1999 ging dann Consors auf Einkaufstour, kaufte in Frankreich, Spanien und der Schweiz Makler auf. Und in Italien gründeten die Nürnberger eine Gesellschaft für Wertpapierhandel mit italienischen Partnern.

Anbieter	Muttergesellschaft	Internet-Adresse
Advance Bank	Dresdner Bank	www.advancebank.de
Comdirect-Bank	Commerzbank	www.comdirect.de
Consors	Schmidt-Bank und in Streubesitz	www.consors.de
Deutsche Bank 24	Deutsche Bank	www.brockerage24q.de
Direkt Anlage Bank	HypoVereinsbank und in Streubesitz	www.driaba.de
Entrium Direct Bankers	Schickedanz-Gruppe und in Streubesitz	www.entrium.de
EQ Online	Finvest	www.eqonline.de
Fimatex	Société Générale	www.fimatex.de

Abb. 42: Internet-Aktienhandel

Die Kunden von Discountbrokern müssen sich aber vor dem Traden Folgendes vergegenwärtigen: Die Spezialinstitute haben »deutlich reduzierte Aufklärungspflichten«, weil sie sich ausdrücklich nur an erfahrene und gut informierte Anleger wenden. Dies hat der Bundesgerichtshof (BGH) in einem Urteil entschieden (Aktenzeichen: XI ZR 296/98). Demnach reicht es aus, wenn Discountbroker die gesetzlich vorgeschriebene Information ihrer Kunden über die Gefahren von Termingeschäften darauf beschränken, dass sie ihnen allgemein gehaltene Broschüren übersenden und diese unterzeichnen lassen.

Der nächste Schritt der technischen Entwicklung ist der Aktienhandel über Handy. Besitzer so genannter WAP-Handys (Wireless Application Protocol) können Aktien mobil kaufen und verkaufen. Nach Ansicht des Marktforschungsinstituts Durlacher Research verspricht dies hohe Zuwachsraten. Mit mobilem Aktienhandel können im Jahr 2003 bereits Umsätze von rund 5 Milliarden Euro in Europa erzielt werden.

Daytrading – das schnelle gefährliche Geschäft

Für die einen sind es Auswüchse – für andere die Chance. Und wie nahezu immer kommt der Trend aus den USA. Daytrader verschreiben sich dem blitzschnellen Handel von Aktien, Optionen oder Futures, um selbst kleinste Kursschwankungen an der Börse zu nutzen. Meist liegen Kauf und Verkauf innerhalb eines Tages, oft ist das Geschäft innerhalb weniger Minuten gemacht. Mit Hilfe von Echtzeitkursen und modernster Technik verfolgen Trader das Marktgeschehen. Sie kaufen beispielsweise mehrere tausend Stück Siemens für 80,89 Euro und stoßen sie ab für 80,93. Das macht zwei Mausklicks und pro Papier 4 Cent Gewinn. Oder der Händler erwartet einen steigenden DAX®, dann kauft er den DAX®-Future. Bewegt sich dieser einige Punkte nach oben, stößt er ihn nach Sekunden oder Minuten wieder ab.

Neu ist der Tageshandel an der Börse keineswegs, neu ist aber, dass jetzt immer mehr mitmachen: In den USA dürften etwa 20 000 das Handeln zu ihrem Beruf gemacht haben. Und das sind nicht allein Finanzprofis, sondern mehr und mehr Privatspekulanten – Daytrader kann jeder werden. Das Potential für Daytrader hierzulande schätzt das Deutsche Aktieninstitut auf einige tausend. Daytrading ist – auch als Begleiterscheinung der Börsenhausse – zum Inbegriff des schnellen Geldverdienens geworden.

Ob Las Vegas oder Wall Street – das Glücksspiel an der Börse hat nur wenige Gewinner. Sieben von zehn Daytradern verlieren Geld. Lediglich 12 Prozent dieser Online-Händler machten Gewinne, hat die North American Securities Administrator Association in einer

Untersuchung in Amerika herausgefunden. Der Grund: Die meisten Daytrader waren schlecht auf den Aktienhandel vorbereitet. Die wenigsten Akteure hätten vorher genügend Erfahrung mit dem traditionellen Aktienhandel gesammelt. Als sehr fragwürdig sahen die Autoren die Möglichkeit an, dass sich die privaten Aktienkäufer bei einigen Anbietern gegenseitig Kredite geben könnten, um kurzfristige Liquiditätsengpässe auszugleichen. Die meisten Daytrader schwärmen vom schnellen Geld. Doch manche dieser Spieler drehen völlig durch. Zwölf Menschen starben deswegen in der US-Metropole Atlanta, als ein Familienvater Ende Juli 1999 Amok lief. Er hatte umgerechnet 200 000 Mark verloren. Dies dürfte auch ein Grund dafür gewesen sein, dass die beiden großen amerikanischen Börsen die Bedingungen verschärften, unter denen Daytrader mit Fremdkapital handeln dürfen. In einer Gemeinschaftsinitiative haben die New York Stock Exchange und die Nasdaq-Trägergesellschaft National Association of Dealers (NASD) vorgeschlagen, dass Daytrader in Zukunft mindestens ein Eigenkapital von 25 000 Dollar in ihren Konten vorhalten müssen. Zuvor lag die im Minimum geforderte Sicherheitsleistung für alle amerikanischen Investoren bei nur 2000 Dollar.

Zocken wie die Profis kann man in Deutschland nur mit einer Sicherheitsleistung von etwa 5000 Mark. Möglich ist dies – allein von zu Hause aus – über Discountbroker. Mittlerweile kommen aber immer mehr Trading-Büros oder -Center auf. Wie in einer Spielhalle kann hier jeder gegen Eintritt mitmachen und an den Finanzmärkten rund um den Globus spekulieren. Zur Verfügung gestellt werden Realtime-Kurse, Charts und Grafiken, Software zur Kursanalyse und Online-Handelsplattformen. Und für etwa 1500 Mark Monatsmiete kann jedermann sein Glück als Daytrader versuchen. Nach einer Einweisung in das System und einigen Trockenübungen geht es los wie bei den Profis. Schmelzen Verluste den Kontostand ab, werden die Handelsmöglichkeiten eingeschränkt. Es sei denn, die Kunden schießen frisches Geld nach.

Die strengen Antrittsbedingungen wirken nicht abschreckend. Die Betreiber der Center erfreuen sich regen Zulaufs. Und jede Woche eröffnet irgendwo in Deutschland ein solches Trading-Center.

Daytrading-Zentren brauchen eine Genehmigung des Bundesaufsichtsamts für das Kreditwesen, weil sie gewerbsmäßig Finanzdienstleistungen in der Form der Anlagevermittlung erbringen. Sie müssen den im Kreditwesengesetz festgehaltenen Anforderungen an ein wirtschaftlich solides Geschäftsgebaren genügen. Außerdem sind sie nach dem Wertpapierhandelsgesetz zu einer fairen Aufklärung ihrer Kunden über Chancen und Risiken der angebotenen Geschäfte verpflichtet.

> **Ein ganz schlauer...**
>
> Im März 2000 wurde ein Daytrader in Amerika angeklagt, weil er mit einer gefälschten Pressemitteilung den Börsenwert des Telekommunikationsausrüsters Lucent Technologies um Milliarden vermindert haben soll. Dabei soll er eine falsche Gewinnwarnung des Unternehmens in den Dienst des Internet-Portals Yahoo geschleust haben. Der Kurs war nach der vermeintlichen Gewinnwarnung um 3,6 Prozent eingebrochen. Der Daytrader kaufte nach dem Kurssturz den Angaben zufolge 6000 Aktien und stieß sie nach der Erholung des Kurses mit Gewinn wieder ab. Ihm drohen nun zehn Jahre Gefängnis und 1 Million Dollar Strafe.
> Die Ermittler waren dem Daytrader auf die Schliche gekommen, weil sie die Herkunft der falschen Pressemitteilung mit Hilfe von Yahoo und dem Internet-Dienst America Online bis zur Wohnung zurückverfolgen konnten.

Der Trend zum Daytrading dürfte gerade erst begonnen haben. Viele werden es versuchen, der Goldgräberstimmung nachgeben, vom Reichtum über Nacht träumen und dabei ihr Geld verlieren. Verdienen werden die Veranstalter: die Banken, Discounter, Wertpapierhäuser und Trading-Center.

Wer sich dem Daytrading verschreibt, muss wissen, was er tut: Er muss sich mit Computersystemen vertraut machen, mit Analyseprogrammen, Handelsstrategien und vor allem mit den Möglichkeiten der Risikokontrolle. Nur dann hat er eine Überlebenschance. Erfolgreiche Tagestrader benötigen viel Disziplin und müssen mit Verlusten umgehen können.

Millionen per Mausklick werden nur Einzelne erzielen. Der Traum vom schnellen Geld kann genauso schnell wieder vorbei sein. So verlockend es ist, innerhalb weniger Stunden große Gewinne zu erzielen, so groß ist aber auch die Gefahr eines Totalverlusts. Daytrading ist also eine zeitaufwendige und hochriskante Investmentstrategie. Wen diese Warnungen nicht abschrecken, kann sich unter www.daytrading-info.de oder www.tradewire.de weiter informieren.

Börsenfavoriten: TMT – only the sky is the limit?

Die Börse im TMT-Rausch? Schon braucht man Kürzel und Zusammenfassungen, um den andauernden Boom der Technologie-, Medien- oder Telekommunikationswerte zu fassen. Diese Branchen repräsentieren einen Großteil der »Neuen Wirtschaft«, die immer mal wieder gerne zitiert wird, um auf (nötige) Veränderungen hinzuweisen. Diese Branchen spielten sich durch ihre erheblichen Kurssteigerungen in den (Börsen-)Vordergrund. Und immer dann, wenn etwas hoch bewertet wird, birgt dies auch ein gewisses Risiko. Goldman Sachs, London, errechnete, dass die TMT-Unternehmen in den nächsten zehn Jahren eine durchschnittliche Rendite auf das investierte Kapital von 21 Prozent erzielen müssten, um die derzeit herrschenden Kurse rechtfertigen zu können. In den vergangenen zehn Jahren haben diese Werte im Mittel aber nur 14 Prozent eingefahren, das beste Ergebnis lag bei 19 Prozent.

Wohl unbestritten ist, dass den gegenwärtigen Kursgewinnen für fast alle Aktien der angesprochenen Branchen schon bald eine Konsolidierung folgen wird. An deren Ende könnten durch Fusionen und Übernahmen nur wenige Marktführer übrig bleiben. Nun gilt es, nicht diese zukunftsträchtigen Branchen zu meiden, sondern innerhalb dieser in die richtigen Aktien zu investieren.

Im Folgenden wird besonders auf die Branchen Internet und Medien und jeweils einen interessanten Vertreter eingegangen.

Internet-Aktien: Irrationaler Überschwang?

Gewöhnlich schauen Anleger auf die Gewinne. Diese alte Börsenregel scheint außer Kraft gesetzt, wie ein Blick auf die Internet-Branche zeigt. Das Unternehmen mit der höchsten Ertragskraft gewinnt normalerweise den Kampf um das Anlegervertrauen. Doch mittlerweile billigen Anleger jungen, dynamischen Unternehmen einen Börsenwert in Millionenhöhe zu, obwohl sie noch auf Jahre hinaus keinen Pfennig verdienen werden. Dagegen reißen sich die virtuellen Geldgräber um Internet-Aktien – die ökonomische Vernunft bleibt dabei oft auf der Strecke. Der Höhenflug der Internet-Aktien hängt vor allem mit der Entwicklung von Computer und Software zusammen. Sie zu bedienen ist mittlerweile kinderleicht, damit bewegen sich immer mehr Menschen im elektronischen Raum, die Zahl der potentiellen Kunden für Cyber-Unternehmen explodiert. Trotzdem sind viele Börsenbewertungen nur schwer nachzuvollziehen. Losgelöst von allen herkömmlichen Bewertungsmaßstäben heben Internet-Aktien ab. Die Phantasie der Anleger wird hauptsächlich durch die enormen Wachstumsraten des Netzes angeregt. Es ist ein starker, sich selbst anheizender Trend auszumachen, durch den die Börsen einen großen Teil der erhofften Zukunftsgewinne bereits vorwegnehmen.

So konnte auch Cisco im März 2000 einen Börsenwert von 500 Milliarden Dollar erreichen. Diesen Markstein haben vor Cisco zwar schon Microsoft und General Electric passiert, kein Unternehmen hat dies jedoch in so kurzer Zeit geschafft wie der weltmarktführende Anbieter von Netzwerk-Infrastruktur für das Internet aus dem kalifornischen Silicon Valley. Cisco war erst 1984 von Wissenschaftlern der Universität Stanford gegründet worden, lieferte im Jahr 1986 seinen ersten Router aus und wurde 1990 von Morgan Stanley & Co. an der Börse eingeführt. Die Anleger zeichneten das Papier damals für 18 Dollar. Bereinigt um die inzwischen neun Aktiensplitts lag der Ausgabepreis nur bei gut 6 Cent. Erstzeichner haben ihren Kapitaleinsatz seither um etwa das 1150fache erhöht. Von den gut 26 000 Beschäftigten des Unternehmens sind weit mehr als 10 Prozent Dollar-Millionäre. Und erst im November 1999 erreichte Cisco eine Marktbewertung von 300 Milliarden Dollar. Der in der Zwischenzeit eingetretene Wertzuwachs von 200 Milliarden Dollar entspricht fast der Marktkapitalisierung von IBM oder dem Vierfachen des Gewichts, das der weltgrößte Autohersteller General Motors an der Börse aufweist.

Durch die Technologiehausse kommen inzwischen sechs der zehn schwersten Unternehmen Amerikas aus den digitalen Branchen. Von der »alten Ökonomie« sind nur mehr General Electric, Exxon Mobil, Wal-Mart Stores und Citigroup vertreten. Vor zehn Jahren zählte mit IBM dagegen nur ein einziger reiner Technologiewert zu den Top Ten. Allerdings war seinerzeit auch noch AT&T in der Rangliste vertreten. Und von AT&T wurde im April 1996 Lucent Technologies abgespalten, das zurzeit mit 200 Milliarden Dollar das neuntschwerste Unternehmen Amerikas ist. AT&T und Lucent Technologies zusammen bringen heute 380 Milliarden Dollar auf die Waage.

Unternehmen	Marktkapitalisierung in Millionen Euro	Branche
Broadvision Inc.	14 181,27	Internet
EM TV & Merchandising AG	13 741,12	Medien
Intershop Communications AG	6941,15	Internet
Fantastic Corp.	5381,50	Software
Qiagen N. V.	5321,4	Biotechnologie
Mobilcom AG	5313,60	Telekommunikation
ADVA Optical Netw. AG	5070,00	Technology

| Consors AG | 4 638,50 | Discountbroker |
| Freenet.de AG | 3 832,50 | Internet |

Quelle: Datastream

Abb. 43: Die Schwergewichte am deutschen Neuen Markt, Stand: 21. Februar 2000

Amerikanische Unternehmen machen rund 90 Prozent des Internet-Weltmarkts aus. An den Börsen gibt es derzeit über 700 Internet-Werte, die ihre Anleger zum größten Teil in eine Art »digitalen Goldrausch« versetzt haben. Die Aktien haben zumeist traumhafte Gewinne beschert.

Auf der anderen Seite verstummen die Warner nicht. Man müsse zurückkehren zu Wirklichkeitssinn und Vernunft. Schon seit Beginn der Internet-Hausse wird orakelt, dass der Zusammenbruch, gar der freie Fall bevorstünde. Doch bislang wurden alle Warnungen ignoriert: Internet-Aktien blieben 1999 fast ohne Ausnahme die absoluten Favoriten der Investoren. Es geht trotz vereinzelter kleinerer Dellen nach unten immer weiter – nach oben. Für weitere Informationen: www.internetaktien.de.

Es mag bald eine Kurskorrektur geben. Bei einigen Internet-Werten kann diese über 50 Prozent ausmachen. Marktbeobachter glauben, dass etwa 90 Prozent der zurzeit an der Börse notierten Internet-Werte ihre hohe Bewertung nicht rechtfertigen. Deswegen werden nicht alle überleben können. Es wird mittelfristig einen starker Aufkauf- und Verschmelzungsprozess geben. Und auch in Zukunft müssen Anleger mit starken Kursschwankungen rechnen, und zwar sowohl nach oben als auch nach unten – eine Achterbahnfahrt, die das höhere Chancen- und Risikoniveau von Internet-Aktien reflektiert. Trotzdem: Anleger können erfolgreich auf Internet-Aktien setzen. Man sollte nur nicht mehr die schnellen Gewinne ansteuern, sondern längerfristig denken. Und man muss auf den Marktführer setzen. Dann kann man 10 bis 20 Prozent seines Portfolios mit Zukunftstechnologie, wie dem Internet, bestücken.

Intershop: von Jena in die ganze Welt

Nur elf Aktien haben sich 1999 besser entwickelt als der Neue-Markt-Index. Erste Wahl war die Intershop-Aktie (www.intershop.de). Das Unternehmen arbeitet mittlerweile mit 21 Büros und 500 Mitarbeitern weltweit. Vorstand ist der 30 Jahre alte Stephan Schambach, der in San Francisco arbeitet und den Vorläufer von Intershop 1992 gründete. Das Unternehmen ist seit Juli 1998 am Neuen Markt notiert. Nun denkt man auch über eine Notierung an der amerikanischen Börse Nasdaq nach, wo die wichtigsten Konkurrenten vertreten sind. Intershop konzentriert sich auf den vielversprechenden elektronischen Handel und bietet Software für Unternehmen an, die ihren Kunden den elektronischen Einkauf über das Internet ermöglichen wollen. Nach Angaben von Pfeiffer, dem Intershop-Aufsichtsratsvorsitzenden, ist Intershop der drittgrößte Anbieter dieser Art in den Vereinigten Staaten und der Marktführer in Europa. Die Software des Unternehmens gilt als führend. Das neueste Produkt, genannt Intershop Enfinity, für den Business-to-Business-Bereich ist so konstruiert, dass es für noch nicht vorhandene, aber in Entwicklung befindliche Anwendungen ausgebaut werden kann: beispielsweise für Computerdrucker, die automatisch über das Internet neue Farbpatronen bestellen.

Weitere Auftragseingänge verbreiten Optimismus bei Intershop. Nach Jahren des Minus werden wohl im Jahr 2000 schwarze Zahlen unter der Gewinnrechnung stehen. Mit diesem Hintergrund kann man sich die Zahlen (von Consors) zum KGV auf der Zunge zergehen lassen: Für 1999 errechnete man ein KGV von 1103, für 2000 schätzt man ein KGV von 5353!

Ein echter Coup Schambachs war die Verpflichtung des Ex-Compaq-Chefs Eckard Pfeiffer als neuen Aufsichtsratsvorsitzenden. Pfeiffer, der Compaq zu einem der größten Computerhersteller der Welt machte, dürfte für manchen Wettbewerbsvorteil sorgen.

Schambach selbst hält 17,8 Prozent der Aktien an seinem Unternehmen. Er gilt als Vorzeige-Deutscher in Sachen Internet. Immerhin wurde er vom Magazin Time zur Nummer 14 der wichtigsten Personen des digitalen Zeitalters ernannt.

Medienwerte – schillernde und vielfältige Show-Welt

Vor einigen Jahren war die Medienbranche an der Börse nicht vertreten. Erst mit dem Markteintritt von ProSieben Media (Sommer 1997) und EM.TV (Ende 1997) wurde eine Lawine ausgelöst, die bis heute rollt. Die Medienwerte haben sich zu einer festen Größe entwickelt, und es gab Monate – vor allem im Jahr 1999 –, in denen die Branche die deutsche Börsenwelt in Atem hielt: Allein zwölf Neuemissionen aus dem Bereich Filmproduktion und Verwertung erfolgten im letzten Jahr. Man kann es auch andersherum formulieren: Das Show-Business hat den Neuen Markt als Geldquelle entdeckt.

Dabei fasst der Begriff »Medienwerte« eine große Breite ganz unterschiedlicher Unternehmen zusammen. Zwischen den einzelnen Medienunternehmen bestehen große Differenzen in Ausrichtung, Qualität und Größe. Das bedeutet für die Anleger: genau hinschauen!

Beispielsweise bei: Constantin-Fim. Deutschlands größte unabhängige Filmverleih- und Produktionsgesellschaft beabsichtigt, zu einem internationalen Medienkonzern aufzusteigen. Vorstandsvorsitzender ist der Regisseur und Produzent Bernd Eichinger, der im September 1999 an den Neuen Markt gegangen ist. Zukünftig will man die Verwertungskette im Filmgeschäft besser abdecken und international expandieren. Damit hat das Unternehmen verschiedene Standbeine: Produktion und Verleih von Spiel- und Fernsehfilmen, Lizenzhandel, Zweitverwertung und die Nebenrechtsauswertung, wie das Werbeartikelgeschäft (Merchandising), den Musik- und Druckerzeugnishandel und die Verwertung im Internet. Schon früh holte sich Eichinger große Unterstützer: Seit 1986 ist Leo Kirch mit rund 37 Prozent als strategischer Partner beteiligt, außerdem EM.TV (siehe unten) mit 25 Prozent.

Der einzige reine Fernsehwert an der Börse ist ProSieben Media. Lange Zeit kaum beachtet, läuft die Aktie jetzt besser. Das Unternehmen gehört zur Kirch-Gruppe.

Bei einem anderen Medienwert wurden die Anleger enttäuscht: Wim Wenders wurde für seinen Dokumentarfilm »Buena Vista Social Club« in Hollywood nicht mit einem Oscar belohnt. Der Kurs registrierte das: Die am Neuen Markt notierte Aktie der Frankfurter Firma »Das Werk« gab um 11,3 Prozent nach. Das Unternehmen war im Sommer 1999 aus einer Fusion der Postproduktion Das Werk und der Spielfilmproduktion von Wenders Road Movies entstanden und ging dann gleich an die Börse. Der Regisseur bekam dafür ein Aktienpaket. Er und seine Frau halten zusammen 8,4 Prozent an dem Unternehmen. 70 Prozent seines Umsatzes erzielt »Das Werk« mit der digitalen Bearbeitung von Filmen.

Der Erfolg der Medienwerte stützt sich überwiegend auf den Sog der Film- und Fernsehtitel. Die wachsende Zahl von Fernsehsendern, national wie international, zieht einen fast grenzenlosen Bedarf an Filmproduktionen nach sich. Unternehmen der Produktions- und Rechteverwertungsbranche entwickelten sich 1999 deutlich besser als der Gesamtmarkt.

Bei Medienwerten lohnt die genaue Analyse. Wichtig sind internationale Filmrechte und Fernsehbeteilungen. Es locken zwar überdurchschnittliche Wachstumsraten – doch es wird mit harten Bandagen gekämpft. Im millionenschweren Poker um Verwertungsrechte und Lizenzen können auf lange Sicht nur die finanzstarken Medienmultis mithalten. Anleger sollten daher lieber auf solide Marktchancen als auf schillernde Namen setzen.

Der Markt hat ein feines Gespür für das Machbare: Der Aktienkurs von Kinowelt Medien, einem internationalen Medienunternehmen mit dem Kerngeschäft der Vermarktung von Lizenzen an Kinospielfilmen, seit Mai 1998 an der Börse, sank innerhalb einer Woche um ein Drittel – das Unternehmen hatte angekündigt, einen eigenen Fernsehsender aufzubauen. Ein anderes Investment ist ebenso mit Risiken behaftet: die Aktie des Musikproduzenten Jack White. Ihre Entwicklung ist vor allem davon abhängig, wie weit die von ihm produzierten Songs in den Hitparaden nach oben klettern.

International orientierte Anleger können sich auch Aktien der US-Konzerne Time Warner oder Walt Disney ins Depot legen. Beide Unternehmen haben ihr Engagement breit gestreut – von der Filmproduktion über den Betrieb von Fernsehstationen bis zu Verlagen, Merchandising und Internet-Angeboten.

EM.TV – Heidi, Miss Piggy und die Formel 1

Ein gewichtiger Grund für den Erfolg ist die Traumperformance des Börsenlieblings EM.TV. Schon im ersten Börsenjahr 1998 stieg der Kurs um 3746 Prozent. Der Kurs stieg in Spitzenzeiten auf 110 Euro – ein Kursgewinn von mehr als 15 000 Prozent. Mittlerweile sank der Kurs allerdings um knapp die Hälfte auf 64 Euro (Stand: Ende Juli 2000).

EM.TV ist ein Ableger des Film-Multis Leo Kirch. Das Unternehmen ist auf Film- und Fernsehrechtehandel und Merchandising spezialisiert. EM.TV hat zudem die Rechte an etwa 30 000 Filmen, wobei die Qualität dieses Programmstocks allerdings unterschiedlich beurteilt wird.

Der erste Kurseinbruch Ende 1999 ist auf den Einstieg bei der Tele München GmbH des Filmkaufmanns Herbert Kloiber, Gesellschafter beim Fernsehsender TM 3, zurückzuführen. Andere Aktivitäten des rührigen und erfolgreichen Thomas Haffa in 1999 sind die Zusammenarbeit mit den Schweizer Fernsehsendern SF DRS und TV3 und ein Deal mit der zweitgrößten Familien-Unterhaltungsmarke nach Walt Disney: Sechs Millionen EM.TV-Aktien plus 340 Millionen Dollar bekommt die Familie Henson für The Henson Company in Los Angeles. Miss Piggy, Ernie und das Krümelmonster, die bekanntesten Lieblinge des Kinderprogramms nach den Disney-Figuren, gehören nun zu Haffa. Der den Aktionären versprochene Kauf in den Vereinigten Staaten hat die zuvor in Aussicht gestellte Größe übertroffen. EM.TV hat nun einen Fuß im stärksten Medienmarkt der Welt, den USA.

Letzter Coup des Münchners im März 2000: Der Händler von Fernsehrechten übernahm die Mehrheit an der Formel 1. Die – nach Haffa – wichtigste Transaktion der Unternehmensgeschichte kostete 1,7 Milliarden Dollar. Damit erwirbt EM.TV genau 50 Prozent an der SLEC, der Holdinggesellschaft, an der alle Formel-1-Aktivitäten zusammengefasst sind.

Die Alternative zum Direkteinstieg: Branchenfonds

Da eine Auswahl einzelner Titel in unüberschaubaren Märkten schwierig sein kann – und teuer –, sollten Privatanleger gerade für die hier angesprochenen Branchen in Aktienfonds einsteigen, die einen Großteil der Unternehmen – und damit der Gewinnchancen – beinhalten. Mit Kursschwankungen muss aber gerechnet werden.

Die Wahl ist allerdings bei Medienfonds nicht ganz leicht, weil es keine reinen Fonds gibt, die ausschließlich auf diese Werte setzen. Internet-Fonds gibt es dagegen einige. Der beste schnitt 1999 mit einem Wertzuwachs von 200 Prozent ab. Insgesamt waren in dem genannten Jahr Technologiefonds die Spitzenreiter in Deutschland.

Wie auch in Amerika. Dort wird die Flut der Anlagegelder für einige amerikanische Technologiefonds zur Last werden. Die Verwalter werden der enormen Mittelzuflüsse nicht mehr Herr. Die Branche hat Schwierigkeiten, mit dem Appetit der Anleger Schritt zu halten, und so greift man zu besonderen Mitteln: Munder Capital Management beschloss, die Pforten des NetNet Fund zum 17. April 2000 zu schließen. Der Fonds ist mit einem Vermögen von inzwischen 11,5 Milliarden Dollar größer als alle anderen amerikanischen Internet-Fonds zusammen.

Der schon Mitte der 90er Jahre aus der Taufe gehobene NetNet Fund verfügte Anfang 1999 über ein Vermögen von weniger als 1 Milliarde Dollar. Im Jahresverlauf flossen ihm aber 3,7 Milliarden Dollar zu. Zusammen mit einer Wertsteigerung von 176 Prozent führte dies zum Ende des Jahres zu einem Vermögen von 7,4 Milliarden Dollar.

1999 warf der durchschnittliche Technologiefonds in Amerika eine Rendite von 136 Prozent ab. Nach Angaben der Fondsberater Financial Research flossen dann auch im vergangenen Jahr insgesamt 33,5 Milliarden Dollar in Technologiefonds. Und das Jahr 2000 dürfte dem kaum nachstehen.

Missbrauch der Ad-hoc-Meldungen

Börsennotierte Gesellschaften sind nach Paragraph 15 Wertpapierhandelsgesetz (WpHG) dazu verpflichtet, alle Tatsachen, die erheblichen Einfluss auf den Aktienkurs haben könnten, unverzüglich bekannt zu machen. Das ist die Ad-hoc-Publizität. Durch sie soll gewährleistet werden, dass alle Teilnehmer am Kapitalmarkt kursrelevante Neuigkeiten aktuell und gleichzeitig erhalten. Zugleich soll damit verhindert werden, dass Informationen von so genannten Insidern missbraucht werden. Ad-hoc-Meldungen werden auf der Internet-Homepage des Deutschen Aktieninstituts (DAI) veröffentlicht (www.dai.de).

Mittlerweile ist ein zunehmender Missbrauch von Ad-hoc-Meldungen festzustellen. Häufig sind es kleinere Gesellschaften im Neuen Markt, die den hohen Aufmerksamkeitswert des Mediums nutzen wollen. Statt Tatsachen für die Aktionäre einfach und

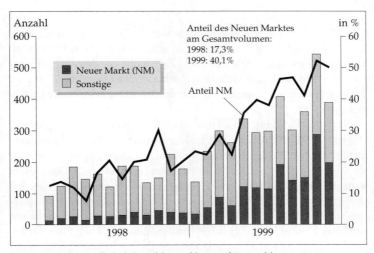

Quelle: Deutsche Gesellschaft für Ad-hoc-Publizität mbH, Frankfurt am Main

Abb. 44: Ad-hoc-Meldungen 1998–99

schlüssig darzulegen, betreiben die Unternehmen Werbung für sich selbst. Sie bringen wenig aussagekräftige und nicht kursrelevante Meldungen – beispielsweise einen in Aussicht gestellten Kleinauftrag. Getarnt als veröffentlichungspflichtige Tatsachen werden Meinungsäußerungen und Informationen, die schon bekannt sind, mitgeteilt – beispielsweise seitenlange Quartals- und Halbjahresberichte.

Kritiker befürchten nun, dass durch die Überflutung des Markts mit belanglosen Meldungen über kurz oder lang die Anleger Ad-hoc-Meldungen nicht mehr zur Kenntnis nehmen und damit die kapitalmarktschützende Funktion der Ad-hoc-Publizität nicht mehr erfüllt werden kann. Das Bundesaufsichtsamt für den Wertpapierhandel wird aufgefordert, den Missbrauch der Ad-hoc-Meldepflicht zu ahnden. Dies könnte beispielsweise durch ein Bußgeld und eine Untersagungsbefugnis geschehen.

Insider

Insider sind Personen, die wissen, in welche Richtung sich der Kurs einer bestimmten Aktie entwickeln wird. Sie besitzen kursbeeinflussende Informationen zu einem Zeitpunkt, an dem diese Informationen an der Börse nicht oder noch nicht bekannt sind. Typische Insider sind beispielsweise Vorstände von börsennotierten Unternehmen.

Nach den Paragraphen 13 und 14 des Wertpapierhandelsgesetzes, das seit 1994 in Kraft ist, sind Insidergeschäfte in Deutschland verboten. In dem Gesetz ist auch geregelt, welcher Personenkreis zu den Insidern zählt und wann eine Person als Insider gilt. Das Gesetz unterscheidet dabei zwischen so genannten Primär- und Sekundärinsidern. Zu den Primärinsidern zählen alle Personen, die aufgrund ihrer Stellung oder ihrer Tätigkeit Zugang zu vertraulichen und gleichzeitig kursrelevanten Informationen eines börsennotierten Unternehmens haben. Sekundärinsider sind Personen, die – absichtlich oder unabsichtlich – Kenntnis von Insiderinformationen bekommen.

Der Besitz von Insiderinformationen allein ist allerdings nicht verboten. Verboten ist es aber, dieses Wissen zu Geld zu machen. Und das gilt nicht nur hierzulande, sondern auch in vielen anderen Staaten, allen voran den USA. Die Bekämpfung des Insiderhandels obliegt in Deutschland dem Bundesaufsichtsamt für den Wertpapierhandel in Frankfurt. 138 Beschäftigte hat das Bundesaufsichtsamt. 1998 beispielsweise hat die Behörde 58 neue Insider-Untersuchungen begonnen, drei mehr als 1997. Die Verfahren basierten auf 1816 Vorprüfungen. Weiterhin wurden neun Untersuchungen aus dem Vorjahr weitergeführt. In 16 Fällen erstattete die Behörde Anzeige bei den zuständigen Staatsanwaltschaften. Von den 25 Verfahren, die die Strafverfolgungsbehörden abschlossen, endeten vier mit einem rechtskräftigen Strafbefehl.

Wie beim Fall Heugel: Der frühere Kölner Oberstadtdirektor Klaus Heugel wurde rund ein halbes Jahr nach seinem Rücktritt von der Kandidatur für das Amt des Kölner Oberbürgermeisters zu einer Geldstrafe von 37 500 Mark verurteilt. Das Kölner Amtsgericht sah es als erwiesen an, dass Heugel bei Aktiengeschäften an der Börse einen illegalen Gewinn von 15 090 Mark erzielt hatte. Er habe beim Handel mit Aktien des Kölner Unternehmens Felten & Guilleaume Insiderwissen benutzt, das er als Vorstandsmitglied der Kölner Gas-, Elektrizitäts- und Wasserwerke (GEW) erworben hatte. Er wusste von konkreten Übernahmeplänen, kaufte daraufhin in drei Tranchen insgesamt 300 F&G-Aktien. Heugel hat dann zwei Monate später seine F&G-Aktien, die er für einen Preis von etwa 250 Mark gekauft hatte, zum Übernahmepreis von 300 Mark wieder veräußert.

Der Sozialdemokrat hatte die Aktiengeschäfte verspätet zugegeben – er trat als Oberstadtdirektor zurück und gab seine Kandidatur für das Amt des Oberbürgermeisters auf. Die SPD erlitt bei der Wahl eine schwere Niederlage. Das Strafverfahren galt als Pilotprozess, weil bislang noch kein Fall bekannt geworden war, in dem Insiderverstöße in einer öffentlichen Hauptverhandlung geahndet wurden. Allenfalls kam es bisher zu gerichtlichen Strafbefehlen, die unter Ausschluss der Öffentlichkeit verhängt werden.

Begriffspaar: Investor Relations und Shareholder Value

Investor Relations oder kurz IR wollen die Beziehung zu den Investoren, also den Aktionären, pflegen. Im Idealfall soll durch diese Kommunikation ein Vertrauensverhältnis zwischen dem jeweiligen Unternehmen und seinen Aktionären zustande kommen und die Anlagetreue der Investoren stärken.

Der Beitrag guter Investor-Relations-Arbeit eines Unternehmens wird nicht mehr unterschätzt: Das Beratungsunternehmen Boston Consulting Group schätzt den Anteil von IR zum an der Börse repräsentierten Unternehmenswert auf 10 bis 15 Prozent.

Systematisch angewandte und plausible Investor Relations fördern also Marktwert und Aktienkurs. Daraus ergibt sich für das Unternehmen der Vorteil, dass es leichter an Finanzmittel herankommt, beispielsweise durch Kapitalerhöhungen. Aktienkäufer sind deswegen eine gefragte Klientel. Aus diesem Grund müsste eigentlich die Kommunikation mit den Anteilseignern eine echte Management-Herzensangelegenheit sein. Investor Relations beinhalten hauptsächlich eine klare und verständliche Politik. Zu den Instrumenten zählt die Bereitstellung von Informationen, die über die gesetzlich vorgeschriebenen Informationen zur Finanz-, Vermögens- und Ertragslage hinausreichen. Denn heute wollen Aktionäre über Strategien und Gewinnprognosen auf dem Laufenden gehalten werden.

Was bringen aber Investor Relations den Aktionären – außer viel Papier im Briefkasten? Ausreichende Informationen bieten den Anlegern eine gute Entscheidungsgrundlage. Dabei darf der Anteilseigner eine professionelle Kommunikation verlangen mit detailliert aufbereiteten Zahlen – und natürlich eine steigende Eigenkapitalrendite.

Interessant ist für viele Aktionäre, dass immer mehr Aktiengesellschaften das Internet als Mittel zur Anlegerinformation entdecken. Meist beschränkt sich das Angebot auf die klassischen Investor-Relations-Mittel, die auch in gedruckter Form vorliegen und sich überwiegend an der Vergangenheit orientieren. Gewöhnlich bieten Unternehmen ihre Selbstdarstellung, die Beschreibung ihres Produktprogramms und den letzten Geschäftsbericht.

Erheblich seltener finden sich dagegen auf die Zukunft gerichtete Angebote wie Protokolle von Analystentreffen, weiterverarbeitbare Finanzdaten zum Herunterladen oder Kontaktadressen von Analysten. Über den aktuellen Börsenkurs indessen informieren viele Unternehmen, meist mit einem Kurs-Chart. Nur wenige Gesellschaften vergleichen jedoch den Verlauf ihres eigenen Aktienkurses mit dem des jeweiligen Index, kaum einer mit einem Referenzportfolio.

Die Kommunikation per E-Mail lässt prinzipiell noch zu wünschen übrig. Das Forschungsunternehmen Psychonomics fand heraus, dass ein Drittel der Unternehmen keine E-Mail-Adresse auf der Internet-Seite angibt. Die Kölner überprüften auch die Antwortzeiten auf einfache Anfragen per E-Mail bei den restlichen zwei Dritteln. Hier antwortete die Hälfte noch am gleichen Tag, die anderen 50 Prozent antworteten auch nach einem Monat nicht.

Shareholder Value

Mittlerweile findet sich kaum eine Äußerung oder Rede ohne den scheinbaren Lieblingsbegriff von Vorstandsvorsitzenden: Shareholder Value. Dabei geht es um den Wert oder Nutzen, den ein Unternehmen für den Shareholder, den Anteilshalter oder Aktionär, hat. Das bedeutet: Der Erfolg eines Managements wird einzig am Aktienkurs gemessen. Das Unternehmen soll langfristig überdurchschnittliche Renditen auf das eingesetzte Kapital erwirtschaften. Mit Shareholder Value wurde dies zum wesentlichsten Anlagekriterium, und der Druck auf alle börsennotierten Unternehmen, sich ebenfalls einer laufenden Überprüfung der Geschäfte auf nachhaltige Wertsteigerung zu verschreiben, wächst.

Wie so vieles im Börsengeschehen kommt auch diese Art der Unternehmensphilosophie, die sich auf den Aktionär als umworbenen Kapitalgeber konzentriert, aus den USA. Hier hielt der Shareholder-Value-Ansatz bereits in den 80er Jahren Einzug in die Führungsetagen der Unternehmen. In Deutschland geschah dies mit einem guten Jahrzehnt Verzögerung. Seitdem ist Bestandteil der Firmenphilosophie, dass die Anleger die Qualität des Managements an der langfristigen Entwicklung des Aktienkurses beurteilen. Und der Erfolg ist nur erreichbar, wenn die Interessen der Aktionäre ernst genommen und auch ausreichend berücksichtigt werden. Damit werden Investor Relations zu einem gewichtigen Teil des Shareholder Value.

Doch Shareholder Value bringt nicht nur Renditevorsprünge. Jürgen Schrempp, der Konzernchef von DaimlerChrysler, dem größten deutschen Konzern, erklärte im Zeichen des Shareholder Value den Börsenkurs von Daimler als wichtigsten Maßstab für seinen Erfolg als Manager.

Nach einer Untersuchung der SGZ-Bank erzielen Unternehmen, die nach Shareholder-Value-Prinzipien geführt werden, eine bessere Performance für den Aktionär. Wenn ein Anleger zwischen Januar 1992 und Juli 1997 unter den 30 DAX®-Werten diejenigen ausgewählt hatte, die nach Meinung der SGZ-Bank konsequent eine aktionärsfreundliche Strategie verfolgten, erreichte er eine Rendite von 27 Prozent. Wer dagegen in Unternehmen investierte, die nach Meinung der SGZ-Bank nicht unter Shareholder-Value-Gesichtspunkten geführt wurden, konnte nur eine Rendite von knapp 20 Prozent erwirtschaften.

7 Berufe rund um die Börse

Trotz aller Bits und Bytes, Papiere und Monitore, trotz Gewinnen und Verlusten, großer Welt und lokaler Werte – es sind auch die Menschen, die die Börse ausmachen. Und da finden sich große Namen und viele andere, die ihren Job (gut) machen. Typische Börsenberufe sind Kursmakler, Aktienanalyst, Fondsmanager und Börsenhändler. Von Vertetern dieser Berufe werden sie hier vorgestellt.

Beruf: Kursmakler

Peter Koch ist seit September 1997 selbständiger Kursmakler. Damals wurde er als vorerst letzter Kursmakler amtlich bestellt. Zuständig ist er im Rentenhandel als Skontroführer für lang laufende Bundeswertpapiere, Länder-, Jumbo- und Globalemissionen. Von 10.30 Uhr bis 13.30 Uhr ist sein Arbeitsplatz der große Rentensaal in der Frankfurter Wertpapierbörse. Koch beschäftigt zehn Mitarbeiter.

> »Die Börse lebt auch von der Börsenkultur. Beispielsweise, dass das gesprochene Wort gilt. Dass man für Entscheidungen einstehen muss. Denn Börse ist die reinste Form der Wirtschaft, hier gibt es entweder ein Plus oder ein Minus – dazwischen gibt es nichts. Und hat man einmal Börsenluft geschnuppert, ist es eine Sucht.«

Was machen Kursmakler?

Kursmakler führen als neutrale Intermediäre Kauf- und Verkaufsaufträge von Wertpapieren zusammen und stellen die amtlichen Kurse dieser Titel fest. Dabei ist das deutsche System der amtlichen Kursmakler einzigartig in der Welt, denn nach dem Handelsgesetzbuch sind sie freie Handelsmakler, nach dem Börsengesetz aber auch Amtspersonen. Die 33 Kursmakler der Frankfurter Börse sind in der Kursmaklerkammer – einer Körperschaft des öffentlichen Rechts – organisiert.

Kursmakler kaufen auf eigene Rechnung, auf eigene Kosten und mit eigenem Risiko Wertpapiere, um erst später die offene Position zu schließen. Klar ist, dass die klassische Aufgabe nicht weiter bestehen wird. Ob die Kursmakler dies als Chance nutzen, sich zu spezialisierten Intermediären weiterzuentwickeln und sich der »mittlerweile zum schweren Marschgepäck gewordenen Amtlichkeit« entledigen werden, wird sich zeigen.

Wie wird man Kursmakler?

Am Anfang steht eine Banklehre oder eine vergleichbare Ausbildung im Wertpapierbereich. Daran schließt sich die Arbeit bei einem Kursmakler an und damit verbunden die Ausbildung zum Börsenhändler, für die man bei der Deutschen Börse AG einen Lehrgang mit Abschlussprüfung absolvieren muss. Hat man anschließend einige Jahre Handelserfahrung bei einem Kursmakler gesammelt, kann man vor der Kursmaklerkammer eine Prüfung zum Kursmaklerstellvertreter ablegen. Die Bestellung zum Kursmaklerstellvertreter erfolgt genauso wie beim Kursmakler durch das Hessische Ministerium für Wirtschaft, Verkehr und Landesentwicklung.

Kursmakler werden von der Börsenaufsichtsbehörde bestellt. Sie werden also nicht von der Börse selbst, sondern von der Börsenaufsicht auf Landesebene ernannt.

Eigentlich werden Kursmakler lebenslang bis zum Alter von

65 Jahren bestellt, aufgrund der aktuellen Entwicklung jedoch nur für jeweils zwei Jahre. Denn es ist nicht sicher, ob und wie das Parkett an der Börse weiter existieren wird. www.kursmakler-fwb.de

Wie hoch sind die Courtagen der Kursmakler?

Jeder Kursmakler ist für einen bestimmten Wertpapierbereich zuständig, mit unterschiedlichen Courtagesätzen. Diese wurden im September 1999 neu festgelegt. Bei Aktien erhält der Kursmakler eine Courtage von 0,8 Promille, bei den viel gehandelten DAX®-Werten 0,4 Promille. Bei den festverzinslichen Wertpapieren ist die Courtage nach Volumina gestaffelt und beträgt beispielsweise bei Aufträgen bis 25 000 Euro 5 Promille, bei Aufträgen bis 2,5 Millionen Euro 0,06 Promille. Ausnahmen hier sind die Anleihen des Bundes, der Länder, der Post und der Kreditanstalt für Wiederaufbau, die weitaus geringere Courtagen haben.

Übrigens: Unter den Kursmaklern gibt es eine Pool-Lösung. Sämtliche Einnahmen durch Courtage kommen in einen Topf und werden dann aufgeteilt.

Beruf: Aktienanalyst

Jürgen Giese ist Senior-Analyst bei Hauck & Aufhäuser, Privatbankiers in Frankfurt am Main. Seit 20 Jahren ist er als Analyst tätig und beobachtet speziell die Branche Banken und Versicherungen.

»Ich bin schon so lange dabei... da erwischt man sich selbst, dass man auch im Urlaub nach Information sucht. Die Börse ist mir in ›Fleisch und Blut‹ übergegangen. Und bestimmt damit auch einen Teil des Privatlebens.«

Was machen Analysten?

Der Aktienanalyst steht als »Mittler« zwischen den börsennotierten Unternehmen und den Wertpapieranlegern. Seine Aufgabe besteht in der Bewertung des Unternehmens auf der Basis von Geschäftszahlen und Strategien. Da jede Aktienanlage zukunftsgerichtet ist, können vergangenheitsbezogene Daten nur als Grundlage für die Einschätzung der künftigen Entwicklung dienen. In einer Zeit, die von Restrukturierungen und vor allem Fusionen und Übernahmen gekennzeichnet ist, spielt die Möglichkeit der Umsetzung von Strategien die entscheidende Rolle.

Wie wird man Analyst?

Grundlage ist ein betriebs- oder volkswirtschaftliches Studium. Dann ist eine berufsbegleitende halbjährige Ausbildung bei der Analystenorganisation Deutsche Vereinigung für Finanzanalyse und Anlageberatung in Dreieich empfehlenswert.

Hat sich das Berufsbild des Analysten gewandelt?

Sowohl die Basis, auf der Analysten zu ihren Anlageempfehlungen kommen, als auch die Aufgabenstellung selbst haben sich in den letzten Jahren grundlegend geändert. Das Anlegerinteresse an den Unternehmen der »old economy« ist zurückgegangen und dem wachsenden Interesse an Technologie-, Telekom- und Medienwerten gewichen. Während in der Vergangenheit die fundamentale Einschätzung des Unternehmens mit Aussagen über Gewinn-, Cashflow- und Dividendenentwicklung im Vordergrund der Bewertung stand, sind es heute vor allem die Erwartungen, die sich aus den Wachstumspotentialen von Internet und E-Commerce ergeben. Damit verlässt der Analyst die sichere Basis von quantitativen Kennziffern und begibt sich auf das Feld qualitativer, subjektiv eingefärbter Einschätzungen.

Wann ist man gut als Analyst?

Die genannten Entwicklungen an den Aktienmärkten führen dazu, dass ein Analyst nur dann erfolgreich ist – und mit höherer Bezahlung rechnen kann –, wenn er bei seinen Empfehlungen den Trends folgt, ungeachtet gegenwärtiger Kursbewertungen, beispielsweise durch KGV. Damit nimmt aber auch die Gefahr zu, die »falschen« Werte herauszugreifen, wodurch das Vertrauen in die Empfehlungen sehr schnell verloren gehen kann.

Der Erfolg eines Analysten hängt neben der Beherrschung des analytischen Rüstzeugs auch von seiner Fähigkeit ab, Verbindungen zu den Unternehmen zu knüpfen und seine Ergebnisse in der Öffentlichkeit zu vermarkten, beispielsweise bei Interviews.

Beruf: Fondsmanager

Elisabeth Weisenhorn kam nach dem Studium der Volkswirtschaftslehre 1985 zur Investmentfondsgesellschaft DWS nach Frankfurt. Schon bald übernahm sie das Fondsmanagement deutscher und auch internationaler Aktienfonds. Seit 1991 ist sie zuständig für alle deutschen Aktienfonds der DWS, insgesamt managt sie Fonds mit Volumina von etwa 8 Milliarden Mark.

> »Ich liebe meinen Beruf, weil er abwechslungsreich und spannend ist. Man erlebt immer wieder etwas Neues, trägt Verantwortung, kann entscheiden. Sicherlich hatte ich nicht von Anfang an speziell diesen Beruf im Sinn, es wäre noch manches andere Tätigkeitsfeld möglich gewesen. Heute jedoch möchte ich ihn nicht mehr missen.«

Was machen Fondsmanager?

Die Fondsmanager investieren das ihnen anvertraute Kapital möglichst gewinnbringend in Aktien oder Anleihen, wobei sie auf eine angemessene Chance-Risiko-Relation achten müssen. Nun werden die Finanzmärkte heute immer komplexer und entwickeln sich immer schneller. Entsprechend erhöhen sich der zeitliche Aufwand und die erforderliche Sachkenntnis für eine erfolgreiche Kapitalanlage. Der Fondsmanager wertet die volkswirtschaftlichen und politischen Rahmendaten aus, ebenso die aktuellen Entwicklungen einzelner Märkte und Branchen, analysiert Unternehmenszahlen und -strategien etc., bevor er Anlageentscheidungen trifft. Neben allen genannten Faktoren sind vor allem die Informationen aus erster Hand, wie Unternehmensgespräche und Fragen nach Strategien und Unternehmenszielen, wichtig.

Die Güte eines Unternehmens definieren Fondsmanager vor allem nach den Kriterien Marktposition, Shareholder-Value-Orientierung, Innovationsfähigkeit, strategische Ausrichtung und Qualität des Managements. Im Übrigen vertreten sie die Anliegen ihrer Anleger auch auf Hauptversammlungen.

Wie wird man Fondsmanager?

Am Anfang steht oft ein Studium der Betriebs- oder Volkswirtschaftslehre oder auch der Wirtschaftsinformatik. Man kann aber auch Fondsmanager werden, wenn man ein spezielles Fachwissen für einen Markt mitbringt. Beispielsweise kann ein Biochemiker Biotechnologiefonds betreuen.

Unerlässlich ist daneben ein ausgeprägtes Interesse am Wertpapiergeschäft. Auslandserfahrung ist zwingend erforderlich, ebenso sehr gutes Englisch. Was einem sonst noch an Wissen und Können fehlt, muss man im beruflichen Alltag erwerben. Als Berufsanfänger lernt man viel von erfahrenen Kollegen im Team. Wer kein Rückgrat und Durchhaltevermögen hat, wird es als Fondsmanager bei den volatilen Märkten von heute nicht weit bringen.

Wann ist man ein guter Fondsmanager?

Gradmesser des Erfolgs ist die langfristige Wertentwicklung eines Fonds unter Berücksichtigung des Risikos. Das macht die Erfolge messbar. Entscheidend für die Anleger ist eine überdurchschnittliche Performance bei möglichst geringen Wertschwankungen, und das über längere Zeiträume hinweg. Wichtig ist, immer in den oberen Rängen dabei zu sein. Dem Anleger ist nicht damit gedient, wenn sein Fonds kurzfristig einmal in einer Wertentwicklungstabelle, die mehrere Fonds vergleicht, ganz oben auftaucht, um dann wieder in der Versenkung zu verschwinden.

Erfolgreiche Fondsmanager sind für mehrere Fonds zuständig.

Beruf: Börsenhändler

Markus Büchter ist Head of Equity Trading (Wertpapierhandel) bei der Morgan Stanley Bank in Frankfurt. Er startete seine berufliche Laufbahn mit einer Banklehre, war dann Rentenhändler bei der Westdeutschen Landesbank, ging für Morgan Stanley Dean Witter nach London und war dort schließlich zuständig für das Geschäft mit deutschen Staatsanleihen. In Frankfurt ist er seit Anfang 1999 verantwortlich für den Aktienhandel.

Was machen Börsenhändler?

Börsenhändler kaufen und verkaufen Wertpapiere oder wickeln Börsengeschäfte für den Eigenbestand ab. Während Fondsmanager oder andere große Kundengruppen in der Regel langfristige Anlageentscheidungen treffen, ist der Börsenhändler eher auf das Tagesgeschehen fixiert.

Wie wird man Börsenhändler?

Grundvoraussetzung können eine Banklehre oder ein entsprechendes Universitätsstudium sein. Dem muss eine Händlerprüfung folgen. Mitbringen sollte man aber unbedingt Belastbarkeit, eine lange Konzentrationsfähigkeit und Entscheidungsfreudigkeit. Ganz wichtig ist eine schnelle Auffassungsgabe. Es gilt, aus einer riesigen Menge von Informationen die wichtigen herauszufiltern, sie auszuwerten und die richtigen Entscheidungen zu treffen.

Wann ist man ein guter Börsenhändler?

Das Wichtigste ist, dass ein Börsenhändler mit seiner Arbeit Geld verdient, auch in einem manchmal schwierigen Marktumfeld. Dazu braucht man Intuition – aus dem Bauch heraus spüren, was gerade passiert –, gepaart mit sehr gutem analytischen Denken, denn man muss Trends erkennen, um diese entsprechend ausnutzen zu können.

> **»Mein Erfolgsrezept?** – ›Run your profits, cut your losses‹. Dazu braucht man viel Disziplin. Man muss erkennen, wenn man verkehrt liegt, sich Fehler eingestehen und Verluste hinnehmen. Ganz wichtig ist es, nach Verlusten den Mut zu haben, erneut und weiterhin Risiken auf sich zu nehmen. Zudem muss eine Kontinuität in den Anlageentscheidungen bestehen.«

Beruf: Börsenguru

Heiko Thieme arbeitet in New York als Fondsmanager und Anlagestratege. Nach einer juristischen Ausbildung begann er seine Börsenkarriere 1972 in Edinburgh bei der renommierten schottischen Brokerfirma Wood Mackenzie. 1976 wechselte er zur amerikanischen Investmentbank White Wild in London, bevor er 1979 bei der Deutschen Bank Capital Corporation in New York zehn Jahre lang die Verantwortung für deren Aktivitäten auf dem amerikanischen Aktienmarkt trug. 1989 machte er sich dann im Portfeuille-Management mit eigenen Investmentfonds selbständig.

Ist Börsenguru ein Beruf?

Mit dieser Bezeichnung wird häufig kokettiert. Allerdings verbindet sich damit nicht nur Bewunderung, sondern auch Verantwortung. Richtiger wäre es, als Berufsbezeichnung Börsenfachmann oder Börsenexperte zu benutzen. Gegen die Bezeichnung als Börsenguru kann man sich jedoch kaum wehren.

Was macht ein Börsenguru?

Ich verstehe mich als »Handwerker« der Börse, des Anlage- und Portfeuille-Managements. Mein Ansatz ist primär praxisorientiert. Ich versuche komplexe Zusammenhänge einfach und verständlich darzustellen, so dass auch der Laie damit etwas anfangen kann. Im Fondsmanagement benutze ich nicht nur technische Faktoren, sondern auch den normalen Menschenverstand. Letzteres ist häufig der Grund für eine erfolgreiche Anlagestrategie. Selbst beste Ideen scheitern häufig an einer realistischen Umsetzung. Neben dem wirtschaftlichen Umfeld spielt die Politik bei der Börsenentwicklung eine große Rolle. Wer die politische Basis verkennt, kann auch an der Börse kaum zum Erfolg kommen.

Deshalb gehört auch eine intensive öffentliche und journalistische Tätigkeit zu meiner täglichen Arbeit. Ich schreibe seit 1979 einen monatlichen zweisprachigen Börsenbrief »Der Standpunkt/ The Viewpoint«, der Wirtschaft, Politik und Börse analysiert. Seit 13 Jahren habe ich in der Frankfurter Allgemeinen Zeitung eine wöchentliche Kolumne. Außerdem bespreche ich regelmäßig eine

Börsenhotline, die übrigens die älteste in Deutschland ist und seit September 1986 existiert. Zusätzlich schreibe ich häufig für Magazine auch in Österreich und der Schweiz. Dazu kommen Vorträge in Europa und Amerika sowie regelmäßige Interviews und Fernsehauftritte in mehreren Ländern.

Was zeichnet den erfolgreichen Börsenguru aus?

Man muss die Fähigkeit besitzen, Niederlagen einstecken und überwinden zu können. Dies ist wichtiger als der Erfolg selbst. Der Beste zu sein und zu gewinnen, ist relativ leicht, wenn man Glück hat und die notwendigen Voraussetzungen bestehen. Jedoch einen Misserfog im Berufsleben hinzunehmen und auch zu überstehen, sich aufzurappeln und wieder nach oben zu kommen, das zeichnet den echten Erfolg aus. Dies ist jedoch nicht immer einfach.

Es gibt einen sehr nüchternen Satz, der an der Börse besonders gilt: Man ist nur so gut wie die letzte Prognose. Liegt man falsch, so gilt man als schlecht. Wer recht hat, ist erfolgreich. Wer jedoch so kurzfristig denkt, wird langfristig kaum Erfolg haben.

Häufig ist gerade der heutige Misserfolg die Basis für den morgigen Gewinn. Sicherlich ist es richtig, dass langfristig betrachtet die Anlagestrategie und die Investmententscheidung Erfolg, das heißt Gewinn bringen müssen, um in unserem Beruf geachtet zu werden. Mitunter habe ich Prognosen gewagt, die ein ganzes Jahrzehnt umfassten. Das zwischenzeitliche Schwitzen hatte sich am Ende meist königlich gelohnt.

> »Ich bin ein ausgesprochener Börsenoptimist. Mein Leitspruch ist: Der Pessimist ist der einzige Mist, auf dem nichts wächst. Langfristig betrachtet geht die Börse immer nur in eine Richtung – nämlich nach oben. Visionen und Optimismus beschreiben meine Anlagestrategie.«

8 Börse und Fiskus

Kontrolle über die Börse

Auch der Staat beeinflusst die Börse – beispielsweise mit seiner Aufsicht. Dreh- und Angelpunkt ist dabei das Bundesaufsichtsamt für den Wertpapierhandel (BaWe). Das Amt ist eine selbständige Bundesoberbehörde im Geschäftsbereich des Bundesministeriums der Finanzen. Es hat seinen Sitz in Frankfurt am Main. Gegründet wurde das BaWe entsprechend dem Wertpapierhandelsgesetz, dem Kernelement des Zweiten Finanzmarktförderungsgesetzes vom Juli 1994. Weitere Rechtsgrundlage ist das Wertpapier-Verkaufsprospektgesetz.

Das Bundesaufsichtsamt für den Wertpapierhandel ist seit Anfang 1995 tätig, mittlerweile mit 140 Mitarbeitern. Seine Aufgabe ist die Sicherstellung der Funktionsfähigkeit der Märkte für Wertpapiere und Derivate. Daraus ergeben sich die Ziele der Behörde: Anlegerschutz, Markttransparenz, Marktintegrität. Das Amt ist konkret für die Verfolgung und präventive Bekämpfung von Insidergeschäften zuständig, ebenso für die Kontrolle der Ad-hoc-Publizität börsennotierter Unternehmen. Zudem überwacht es die nach dem Wertpapierhandelsgesetz bestehende Pflicht von Emittenten, alle Transaktionen in Wertpapieren und Derivaten zu melden – die so genannte Stock Watch – und ist die Hinterlegungsstelle für Wertpapierverkaufsprospekte. Ferner kontrolliert das Bundesaufsichtsamt für den Wertpapierhandel die Wertpapierdienstleistungsunternehmen in punkto Verhaltensregeln und Organisation und die Aktiengesellschaften im Amtlichen Handel bei Veränderungen der Stimmrechtsanteile und der dann nötigen Publizität.

Und in einem immer globaler werdenden Börsenmarkt muss das Amt auch auf internationaler Ebene mit anderen Börsenaufsichtsbehörden zusammenarbeiten.

Zusammen mit der Börsenaufsicht auf Landesebene – dem Hessischen Ministerium für Wirtschaft, Verkehr und Landesentwicklung – und der Handelsüberwachungsstelle der Börse sorgt das Bundesaufsichtsamt für den Wertpapierhandel als Marktaufsicht für die Kontrolle des Börsenhandels, für Transparenz, ordnungsgemäße Kursfeststellung und Preisbildung. Ferner überwacht die Handelsüberwachungsstelle als Organ der Frankfurter Wertpapierbörse eigenverantwortlich den Handel und die Geschäftsabwicklung auf Börsenebene.

Für die Privatanleger kann das Bundesaufsichtsamt für den Wertpapierhandel nur mittelbar tätig werden. Anleger, die sich schlecht beraten fühlen und dadurch Geld verloren haben, können an die Behörde schreiben. Hier wird das Anliegen geprüft. Bei begründeten Beschwerden wendet sich das Amt an das betreffende Institut. Auch Angebote, die einem suspekt vorkommen, kann man an diese Adresse schicken. So können Verstöße gegen das Wertpapierhandelsgesetz entdeckt werden.

Allerdings kann die Behörde kein verlorenes Geld zurückholen. Dazu hat sie keine Rechtsgrundlage, sie ist auch keine Schiedsstelle und kann auch niemanden anweisen, einen Schaden zu ersetzen. Ansprüche können deswegen nur auf dem üblichen Weg über Zivilgerichte geltend gemacht werden.

Bundesaufsichtsamt für den Wertpapierhandel
Lurgiallee 12
60439 Frankfurt am Main
Tel.: 0 69/9 59 52-0
Fax: 0 69/9 59 52-1 23
www.bawe.de

Steuern auf Börsenprodukte

Die Krux der Zinseinnahmen

Seit Januar 1993 werden Zinsen auf Kapitalvermögen pauschal mit 30 Prozent Zinsabschlagsteuer belegt. Damit werden private Zinserträge besteuert. Die Banken behalten die Steuer direkt ein und führen sie an das Finanzamt ab. Bei Tafelgeschäften, bei denen der Kunde selbst das Wertpapier aufbewahrt und Zins- und Dividendenscheine an der Kasse bar einzahlt, müssen sogar 35 Prozent Zinsabschlagsteuer gezahlt werden. Zusätzlich kommt seit 1995 auf die Zinsabschlagsteuer noch der Solidaritätszuschlag. Die tatsächlichen Belastungen liegen damit über den genannten Sätzen.

Diese Steuern auf Kapitalerträge unterliegen der Einkommensteuer. Paragraph 20 des Einkommensteuergesetzes klärt auf: Zu Einkünften aus Kapitalvermögen gehören unter anderem Zinseinnahmen aus Guthaben und Einlagen bei Geldinstituten sowie Dividenden. Diese Einnahmen sind von jedem bei der Einkommensteuererklärung auf der Anlage KSO anzugeben. Diese Anlage muss unterschrieben werden, auch wenn man keine Kapitaleinkünfte hat.

Durch die Halbierung der Sparerfreibeträge ab 2000 kann ein Single maximal 3000 Mark an Kapitalerträgen steuerfrei einnehmen. Für Ehepaare gilt das Doppelte. Kommt man darüber hinaus, werden die weiteren Kapitaleinkünfte nicht einfach nur mit 30 Prozent pauschal besteuert, sondern es gilt der persönliche Steuersatz jedes Einzelnen, der nur selten bei 30 Prozent liegen dürfte. Vor dem Jahr 2000 liefen etwa 80 Prozent der Sparer nicht in Gefahr, ihren Freibetrag zu übertreffen. Doch durch die Halbierung verkehrt sich dieses Bild vollends. Nur noch jeder Dritte dürfte seine Zinseinnahmen steuerfrei kassieren. Jetzt kann es auch für Kleinanleger eng werden, beispielsweise bei Wertpapieren, bei denen die gesamten Zinsen einmal zum Laufzeitende ausgeschüttet werden, wie beim Bundesschatzbrief Typ B mit siebenjähriger Laufzeit und Zinsansammlung. 10000 Mark im Sommer 1993 angelegt, erzielen sieben Jahre später 5870 Mark Zinsen. Da trauert der Sparer um die Versteuerung von 2770 Mark und der Finanzminister freut sich.

Wichtig ist jetzt also, zu überprüfen, ob man mit den Zinsen seiner Investments in Bundeswertpapiere und Anleihen, auch die hoch verzinsten Aktienanleihen, über den Sparerfreibetrag hinausschießt. Tut man dies und möchte es nicht dem Fiskus überlassen, kann man nur in andere Anlagemöglichkeiten umschichten.

Den angesprochenen Freibetrag bekommt man allerdings nur mit einem Freistellungsauftrag, den jeder bei seiner Bank oder Sparkasse erhält. Und nur so kann man seine Kapitalerträge bis zur Höhe des Sparerfreibetrags komplett vereinnahmen. Grundsätzlich ist das Erteilen, Ändern, Widerrufen solcher Aufträge unentgeltlich.

Hat man alle Anlagen bei einer einzigen Stelle, dann muss nur ein zeitlich unbegrenzter Freistellungsauftrag in Höhe des Sparerfreibetrags ausgefüllt werden. Gewöhnlich hat man aber mehrere Kapitalanlagen bei verschiedenen Geldhäusern. Dann muss bei jeder Adresse etxra ein Freistellungsauftrag mit einem Teilbetrag eingereicht werden. Die Summe der erteilten Aufträge darf aber den Sparerfreibetrag nicht überschreiten.

Ehepaare, die steuerlich gemeinsam veranlagt werden, müssen ihre Freistellungsaufträge auch gemeinsam erteilen, und das für getrennte und gemeinsame Konten. Nicht verheiratete Paare werden dagegen steuerlich wie Singles behandelt. Auch für Konten minderjähriger Kinder sind Freistellungsaufträge notwendig.

Es gibt einen weiteren Weg, um die Zinsabschlagsteuer – tatsächlich für eine bestimmte Zeitspanne – zu vermeiden. Das ist dann möglich, wenn man nicht zur Einkommensteuer veranlagt werden kann. Die Voraussetzung: Das Jahreseinkommen ist auch unter Berücksichtigung aller Einnahmen und Kapitalerträge niedrig – für Ledige in 2000 unter 16 107 Mark. Bei Ehepaaren gilt das Doppelte. Dann kann man sich vom Finanzamt eine Nichtveranlagungsbescheinigung ausstellen lassen. Diese gilt drei Jahre lang. Die Geldinstitute zahlen dann alle Kapitalerträge ohne Steuerabzug aus. Für jede Bankverbindung wird übrigens eine eigene Bescheinigung benötigt.

Das Beste daran: Für eine Nichtveranlagungsbescheinigung gibt es keine Kapitalertragsgrenzen. Auch über den Sparerfreibetrag hinaus kann man Kapitalerträge beziehen. Damit kann man seinen Kindern ohne eigenes Einkommen Vermögen übertragen. Diese können dann Zins- und Dividendeneinnahmen ohne Steuerabzug und ohne spätere Steuererklärung kassieren.

Bei Aktien und Fonds auf den Kalender achten!

Neues gilt auch bei Spekulationsgeschäften. Hier wurde die so genannte Spekulationsfrist von sechs auf zwölf Monate verlängert. Somit sind Gewinne aus dem Verkauf von Aktien und Investmentfonds steuerpflichtig, wenn zwischen An- und Verkauf nicht mehr als ein Jahr liegt.

Wer aber Aktien, Fondsanteile, Devisen, Optionsscheine nach zwölf Monaten verkauft – beim Verkauf ist es ratsam, auf den Kalender zu schauen –, kann die Kursgewinne zu 100 Prozent einstreichen. Diese Regelung dürfte für die meisten privaten Anleger kein Problem darstellen. Ist es doch bei einer üblichen konservativen und sicherheitsbewussten Anlagementalität immer empfehlenswert, die Direktanlage in Aktien als auch Investmentfonds als mittel- bis langfristige Anlageform zu betrachten.

Aber der Gesetzgeber hat privaten Anlegern eine Hintertür offen gehalten: Es gilt eine Freigrenze von 1000 Mark pro Person und Jahr. Wenn die Summe der Spekulationsgewinne diesen Betrag nicht überschreitet, sind die Kursgewinne steuerfrei. Verdient der Anleger durch seine Börsenspekulation nur eine Mark mehr, muss er den gesamten Gewinn versteuern – und das wiederum nach dem individuellen Steuersatz.

Trotz verlängerter Spekulationsfrist dürfte es für Privatanleger möglich sein, Spielräume durch (vorzeitige) Verkäufe zu nutzen. Führt der Ehepartner ein eigenes Depot, verdoppeln sich im Übrigen die Möglichkeiten.

Übrigens: Dies gilt auch für Wandelanleihen. In Aktien umgewandelte Wandelanleihen sind erst nach der zwölfmonatigen Spekulationsfrist steuerfrei.

Spezielle Berechnung: Steuern auf Dividenden

Die meisten Erträge bei Aktien ergeben (hoffentlich) die Kursgewinne. Doch auch die Dividenden tragen zu den Gewinnen der Aktionäre bei. Zum 1.2. 2002 wurde bei der Dividendenbesteuerung das Anrechnungsverfahren der Körperschaftsteuer abgeschafft. Statt des Anrechnungsverfahrens gilt nun die Definitivbesteuerung der Kapitalgesellschaften. Das bedeutet für die Aktionäre: Ab 2002 muss stets die Hälfte der Dividende im Rahmen des Gesamteinkommens versteuert werden. Die Vorgehensweise, Halbeinkünfteverfahren genannt, belastet vor allem Anleger mit geringeren Steuersätzen. Das Deutsche Aktieninstitut errechnete, dass besonders Haushalte mit einem Steuersatz von 40 Prozent oder weniger schlechter gestellt werden. Dagegen führt die neue Dividendenbesteuerung bei höheren Steuersätzen und sehr hohen Einkünften zu deutlichen Entlastungen. Nach Auffassung des Deutschen Aktieninstituts dürfte es die erhofften Steuereinsparungen deshalb nicht geben.

Eine weitere neue Regelung: Die auf 25 Prozent gesenkte Körperschaftsteuer ist auf jeden Fall vom Aktionär zu zahlen. Bislang konnte, wer seinen Sparerfreibetrag nicht ausgeschöpft hatte, die Dividende steuerfrei vereinnahmen. Doch das ist Schnee von vorgestern. Den Anlegern wird übrigens immer nur die Nettodividende ausgezahlt, die Steuerabzüge hat das Unternehmen dann schon abgeführt.

Beispiel: Ein Aktionär hat in seinem Depot Aktien für 32 000 Mark. Die Summe der jährlichen Dividendenzahlungen beträgt 1000 Mark. Der individuelle Steuersatz von Aktionär A ist 30 Prozent. – Beim Halbeinkünfteverfahren führt die Aktiengesellschaft eine Körperschaftsteuer von 25 Prozent ab. Das sind 250 Mark. Aktionär A erhält eine Auszahlung von 750 Mark. Die Hälfte davon muss mit dem individuellen Steuersatz von 30 Prozent versteuert werden. Dadurch werden weitere 112,50 Mark abgezogen. Der Aktionär erhält tatsächlich nur 637,50 Mark. Das entspricht einer Steuerbelastung von 36,25 Prozent.

Steuern auf Börsenprodukte

Werbungskostenpauschbetrag oft zu niedrig

Werbungskosten – 100 Mark bei Ledigen und 200 Mark bei Verheirateten – erkennt der Fiskus freiwillig an. Das sind die 100 oder 200 Mark, die immer beim jeweiligen Sparerfreibetrag dazugenannt werden.

Doch die meisten Kapitalanleger haben höhere Werbungskosten: Depotgebühren, Mietkosten für Schließfächer, Telefonkosten für die Geldanlage, Ausgaben für Fachzeitschriften, Börsenliteratur und -software und nicht zuletzt die Besuche von Hauptversammlungen. Absetzbar sind nur nachgewiesene Werbungskosten. Hier heißt es also: fleißig Belege sammeln!

9 Börseninformationen: Spreu vom Weizen trennen

Wer an der Börse erfolgreich spekulieren will, braucht fundierte, schnelle und vor allem richtige Informationen. Am Anfang steht das Beschaffen von Informationen. Die Vielfalt am Zeitungskiosk – gerade in diesem Jahr erscheinen viele Wirtschaftstitel neu auf dem Markt – macht dies leicht. Daneben gibt es Börsenbriefe, Börsenhotlines, Börsen-TV und gute Internet-Adressen zum Themenfeld Wirtschaft und Börse. Doch nicht alle Medien, die sich als Informanten andienen, sind empfehlenswert. Zudem sollten sich Leser und Nutzer immer die Frage der Objektivität der Neuigkeiten stellen und keinen heißen Tipps aus dunklen Chat-Kanälen vertrauen. Im Folgenden ist eine Auswahl empfehlenswerter Informationsquellen – ohne Anspruch auf Vollständigkeit – zusammengestellt.

Tageszeitungen mit Börsenteil

Am einfachsten bekommt man die nötigen Börseninformationen mit einer guten Tageszeitung ins Haus – schon morgens zu Kaffee und Croissant. Das können beispielsweise die großen überregionalen Tageszeitungen sein: Frankfurter Allgemeine, Süddeutsche oder Stuttgarter Zeitung oder Die Welt, die alle einen empfehlenswerten Wirtschafts- und Börsenteil vorweisen. Zudem gibt es Tageszeitungen im geographischen Umfeld der deutschen Börsen, welche als so genannte Börsenpflichtblätter umfangreiche Informationen liefern. Zu diesen Pflichtblättern zählen Wochenzeitungen und Zeitschriften: Die Zeit, Börse Online, Das Wertpapier und WirtschaftsWoche.

Wirtschafts-Tageszeitungen

können als zusätzliche tägliche Lektüre sinnvoll sein. Sie informieren umfassend über alle Facetten der Wirtschaft. Das sind: Börsen-Zeitung (überragend ausführlicher Kursteil), Handelsblatt (ausführlicher Kursteil) und die deutsche Financial Times, die erst seit kurzem auf dem Markt ist und wie das Original auf rosa Papier gedruckt wird.

Finanz-Zeitschriften und -Magazine

erscheinen in verschiedenen Rhythmen: wöchentlich, zweiwöchentlich oder monatlich. Die wöchentlich erscheinende Zeitschrift Börse Online – erscheint trotz des Namens auf Papier – ist ein sehr erfolgreiches Geldmagazin. In diesen Markt versucht Die Telebörse seit Januar 2000 vorzustoßen.

Das sehr auflagenstarke Magazin Capital stieg Anfang des Jahres 2000 von monatlichem Erscheinen auf zweiwöchentliches Erscheinen um. In Das Wertpapier finden die Anleger fundierte Informationen rund um die Börse.

Monatlich erscheint dagegen DM mit Informationen zu Wirtschaft und Börse und der Finanztest der Stiftung Warentest, der rund um die Geldanlage informiert und nicht nur wegen seiner Unabhängigkeit gelesen werden sollte.

Telefonhotlines oder Faxabrufe: Hohe Gebühren für wenig Informationen

An Börsenhotlines verdienen meist nur die Betreiber. Typische Beispiele: 2,42 Mark pro Telefonminute oder 3,63 Mark für die Minute, die bei acht Seiten Faxabruf sicherlich überschritten werden wird. Dafür bekommt man Aktientipps, Informationen und Gerüchte rings um die Börse. Hinter den

> Telefonhotlines stehen oft Verlage, die die für ihre Anleger-
> magazine zusammengetragenen Informationen doppelt ver-
> werten. Doch viele werden nur im mehrtägigen Abstand ak-
> tualisiert. Und viele Geheimtipps sind nicht unbedingt so
> geheim und vielleicht auch schon von vorgestern. Manche
> Anlageempfehlungen finden sich dann wundersamerweise
> schon zwei Wochen vorher in einem großen Börsenmagazin.
> Das Geld für Börsenhotlines kann man sich getrost sparen.

Börsenbriefe: Qualität umstritten

Die Herausgeber der Börsenbriefe versprechen ihren Lesern wert-
volle Tipps, die an der Börse gute Gewinne bringen sollen. Aber die
Qualität dieser Prognosen ist umstritten. Von den rund 15 echten
Börsenbriefen, die in Deutschland, Österreich und der Schweiz um
Abonnenten buhlen, können nur wenige langfristig überzeugen.
Hinter angeblichen Insidertipps stecken häufig Gerüchte, die nie
zur Realität werden, oder aufgewärmte Meldungen, die schon Tage
zuvor über die Ticker der Nachrichtenagenturen liefen. Viele der
Tipp-Dienste werben mit Musterdepots, die innerhalb weniger Mo-
nate 50 oder 100 Prozent zugelegt haben. Doch die enorme Performance ist für Leser kaum nachprüfbar.

Entscheidend ist vielmehr das große Risiko der Anleger. Oft sind
hochspekulative Aktien oder gar Optionsscheine dem Depot bei-
gemischt – dieses enorme Risiko wird jedoch selten erwähnt.

Ein weiterer Nachteil der Börsenbriefe: Sie sind teuer, kosten
zwischen 300 und weit über 1 000 Mark pro Jahr. Prinzipiell sind sie
nicht frei käuflich, sondern nur im Abonnement zu beziehen. Allerdings bieten die seriösen Publikationen wie u. a. Platow-Brief,
Fuchs-Briefe oder der Frankfurter Tagesdienst ihren Lesern auch
exklusive Hintergrundinformationen aus Politik und Wirtschaft.

Radio und Fernsehen

Wirtschaftsnachrichten nehmen einen immer breiteren Raum ein. Täglich berichtet die Telebörse im Nachrichtenkanal n-tv über das Börsengeschehen. Zudem kommentieren Experten den Handelsverlauf. Mittlerweile werden den Zuschauern Echtzeitkurse für alle über Xetra handelbaren Aktien geboten – ein Einstieg der Deutschen Börse AG, der mit dem zunehmenden Interesse der Anleger begründet wird. Und mit hr Skyline gibt es nun auch das erste deutsche Hörfunk-Wirtschaftsprogramm.

Internet: das wichtigste Informationsmedium

Ideal: Schnell, für jeden erschwinglich und immer erreichbar ist das Internet – die Anlaufstelle für Informationssuchende.

www.aktienforum.de Aktientipps zahlreicher Banken, Informationen zu Neuemissionen

www.bdb.de Bundesverband deutscher Banken: Material rund um Finanzen und Börse, viele Links zu einzelnen Banken – schließlich sind über 300 Banken Mitglieder im Bundesverband

www.bloomberg.com Bloomberg: Marktindizes der Kernmärkte, restliche kostenfreie Information beschränkt sich auf den US-Kapitalmarkt Bloomberg, ansonsten: Charts, Kurse, News

www.boersenspiel.de Für die Börse üben: Aktiendepot anlegen, die Eingabe der An- und Verkäufe wird online abgewickelt, der Depotstand einmal pro Woche per E-Mail zugesandt. Verluste bleiben ohne Folgen, Gewinne leider auch.

www.bundesbank.de Deutsche Bundesbank: aktuelle Monatsberichte, täglich aktualisierte Wirtschaftsdaten, Glossar

www.boersenforum.de Hoppenstedt: Standardisierte Präsentation von Unternehmensdaten und Rechnungslegung börsennotierter Gesellschaften in Deutschland, kostenfrei

www.business-channel.de oder www.bch.de Dahinter steht die geballte Wirtschaftspresse des Verlagshauses Gruner und Jahr, also Informationen von Börse Online, Capital, Impulse.

www.bvi.de Bundesverband der Investmentgesellschaft: Tour de Fonds, Porträts und Vergleiche der Fondstypen, Investment ABC, Statistiken, Links zu Fondsgesellschaften

www.cnnfn.com CNN Financial Network: Finanznachrichten, internationale Aktienindizes, Wechselkurse, Zinssätze

www.comdirect.de Beliebteste deutsche Finanzseite – nach einer Untersuchung des Marktforschungsunternehmens Natvaluation »My Informer«, benutzerfreundlich

www.consors.de Finanzmarktanalysen, Nachrichten und Trends vom Parkett, auch von der Wall Street

www.dai.de Deutsches Aktieninstitut: Publikationen, Jahresberichte, Veröffentlichungsverzeichnis, Links zu den Homepages börsennotierter Unternehmen in Deutschland, allgemeine Informationen rund um die Aktie, Ad-hoc-Meldungen

www.datastream.de Kostenfreie Abfrage von über 32 000 Tageskursen

www.dbresearch.com Deutsche Bank Research: Studien zu volkswirtschaftlichen Faktoren wie Zins-, Währungs- und Konjunkturentwicklung, teilweise zugänglich

www.deutsche-bank/brockerage24 Kursinformationen, Charts

www.dowjones.com Dow Jones Co.: DJ Industrial Average, DJ Transportation Average, DJ Utility Average, Zusammensetzung der Indizes

www.exchange.de Deutsche Börse: Indizes, Kurse aus erster Hand, keine Werbung, objektives Bild der Märkte, Ad-hoc-Meldungen

www.finanzplatz.de Wissenswertes zum Finanzplatz Deutschland, Informationen vom deutschen Kapitalmarkt und aus der Wirtschaft, Finanzplatzkalender, Überblick über Veranstaltungen und Termine, Links zu bedeutenden Institutionen

www.handelsblatt.de Handelsblatt Kursinformationen, Charts, Nachrichten aus Wirtschaft, Finanzen und Politik

www.hauptversammlung.de Deutsche Schutzvereinigung für Wertpapierbesitz: Termine von den Hauptversammlungen der Aktiengesellschaften, kritische Zusammenfassung der Veranstaltungen, Warnungen vor unseriösen Geschäftspraktiken www.hoppenstedt.de kommerziell: Bilanzen, Gewinn- und Verlustrechnungen, Unternehmensdaten, aber auch kostenlose Informationen

www.onvista.de Wertpapieranalyse, ausführliche Kursinformationen, Kurse, Charts aller Aktien, Vergleich von Firmen, Kennzahlen von Unternehmen, umfassend: einzigartig im Optionsscheinbereich

www.reuters.com Reuters: Nachrichten, Marktindizes der Kernmärkte, Devisenkurse

www.sdk.org Schutzgemeinschaft der Kleinaktionäre: Informationen zu den wichtigsten Hauptversammlungen

www.vwd.de Vereinigte Wirtschaftsdienste: Ad-hoc-Nachrichten, Unternehmens- und Wirtschaftsnachrichten, Fondspreisübersicht, Ranking der Aktienwerte, aktuelle Finanzindikatoren

www.wiwo.de WirtschaftsWoche: Anlagestrategien, Glossar, Lexikon, Expertenanalysen

www.wsj.com The Wall Street Journal: Börsenmeldungen, Charts, Analysen

www.zdf.de/ratgeber/wiso Themen der Sendung, Archiv

Elektronische Chat-Rooms: Manipulation nicht ausgeschlossen!

Börsen lebten schon immer von Nachrichten und Gerüchten. Geändert hat sich mit der Zeit die Art der Nachrichtenübermittlung. Waren es anfangs noch der Postillion oder die Brieftaube, so werden heutzutage Informationen und Gerüchte mit einem Klick gestreut. Das Paradebeispiel dafür sind die elektronischen Diskussionsforen im Internet, die so genannten Chat-Rooms oder Boards, in denen Marktteilnehmer Nachrichten, Meinungen und Gerüchte anpreisen – und damit auch mitunter Kurse wenig liquider Titel beeinflussen. Wer das weiß, kann unter einem Pseudonym gezielt Gerüchte oder Tipps im Internet verbreiten, um der Wertentwicklung seines eigenen Depots auf die Sprünge zu helfen. Denn wer hinter den einzelnen Diskussionsbeiträgen steht, lässt sich in der Regel nicht erkennen.

Das Bundesaufsichtsamt für den Wertpapierhandel empfiehlt Anlegern, sich nicht ausschließlich auf Informationen aus dem Internet zu verlassen. Mitarbeiter der Behörde beobachten die elektronischen Diskussionsforen, um Hinweise auf gezielte Desinformationskampagnen zu finden. Die Schutzgemeinschaft der Kleinaktionäre empfiehlt, die Kommentare der Diskussionsteilnehmer zu hinterfragen – und gegenzuchecken.

Ein neuer Trick: Betrüger kaufen Aktien kleinerer Unternehmen und verbreiten anschließend online Falschmeldungen über Gewinnexplosionen oder bevorstehende Übernahmen. Ziehen die Kurse daraufhin an, verkaufen sie ihre Papiere mit hohen Gewinnen. Wenn der Schwindel auffliegt, stürzen die Kurse ab. Wer kurz vorher auf das Online-Gerücht hin eingestiegen ist, hat das Nachsehen.

Besonders clever waren allerdings die Finanztrickser, die ihre Falschmeldung über die Telekomfirma PairGain mit einer Verbindung zu den Seiten des seriösen Börsendiensts Bloomberg versahen. Dort fanden die Anleger die Nachricht vermeintlich bestätigt. Der Grund: Die Bloomberg-Seite war genauso falsch wie die zuvor verbreitete Unternehmensmeldung. Die Information war so geschickt mit dem Bloomberg-Dienst gekoppelt, dass sich Surfer problemlos durch das übrige Nachrichtenprogramm klicken konnten. Die Täuschung fiel nicht auf. Der Kurs stieg binnen 24 Stunden um ein Viertel.

Aber auch hierzulande finden sich Beispiele: Eine gefälschte Ad-hoc-Mitteilung hat im Sommer 1999 zu Verwirrung beim Internet-Unternehmen Endemann geführt. Nach Angaben des Unternehmens war eine gefälschte Mitteilung im Börsenforum des von Gruner und Jahr betriebenen Internet-Diensts Business-Channel aufgetaucht. In dieser wurde behauptet, die Kooperation zwischen Endemann und dem Vermarktungsunternehmen IP Deutschland sei geplatzt.

Entsprechend habe das Unternehmen seine Gewinnprognose für 1999 von 2,2 auf 0,5 Millionen Mark reduziert. Endemann hat daraufhin eine Ad-hoc-Mitteilung geschrieben, in der die erste Mitteilung als Fälschung deklariert wurde. Der Aktienkurs war jedoch sofort nach dem Auftauchen der gefälschten Mitteilung gefallen.